Arabella Carter-Johnson

Iris und Thula

Die Katze, die unsere Familie rettete

Aus dem Englischen von Bernhard Josef

BASTEI LÜBBE TASCHENBUCH

BASTEI LÜBBE TASCHENBUCH
Band 60962

MIX
Papier aus verantwortungsvollen Quellen
FSC® C083411

Dieser Titel ist auch als E-Book erschienen

Vollständige Taschenbuchausgabe
der bei Lübbe Ehrenwirth unter dem Titel »Iris Grace« erschienenen Hardcoverausgabe

Titel der englischen Originalausgabe: »Iris Grace«
Die Originalausgabe ist erschienen bei Michael Joseph,
einem Verlag der Penguin Random House Group

Textredaktion: Sylvia Gredig, Köln; Dr. Ulrike Strerath-Bolz, Friedberg
Umschlagmotive: © Arabella Carter-Johnson
Umschlaggestaltung: Thomas Krämer
Satz: hanseatenSatz-bremen, Bremen
Gesetzt aus der Adobe Garamond Pro
Druck und Verarbeitung: CPI books GmbH, Leck – Germany
Printed in Germany
ISBN 978-3-404-60962-8

3 5 4 2

Sie finden uns im Internet unter: www.luebbe.de
Bitte beachten Sie auch: www.lesejury.de

BASTEI
LÜBBE
TASCHENBUCH

Über die Autorin:

Arabella Carter-Johnson ist Iris Graces Mutter und freischaffende Fotografin. Sie wuchs in der sanften Hügellandschaft des Leicestershire auf. Nach einem längeren Aufenthalt in Frankreich zog sie 2008 mit ihrem Mann Peter-Jon dorthin zurück. Die Geburt ihrer Tochter Iris Grace 2009 änderte ihr Leben von jetzt auf gleich und für immer. Arabella hat ihre große gemeinsame Lebensreise in Fotos und Tagebucheinträgen festgehalten und erzählt ihre Geschichte in ihrem ersten Buch.

Für P.-J., Iris und Thula

Prolog

Februar 2014

Zum zwanzigsten Mal legte Iris meine Hand zurück auf das aufgeschlagene Buch; zum zwanzigsten Mal wiederholte ich die Wörter, und sie war für ein Weilchen zufrieden. Langsam senkten sich ihre langen Wimpern auf ihre rosigen Wangen … sie war so nahe am Einschlafen … und dann schlug sie die Augen wieder auf und wirkte so wach wie eh und je. Es war zum Verzweifeln. Wieder hatten wir eine ganze Nacht im Bett gelesen. Ich durfte weder von ihrer Seite weichen noch zu lesen aufhören, und so drehten wir uns endlos im Kreis. Ihre Obsessionen waren Freunde und Feinde, die uns mal halfen, mal gegen uns waren. Ihr Verlangen, Wörter zu hören, zu lesen und zu verstehen, war ein Geschenk in ihrer sonst so stillen Welt. Sie kommunizierte zwar immer noch hauptsächlich durch Körpersprache, baute aber allmählich Beziehungen zu diesen Wörtern auf, die ich nicht wieder zerreißen wollte. Dahinter steckte ein starker Antrieb, der ausbalanciert werden wollte. Ihr einzigartiger Verstand war beschäftigt, fieberhaft geradezu, und so wunderbar das war, es erwies sich auch immer wieder als sehr zerstörerisch. Kaum hörte ich zu lesen auf, wurde sie unruhig und stemmte sich gegen die eigene Müdigkeit wie gegen die meine, wenn ich irgendwann das Licht ausmachte. Ich hoffte mit jeder Faser meines Herzens, dass sie einschlafen würde. Tage wurden zu Wochen und dann zu Monaten, zu Jahren ohne Schlaf. Wie sollten wir so weitermachen? Die dunklen Ringe in ihrem schönen Gesicht machten mich manchmal traurig. Und ihr Verhalten wurde immer extremer. Die Intensität ihrer Interessen drohte sie zu verschlingen, wenn sie nicht genügend Schlaf bekam. Wir gerieten in einen Strudel, der uns in die Tiefe zog, bis uns wieder mal eine gute Nacht vergönnt war, eine Pause – nach der alles wieder von vorn begann. Die Müdigkeit war ein Teil meines Wesens geworden, der mir gar nicht gefiel, da sie wie eine Bremse auf meinen Verstand wirkte, während der ihre weiterraste. Die finstersten Gedanken stellten sich ein; ich beneidete Menschen, die jeden Abend mühelos in ihre Traumwelt sinken durften, während wir zum Wachsein verurteilt waren.

Wenn die Frustration sie übermannte, begann Iris zu weinen, und ihre Schluchzer erfüllten den stillen Raum. Ich kam mir schrecklich hilflos vor, wenn ich sie an mich drückte. Nichts außer dem Buch schien sie zu trösten, und sosehr ich mich nach Hilfe sehnte, sie ließ niemand anderen an sich heran. Der Druck auf mich wurde unerträglich. Die letzten vier Jahre waren ein einziges Auf und Ab mit belebenden Höhen und aufreibenden Tiefen. Ständig versuchten wir, mit Iris Schritt zu halten, versuchten ihre Welt zu verstehen, während sie in der unseren zu leben lernte.

P-J, mein Mann, saß unten vor dem Fernseher. Der Abspann des Films lief, das Feuer in unserem Holzofen war so gut wie erloschen.

»Was ist denn, Thula?«, brummte P-J.

Er sah unser neues Kätzchen an, das ihm eben vom Schoß gesprungen war. Eine Pfote gehoben, stand das Tier reglos da und spähte zur Tür. Thula war hellwach: Etwas hatte ihre Aufmerksamkeit erregt – Jammerlaute, die für die Ohren meines Mannes unhörbar, aber für ihre Katzenohren Sirenen waren. Dann bewegten sich ihre Beine. Im nächsten Augenblick war Thula auch schon um die Ecke gewischt, flog die Treppe hinauf in Iris' Zimmer und sprang zu ihr aufs Bett. Ohne auf das Jammern zu achten, rollte sie sich neben Iris ein und begann sich zu putzen, leckte sich die Pfoten, fuhr sich über die Ohren. Fast auf der Stelle änderte sich Iris' Stimmung. Sie kicherte über Thulas viel zu große Ohren, die jedes Mal ruckartig wieder aufsprangen, wenn eine Pfote sie nach vorn strich. Die langen Haarpinsel an den Spitzen leuchteten im Licht, die überdimensionalen Ohren auf dem kleinen Köpfchen verliehen ihm eine herzallerliebste Kontur. Feine längere Härchen ließen sie rundum schimmern. Als Nächstes waren die Schnurrhaare dran, und auch hier bot sie ein unvergleichliches Bild, komisch und schön zugleich. Iris entspannte sich und legte das Buch aus der Hand. Ich nutzte die Gelegenheit und schlüpfte aus dem Zimmer. Unten lauschte

ich am Fuß der Treppe nach dem sonst unvermeidlichen Schluchzen. Es blieb still: kein unwilliges Gehopse auf dem Bett, kein Wenden von Seiten, kein Summen, kein Heulen.

Ich wartete. Als ich es vor Spannung nicht mehr aushielt, schlich ich mich auf Zehenspitzen an die Tür des Kinderzimmers und spähte hinein. Iris war eingeschlafen, das Kätzchen neben ihr; einander zugewandt lagen die beiden da. Iris hatte eine Hand auf Thulas Schulter, und ich hörte das Kätzchen schnurren. Wie in einem Spiegelbild ruhten Thulas Pfoten auf Iris' Arm. Obwohl sie noch ein Baby und neu in der Familie war, passte Thula wie eine treue Gefährtin auf unsere Tochter auf. Sie war auch eine Freundin für mich, die in mein Leben getreten war, als ich sie am dringendsten brauchte. Ich musste sie noch nicht einmal bitten, sie wusste instinktiv, was zu tun war und wie sie helfen konnte. Dieses zauberhafte kleine Fellknäuel veränderte unser Leben. Es erfüllte mich mit Hoffnung und ließ mich endlich lächeln beim Gedanken an den kommenden Tag.

Eins

Als Umriss vor der Scheibe sah ich eine perfekte Katzensilhouette – Meoska. Aufrecht am Fenster sitzend, eine Pfote gehoben, tappte sie nach einem Schmetterling auf der anderen Seite. Es war Anfang Sommer 2008, mein Mann und ich hatten uns eben an unser jüngstes Projekt gemacht: die Restaurierung unseres eben gekauften Vier-Zimmer-Hauses in den sanften Hügeln von Leicestershire. Meoska und ich hatten unterschiedliche Ansichten darüber, wie wir das Projekt angehen sollten. Wie Tonkanesen-Katzen das so an sich haben, ließ sie mich wissen, was sie von meinen Fertigkeiten als Heimwerkerin hielt, indem sie immer wieder nach mir rief, mich anstupste und dann ihren kleinen dunklen Körper und den schwarzen Schwanz um meine Waden schmiegte, um mich abzulenken. Sie ließ von dem Schmetterling ab und schob sich an meinem halb leeren Teebecher vorbei, wobei sie ihn um ein Haar umstieß.

»Meoska, komm her!« Ich pfiff. Sie setzte sich und beäugte mich mit zur Seite geneigtem Kopf. Mit ihren großen glänzenden blauen Augen, die cremefarbenen Brusthaare aufgeplustert, war sie einfach wunderschön. »Warum folgst du P-J, wenn er pfeift, aber nicht mir?«

Sie kam herüber und strich mir mit leisem Miauen ums

Bein. Von der Diele her hörte ich P-Js Lachen. Ich hatte mir zur Aufgabe gemacht, unser neues Zuhause von allen Brauntönen zu befreien. Nie hätte ich gedacht, dass man eine derartige Abneigung gegen eine Farbe entwickeln kann, aber die braun gekachelten Wände in der Küche deprimierten mich wirklich. Eine nach der anderen schlug ich die Kacheln ab. Auch die braune Tapete mit den grünen Schnörkeln und die braunen Teppichfliesen lasteten auf mir wie ein Gewicht. Ich konnte in einer derart düsteren Umgebung einfach nicht mehr klar denken, ganz zu schweigen davon, dass sämtliche Oberflächen schmierig und schmuddelig waren. Grün stand als Nächstes auf meiner Liste: das grüne Bad, das grüne Waschbecken, die grüne Kloschüssel. Und auch das Zimmer mit der grünen Tapete und der grünen Tür musste raus. Ich sehnte mich nach Licht, ich fragte mich schon, ob die Entscheidung, das Haus zu kaufen, nicht ein riesiger Fehler gewesen war, der auf mein Konto ging.

»Schau nicht so genau hin«, hatte ich P-J gesagt, als er sich das Haus einige Monate zuvor angesehen hatte. »Stell dir alles vor, nachdem wir damit fertig sind – es wird wunderschön, ein richtiges Zuhause für eine Familie. Wir könnten die Scheunen umbauen, den Baum da wegmachen, hier bauen wir an …«

»Hatten wir das nicht schon alles?«, hatte er mich gefragt. »Ich weiß wirklich nicht, ob ich das alles noch mal durchmachen will.« Er wirkte müde von seiner letzten Geschäftsreise und war offensichtlich nicht in der richtigen Stimmung. Er ließ mich stehen und machte sich an einen Rundgang durch den Garten, entweder um sich das Ganze noch mal durch den Kopf gehen zu lassen oder um den Jetlag abzuschütteln. Ich war mir nicht sicher.

Wir waren in dem Jahr aus Frankreich zurückgekommen, wo wir drei Jahre lang einen alten Bauernhof im Limousin renoviert hatten. Von dort hatten wir auch unsere Katze mitgebracht, die ein Jahr zuvor im Lieferwagen des Postboten bei uns aufgetaucht war. Sie war ein schönes Tier, schlank, mit seidigem Fell und schwarzen Tupfen. Vermutlich war sie getrampt und an unserem Hof ausgestiegen, und nachdem wir keinen Besitzer ausfindig machen konnten, nahmen wir sie bei uns auf. Sie war ein neugieriges kleines Ding, fast wie ein Hund: Sie folgte uns auf Schritt und Tritt, selbst wenn wir auf den Pferden ausritten. Sie kam, wenn P-J nach ihr pfiff, und unterhielt uns bei der Arbeit an unserem Hof. Wir nannten sie unser Maskottchen. Wann immer wir von all der Arbeit hundemüde oder einfach niedergeschlagen waren, kletterte Meoska auf einen Baum oder absolvierte einen Balanceakt mit einem so komischen Ausdruck auf dem Gesicht, dass wir lachen mussten. Sie wurde eine richtige Freundin. Es konnte durchaus einsam werden in einem abgelegenen französischen Departement. Während der wärmeren Monate war furchtbar viel zu tun, außerdem hatten wir immer wieder Besuch. Die Winter dagegen waren lang und wirklich streng – einmal hatten wir minus siebzehn Grad. Der Schnee lag so hoch, dass wir mit den Pferden praktisch nicht draußen arbeiten konnten. Meoska tröstete mich in diesen einsamen Monaten, und ich hatte nicht die Absicht, ohne sie nach England zurückzukehren.

Während unserer Zeit in Frankreich arbeitete P-J als Europavertreter für eine amerikanische Firma im Bereich der Finanzmarktforschung; er hatte also entsprechend viel zu tun, als wir nach England zurückgingen. Während ich mich auf die Suche nach einem Zuhause für den Rest unseres Lebens machte, war er beruflich beschäftigt und eben mit einem Nachtflug aus Amerika zurückgekommen, als ich ihm das Haus zeigte. Ich hatte mich verliebt; ich erkannte das Potenzial, und ich liebte die Aussicht, die mich an die italienischen Hügel erinnerte, wo wir mal hatten leben wollen. Die Schönheit dieses Hauses war nur versteckt und wartete darauf, freigelegt zu werden. Ich fühlte mich zu Hause, und das zum ersten Mal seit vielen Jahren.

Ich konnte es P-J nicht verdenken, dass er meine Begeisterung über das neue Haus nicht gleich teilte; wir hatten so viel Arbeit in unser französisches Anwesen gesteckt – allein der Gedanke konnte einen müde machen, gelinde gesagt. Ich sah durchaus, dass ich mich da in etwas hineinsteigerte, aber es war mir egal; das Haus in Leicestershire war es, und wir hatten einfach keine Zeit, müde oder nicht in Stimmung zu sein. Als ich das Grundstück zum ersten Mal allein beging, hatte ich eine kleine Nische hinter einem hohen Baum im Garten entdeckt, die mir eine Vorstellung von der möglichen Aussicht gab. Im Haus selbst war viel zu tun, sollte daraus ein richtiges Heim für eine Familie werden, aber es schien machbar. Es war völlig heruntergekommen, und einige Ecken waren wirklich eklig, aber ich sah nichts, was nicht in Ordnung zu bringen wäre. Wir würden das alles im Lauf der Zeit erledigen müssen, und die Aussicht darauf war alles andere als erquicklich, aber angesichts der Immobilienpreise war es unsere einzige Chance. Ich würde mein Geschäft als Hochzeitsfotografin aufbauen, um uns die diversen Anbauten leisten zu können, aber ich hatte eine so klare Vorstellung vom Ergebnis – ich wusste einfach, es würde alles perfekt.

Vom ersten Augenblick an, als ich mit achtzehn Jahren P-J kennenlernte, begannen wir zusammen die Welt zu bereisen. Wir waren in Mexiko und Venezuela, in Italien, in Frankreich, aber jetzt waren wir wieder zu Hause, verheiratet und nur wenige

Meilen von dem Ort entfernt, an dem ich aufgewachsen war. Hier wollte ich meine Familie gründen, so viel stand fest.

Kennengelernt hatte ich P-J bei einer Party zum einundzwanzigsten Geburtstag eines Bekannten am französischen Nationalfeiertag. Zum ersten Mal war er mir aufgefallen, als ich die Allee zu dem Haus entlangfuhr, in dem die Party stattfand. Er war als Musketier verkleidet über einen Zaun gesprungen. Selbstsicher hatte er sich das wellige dunkelbraune Haar aus der Stirn gestrichen und sich dann einen breitkrempigen Hut mit einer langen Feder aufgesetzt. Mein Blick folgte ihm, bis er in dem bunten Gedränge unter einer Markise verschwand.

Drinnen plauderte ich mit den Gastgebern, sah mir den Sitzplan an und ging an meinen Tisch, um meine Tasche an meinem Platz abzustellen. Und da sah ich ihn: den Hut mit der Feder auf einer Ecke des Stuhls. Kurz darauf nahm mein Musketier neben mir Platz.

»Hi, ich bin P-J. Ich bin ein Freund von Andys Schwester. Und wer bist du?« Er drückte mir die Hand, wobei er mich mit seinen leuchtend blauen Augen ansah, und ich setzte mich neben ihn.

»Arabella. Mein Bruder ist Andys bester Freund. Da drüben ist er. Er heißt James.« Ich wies auf meinen Bruder, der – ganz in Blau – als Aristokrat kostümiert war. »Meine Eltern sind auch hier.«

Ich sah mich nach ihnen um, entdeckte sie aber nicht. Es waren zu viele Kostümierte da; ich hatte sie in dem wogenden Meer französischer Aristokraten aus den Augen verloren. Ich trug ein schönes elfenbeinfarbenes Kleid mit Goldstickereien, ein unglaublich kompliziertes Ding mit Korsett und bodenlangem Rock. Alles aus dem Fundus eines Theaters gemietet.

Ich wollte alles über diesen hübschen Musketier wissen und

begann, ihm ein Loch in den Bauch zu fragen. Er antwortete mir ganz offen und sah mich dabei mit großen, freundlichen Augen an.

»Ich bin auf einer Farm im nördlichen Lincolnshire aufgewachsen, aber nach dem Studium fing ich bei einem Aktienhändler in London an.«

»Machst du das immer noch?«

»Nein, ich habe aufgehört, um reisen zu können … Asien, Mexiko …«

»Mein Bruder war in Mexiko. Da würde ich auch gern mal hinreisen.«

P-J und ich hatten eine ähnliche Kindheit auf dem Land gehabt – er hatte noch Bruder und Schwester, ich hatte einen Bruder –, der Altersunterschied freilich war beträchtlich: Er war elf Jahre älter als ich, ich hatte gerade die Schule abgeschlossen.

»Ich habe vor, Köchin zu lernen, aber danach würde ich zu gern reisen«, sagte ich ihm. »Ich weiß nur nicht, wo ich anfangen soll.« Er war so anders als die Männer, die ich bis dahin kennengelernt hatte: ein aufregender Abenteurer. Wir unterhielten uns über die Länder, die ich gern sehen wollte, über meine Liebe zur Kunst, zu Tieren, zum Kochen und dass ich am liebsten Bildhauerin werden wollte, mich aber auch für die Fotografie interessierte. Am Anfang reizte er mich gar nicht sehr, dazu war er zu alt. Ich fand ihn einfach nett. Aber je länger wir uns an dem Abend unterhielten, desto mehr fühlte ich mich zu ihm hingezogen und wünschte mir, dass er für mich dasselbe empfand. Wir tanzten miteinander, bis mein überfürsorglicher Bruder dazwischenging. Dabei war das gar nicht nötig, ich fühlte mich sicher mit P-J. Wenn ich heute an den Abend zurückdenke, wird mir klar, wie viel er mir bedeutete, welche Möglichkeiten er mir eröffnete. Damals dachte ich natürlich nicht an die Zukunft, ich wollte einfach nur Spaß. Schließlich küsste er mich an dem Zaun, an dem ich ihn zum ersten Mal gesehen hatte, und schlug mir vor, mit ihm nach Mexiko zu reisen. Ich könnte wirklich nicht sagen, warum ich die Einladung nicht infrage stellte, warum ich so ruhig war bei dem Gedanken, mit jemandem auf Reisen zu gehen, den ich gerade erst kennengelernt hatte.

Meine Eltern freilich waren alles andere als glücklich. »Liebes, das sieht dir doch gar nicht ähnlich«, sagte meine Mutter. »Ich dachte, du wolltest die Ausbildung zur Köchin machen. Von Reisen hast du nie etwas gesagt.«

»Ich mache ja zuerst die Ausbildung.«

»Aber du wärst Monate unterwegs. Kannst du nicht mit einigen deiner Schulfreundinnen reisen?«

»Ich vertraue ihm … Nein, wir haben nichts miteinander, wir sind nur Freunde.«

Sogar ich merkte, dass meine Antworten nicht sonderlich überzeugend waren. Sie konnten sehen, wie gern ich ihn hatte, und obwohl er zum erweiterten Freundeskreis meiner Familie gehörte, herrschte große Unsicherheit, ob man mich gehen lassen sollte. Aber da ich achtzehn war und mich danach sehnte, die Welt zu sehen, war ihnen klar, dass mich kaum etwas davon abhalten konnte, mit P-J auf Reisen zu gehen.

So reisten wir im November 2000 nach Mexiko, wo ich eine andere Welt zu sehen bekam. Ich sog diese neue Kultur in mich auf: Farben, Landschaften, Menschen, Tiere. P-J war ein großartiger Reisegefährte, wir kamen prima miteinander aus bei unserer Erkundung des Landes. Rasch waren wir aufeinander eingespielt, immer schienen wir zum gleichen Zeitpunkt von einem Ort abreisen zu wollen, wenn wir das Gefühl hatten, alles gesehen zu haben. Und immer trieb uns derselbe Eifer, ans nächste Ziel unserer Reise zu kommen. Er lernte mich kennen – meine kleinen Eigenheiten, mein Problem mit Unterzucker und dass ich für mein Leben gern Pläne mache. Also durfte ich unsere Abenteuer auf der Karte planen und die Führung übernehmen. Er brachte mir das Schnorcheln bei, zeigte mir, wie man seine Lunge einsetzt, damit man lange genug unter Wasser bleiben kann, um die bunte Welt da unten so richtig zu sehen. Ich lernte, im Wasser zu schweben und meine Bewegungen durch richtiges Atmen zu kontrollieren. Er hatte Geduld mit meinen manchmal etwas zu ehrgeizigen Ideen und all den Schnorchelexpeditionen die Küste entlang. Ich übte mich im Fotografieren und wusste, wenn wir wieder zu Hause wären, würde ich sofort wieder auf Reisen gehen wollen.

2001 bot man ihm eine Stellung in Venezuela als Renten- und Anlageberater für dort lebende Briten an. Ich war also gerade mal zwanzig, als wir zu einer Reise aufbrachen, die uns viel mehr abverlangte als die nach Mexiko. Einen Tag nach unserer Ankunft merkten wir, dass das Land am Rande eines Bürgerkriegs stand, und daran sollte sich das ganze Jahr, das wir dort verbrachten, nichts ändern. Aber unser Haus schmiegte sich in die Ausläufer der Anden, weit entfernt von den Unruhen in Caracas. Wir wohnten unweit der Universitätsstadt Merida, deren Umgebung schlicht atemberaubend war. Wir kauften zwei Hengste und erkundeten auf ihrem Rücken Berge, tropische Täler, Flüsse, Bananenplantagen, Orangenhaine. Wir lernten unglaublich viel, nicht nur, weil wir so vieles selbst erledigen mussten – wir lernten sogar, unsere Pferde selbst zu beschlagen. Ich wurde eigenständig und stark. Doch wie jede besondere Erfahrung dauerte auch diese nicht ewig, und schließlich ging unsere Zeit in Venezuela zu Ende. Kurz vorher kam meine Familie uns dort zu meinem einundzwanzigsten Geburtstag besuchen. Wir feierten hoch oben auf dem Mount Bolivar und gingen dann auf Safari in den riesigen Grasebenen von Los Llanos. Wenig später jedoch riet uns die Botschaft, das Land zu verlassen. Wir flogen mit einer der letzten verfügbaren Maschinen nach Hause.

Ich hatte seit geraumer Zeit mit einer Idee gespielt, zu der mich meine Abenteuer auf dem Pferderücken in den Anden inspiriert hatten – ich wollte in Europa einen Hof für Reiterferien aufmachen. So fuhren wir 2003 in unserem blauen Campervan nach Frankreich, wo wir ein Bauernhaus mit zwei schönen Nebengebäuden und einer großen Scheune fanden, die sich in eine Reithalle verwandeln ließ. Der Hof lag inmitten von über sechs Hektar Grasland, dahinter ein Eichenwald; wir hatten sogar unseren eigenen Bach. Es gab ein ganzes Netz von Reitwegen, die sich von unserem Hof aus meilenweit über sanfte Hügel und Felder erstreckten, an Flüssen entlang, vorbei an anderen Höfen. Neben der Arbeit auf dem Hof übte ich mich weiter im Fotografieren und eröffnete ein Studio für Familienporträts. Und schließlich machte mir P-J in diesem Haus einen Antrag – und ich sagte Ja.

Eines ruhigen Sonntags jedoch ritten wir zusammen aus, und alles änderte sich.

»Könnte es was Schöneres geben?«, fragte ich und drehte mich nach P-J um. Tess, meine Vollblutstute, befand sich eine Länge vor Duo, dem arabischen Fuchswallach, den P-J am liebsten ritt.

»Kann ich mir nicht vorstellen!« P-J warf einen Blick über die Blütenpracht an den Hecken und Bäumen am Rande des Reitwegs.

Wir waren mitten auf dem Land, meilenweit von der nächsten Ortschaft entfernt und völlig unbeschwert. Es war warm, zu beiden Seiten des Reitwegs sonnten sich die kastanienbraunen Kühe des Limousin. Wir bogen auf einen schmaleren Weg ab, um auf eine offene Wiese hinauszureiten, wo Tess sich endlich ordentlich strecken konnte. Doch sie blieb plötzlich stehen, schnaubte, scheute offensichtlich vor irgendetwas in der Hecke auf der anderen Seite des Wegs – ein großer Stapel verschnürter weißer Plastiksäcke voll Kunstdünger.

»Kannst du vorausreiten?«, fragte ich. »Duo stören die Dinger nicht, und ich komm dir nach.«

»Klar«, sagte P-J. Er kannte das Verfahren, es war nicht das erste Mal, dass wir Duos Selbstbewusstsein einsetzten, um meinem jüngeren Pferd die Angst zu nehmen. Nur dass es diesmal nicht funktionierte. Tess wich plötzlich zurück und setzte sich hin, als sie mit einem Bein in den Graben trat. Ich hielt mich fest, war aber nicht auf das gefasst, was als Nächstes kam.

Tess sprang so ruckartig und mit solcher Wucht wieder auf, dass ich aus dem Sattel geschleudert wurde und mit dem Kopf auf der Erde aufschlug. Im nächsten Augenblick lag ich da, bekam keine Luft mehr, konnte mich nicht mehr bewegen. Schlagartig erfüllte mich eine furchtbare Angst. Ich versuchte nach Luft zu schnappen, bekam aber keine. Ich hatte ungeheure Schmerzen in der Brust. Mein Rücken brannte wie Feuer, ich konnte mich kaum bewegen.

Als der Krampf nachließ, konnte ich allmählich wieder atmen und sprechen.

P-J war bereits an meiner Seite. »Kannst du aufstehen?«

Ich schüttelte den Kopf. Ich bat ihn, nach den Pferden zu sehen, ihnen die Sättel abzunehmen und das Gatter zu schließen, aber es war zu spät; sie waren beide bereits reiterlos auf dem Rückweg zum Hof.

P-J sah besorgt aus, ließ sich aber um meinetwillen nichts

anmerken. Uns dämmerte der Ernst der Situation: Ich konnte mich nicht bewegen, und wir befanden uns praktisch am Ende der Welt. Es würde Stunden dauern, bis P-J Hilfe holen konnte, und ich wusste nicht, was mit mir los war. Meine Schmerzen jedenfalls waren so schlimm, dass ich fürchtete, ich hätte mir das Rückgrat gebrochen. Und die Atemnot machte mir wirklich zu schaffen.

»Was immer du tust, nicht bewegen. Ich gehe Hilfe holen. Ich bin so schnell wie möglich wieder da.«

Und fort war er. Ich hörte ihn den Weg hinauflaufen, aber im nächsten Augenblick waren seine Schritte verklungen, und ich war allein. Von meiner Position auf der Erde aus hatte ich einen guten Blick auf ein schönes Tal: Kühe grasten in der Ferne, auf der einen Seite floss ein idyllischer Bach den Wald entlang. Abgesehen davon, dass mich allerhand Krabbeltiere piesackten, die mich für einen Leckerbissen hielten, beruhigte ich mich allmählich. Die Euphorie, mit der ich nach dem ersten Schreck die Tier- und Pflanzenwelt rund um mich wahrnahm, muss wohl die Reaktion meines Körpers auf den Unfall gewesen sein. Aber bald stellten sich Schmerzen und Angst wieder ein. Endlich hörte ich ein Brummen, hinter dem ich ein geländegängiges Fahrzeug vermutete – es kam direkt auf mich zu.

Es dauerte nicht lange, und ich sah mich von französischen Feuerwehrleuten umringt. Man packte mich auf eine aufblasbare Trage; selbst wenn ich gewollt hätte, ich hätte mich nicht einen Millimeter aus eigener Kraft bewegen können. Wir fuhren über sonnenbeschienene Feldwege zurück auf die Hauptstraße, wo sie mich in einen Krankenwagen verfrachteten. Man spritzte mir Morphium, und danach war es wie in einem Traum: Alle versuchten, mich am Einschlafen zu hindern, und ich versuchte, aus dem französischen Stimmengewirr schlau zu werden.

Das Warten auf das MRT-Ergebnis war ein Problem für sich; ich lag nach wie vor auf der Trage und wusste nicht einmal, ob ich meine Beine bewegen konnte. Man musste erst klären, ob meine angeknacksten Wirbel stabil genug waren. Der Gedanke, nie wieder gehen zu können, tobte wie eine Furie in meinem Kopf. Das Ergebnis war dann aber positiv: Der Bruch war stabil und musste nicht operiert werden. Ich war sehr erleichtert. Gegen Ende des Sommers, nach einigen Monaten Ruhe und Physiotherapie, wäre ich wieder in Ordnung, sagte man mir. Allerdings, so meinte der Arzt, würde ich vielleicht nie wieder reiten können: Angesichts der Lage des Bruchs und der schweren Stauchung würden mir die Bewegungen des Pferdes Schmerzen bereiten. Außerdem musste ich womöglich vorzeitig mit einer Arthritis rechnen. Die Nachricht war ein schwerer Schlag. Ich war seit meiner Kindheit geritten, ich liebe Pferde, ein Leben ohne sie schien mir unerträglich – all unsere Pläne und Träume in Frankreich bauten auf sie. So mussten wir dann Monate später (ich trug noch immer ein unbequemes Plastikkorsett) unsere Idee mit dem Reiterhof aufgeben. Da es den französischen Ärzten ernst damit war, dass ich nie wieder reiten sollte, und mir England und meine Familie ohnehin fehlten, beschlossen wir, wieder in vertraute Gefilde zurückzukehren. Im Herbst nahm man mir das Korsett ab, und unser Anwesen stand zum Verkauf.

Im Dezember kamen wir zurück, und unsere Hochzeit stand an. Meine Mutter hatte alles arrangiert, während ich mich noch von meinem Unfall erholt hatte. Es wurde ein Traum von einer englischen Abend-Hochzeit bei Kerzenschein in einem Herrenhaus aus dem 18. Jahrhundert: Nosely Hall. Meine Mutter und ich

Arabella mit sechs Jahren

kannten es gut, hatten wir dort doch über viele Jahre zusammen aufwändigen Blumenschmuck für Hochzeiten arrangiert.

Meine Eltern waren bei mir, als ich mich in einem der Zimmer oben zurechtmachte. »Die Fackeln brennen!«, verkündete mein Vater strahlend, etwas außer Atem von der schweren Aufgabe, die über dreißig Fackeln am Weg zur Kirche anzuzünden. Es herrschte ein starker Wind.

»Wahnsinn!«, sagte ich. »Ich hätte nie gedacht, dass du sie alle schaffst.«

»Ach, ich bin sicher, Arthur hat sie mit der Lötlampe angezündet«, zog ihn meine Mutter auf. Sie wusste, mein Vater hätte das ohne den Besitzer von Nosely Hall nicht hinbekommen.

»Nun kommt schon, es wird Zeit. Der Fotograf möchte ein paar Bilder von euch auf der Treppe machen.«

Es war dunkel, als ich Arm in Arm mit meinem Vater vors Haus trat. Die frische Luft ließ mich vor Aufregung erschauern.

Ich glaube, dass er noch nervöser war als ich. »Wir sind so stolz auf dich«, sagte er. Ein Schatten huschte über sein Gesicht. Der Wagen eines späten Gasts stand auf dem von Fackeln gesäumten Weg. »Ich geh mich mal darum kümmern. Ausgerechnet da zu parken, so was von blöd. Nicht zu fassen …«

»Sei nicht albern, dazu ist jetzt keine Zeit. Das stört mich doch nicht, ich schwör's. Es ist alles in Ordnung«, sagte ich, und während wir miteinander sprachen, wurde mir klar, dass *ich* diejenige war, die *ihn* beruhigte. Dann tauchte sie hell erleuchtet in der Dunkelheit vor uns auf: die prächtige Kapelle aus dem 13. Jahrhundert.

Es war Romantik pur; meine Mutter hatte für eine atemberaubende Szenerie gesorgt. Die Kapelle war voller Kerzen und Blumen: Fenstersimse, Kanzel, Taufbecken, Altar, alles war wunderschön. Kaum waren wir über die Schwelle getreten, fiel jede Nervosität von mir ab, ich fühlte mich in meinem Element und genoss jeden Augenblick. Sogar dass ich beim Ja-Wort links und rechts durcheinanderbrachte, änderte nichts an der Vollkommenheit dieses Augenblicks. P-J war genauso glücklich wie ich.

Der abendliche Empfang nach der Zeremonie verging wie im Flug. Bevor ich mich versah, war die Torte angeschnitten und die ersten Reden wurden gehalten. Mein Bruder und mein Vater hielten die ihre gemeinsam. James erzählte aus unserer Kindheit: »*Little Miss Doolittle*, ein selbstständiger kleiner Geist mit ihren Tieren …« Unter großem Gelächter erzählte mein Vater, dass für ihn die Hochzeitsvorbereitungen mit meiner Junggesellinnenabschiedsparty begonnen hätten. »Stellt euch sieben hinreißende Mädels auf einem ballongeschmückten Flusskahn voll Champagner vor, mit meiner Mutter Sohn am Ruder. Ruft einer von einem anderen Kahn herüber: ›Wie viele Bräute hast du denn da geladen, Alter?‹ – ›Ach, heute bloß sieben, danke der Nachfrage!‹«

James ist Herz und Seele jeder Party. Sein Charme und seine menschliche Wärme sorgen immer für eine muntere Atmosphäre, er hält mit seinen Gefühlen nicht hinterm Berg und ist immer geradeheraus und echt.

P-J schleppte den letzten Eimer voll brauner Scherben aus der Küche und zur Haustür hinaus, und als er wieder hereinkam, atmeten wir zufrieden auf. Wir kamen voran, langsam, aber sicher.

»Siehst du, das haben wir doch im Handumdrehen. Ich sag's doch, *das hier ist es*«, zog P-J mich mit verschmitztem Grinsen auf. Er nahm den verstaubten Panamahut ab, wir setzten uns auf eine Tasse Tee an den Küchentisch; Meoska lag vor dem grünen Rayburn-Herd.

»Was steht als Nächstes auf dem Programm?«

»Die Tapete abdampfen«, antwortete ich und holte ein etwas merkwürdiges Gerät – ein Zwitterwesen aus Blitzkocher und Elefant – aus dem Schrank.

»Okay, dummerweise habe ich heute Nachmittag eine wichtige Telefonkonferenz mit Amerika. Das könnte ein Weilchen dauern …«

Damit hatte ich gerechnet. Der Dampfelefant und ich waren in Frankreich schon gute Freunde geworden, nachdem ich irgendwann begriffen hatte, wie nützlich und effektiv dieses Gerät war. P-J hatte sich nie recht darauf eingelassen.

Als wir all die Pläne für das neue Haus durchgegangen waren, die möglichen Veränderungen, unsere Ideen für den Garten und den Anbau, war mir klar geworden, wie dankbar ich für P-Js positive Lebenseinstellung war, auch wenn er sich immer wieder vor der Arbeit drückte. Wild gestikulierend versuchte ich, ihm in der kleinen Waschküche auf der Rückseite des Hauses zu erklären, wo der Anbau hinkommen sollte. »Hört sich fantastisch an«, sagte er, »machen wir. Setz deine Vorstellungen doch mal in ein paar Zeichnungen um.«

Nicht dass wir das nötige Geld gehabt hätten, aber er rückte mir deswegen weder den Kopf zurecht noch legte er meinen Gedanken Zügel an. Ich bin nun mal die Planerin, ich blicke immer nach vorn. Er geht das Leben viel lockerer an. Wann immer ich vorauspresche und mir Gedanken über alle möglichen Probleme mache, ist sein Motto: »Darum kümmern wir uns, wenn es so weit ist.«

In den folgenden Wochen verwandelte sich unser englisches Landhaus Zimmer für Zimmer, während P-J draußen erste Veränderungen am Garten vornahm. Ast für Ast verschwand der hohe Baum, der uns die Aussicht blockiert hatte. Wenn ich nörgelte, dass mir das alles zu langsam ging, erinnerte mich P-J daran, dass das nötig war, damit die Wurzeln allmählich absterben konnten – das würde den Boden rundum weniger in Mitleidenschaft ziehen. Er hatte bestimmte Äste stehen lassen, um sie als Leiter zu benutzen, und turnte behände darauf herum. Er schien sich auf dem Baum richtig zu Hause zu fühlen, und ich musste lachen, wenn er von da oben herunter mit mir plauderte, als wäre das die natürlichste Sache der Welt.

P-J war noch ein Junge gewesen, als sein Vater das Haus der

Familie mit einem gewaltigen Holzofen zu heizen begann, und dafür hatte er Holz gebraucht, eine Unmenge Holz. Von seinem siebten Lebensjahr an war P-J mit seinem Vater zum »Holzmachen« gegangen. Weiteren einschlägigen Unterricht bekam er in Frankreich, als uns sein Vater besuchte, um uns dabei zu helfen, das Land von Totholz zu säubern. Sein Vater ist holzsüchtig; Holz hatte ihm durch eine Zeit schlimmer Depressionen geholfen: Holz, körperliche Betätigung, Zeit an der frischen Luft. Mit großer Entschlossenheit machte er sich dann auch in Frankreich ans Werk. Wann immer er uns besuchen kam, füllten sich unsere Scheunen mit Holz; ein holzgefüllter Anhänger nach dem anderen fuhr von der Weide, damit die Pferde ungestört grasen konnten. Die Arbeit auf dem Anwesen war eine kostbare gemeinsame Zeit für P-J und seinen Vater, und die beiden hatten sich dabei viel zu erzählen.

Als der Tag kam, an dem der Rest des Baums im Garten hinter dem Haus dran glauben sollte, war er nur noch schlaksig, hochaufgeschossen mit hier und da einem Ast. Ich konnte es kaum erwarten, unsere Aussicht endlich ganz für uns zu haben und sie nicht mehr mit diesem hässlichen Totempfahl teilen zu müssen.

»Bist du dir auch wirklich sicher? Wir können jederzeit jemanden kommen lassen, der den Rest erledigt. Schau doch, wie nah der Baum am Gewächshaus vom Nachbarn ist«, sagte ich. Ich machte mir wirklich Sorgen, als P-J ein letztes Mal auf den Baum stieg, um etwa in Dreiviertelhöhe ein Seil festzubinden.

»Ich weiß schon, was ich tue.«

»Wirklich?«

»Ja!«

»Aber …«

»Hier, fang!« P-J warf das Seil in meine Richtung und wies

auf einen Baum auf der anderen Seite des Gartens. Er kletterte wieder herab und machte das Führungsseil an diesem Baum fest. »Siehst du, völlig unmöglich, dass er so auch nur in die Nähe des Treibhauses fällt.«

Etwa in Hüfthöhe brachte er in der Mitte des Stammes mit der Motorsäge einen Schnitt schräg nach unten an, dann einen zweiten horizontal, und schließlich schlug er den so geschaffenen Keil aus dem Baum. In die Richtung der Kerbe sollte der Baum fallen. P-J hieß mich, das Führungsseil festzuhalten, und wenn ich das Gefühl hätte, dass der Stamm sich in die falsche Richtung neigte, sollte ich so fest wie möglich an dem Seil ziehen. P-Js Kettensäge heulte wieder los, als plötzlich ein starker Wind aufkam. P-J war etwa in der Mitte des Stammes, als ich spürte, dass der Baum das Seil in die falsche Richtung zog, also hielt ich kräftig dagegen, und er landete in der vorgesehenen Position.

P-J nahm den Helm ab und wies mit der Säge auf den Stumpf. »So, und was soll mit dem hier passieren? Ich kann ihn noch weiter stutzen, dann könnten wir ihn auszugraben versuchen. Oder wir warten, bis wir tatsächlich mal zum Anbauen kommen, dann geht's in einem Aufwasch. Aber das ist noch ein Weilchen hin.«

»Ach was, er gefällt mir so!«, antwortete ich. »Man kann sich draufsetzen. Schau dir doch die Aussicht von hier aus an! Lassen wir ihn einfach so, wie er ist.«

Nachdem wir uns darauf geeinigt hatten, machten wir uns daran, den gefällten Teil des Baumes von den letzten Ästen zu befreien. Wir sägten alles zu Schichtholz für den Winter zurecht. Die kleineren Abfälle zogen wir ans untere Ende des Gartens, um dort ein großes Feuer zu machen.

Während wir so den abschüssigen Garten auf und ab liefen,

schmiedeten wir einen anderen Plan: Warum nicht eine Wildblumenwiese im Obstgarten säen? Wir trugen hier und da die Grasschicht ab und bereiteten die Erde vor, dann säten wir, bevor es kalt wurde. Ich konnte es kaum erwarten, das Ganze blühen zu sehen: leuchtende Mohnblumen, Kamille, blaue Kornblumen, Fingerhut, heitere Margeriten. Ich stellte mir einen Ort für Vögel, Schmetterlinge, Libellen und Hummeln vor. An der Hecke säten wir rote Lichtnelken, damit ein bisschen Pink zwischen die Gräser kam, Saat-Wucherblumen sorgten für einen Touch Gelb. Ich lernte die Namen der Blumen und ihren jeweiligen Charakter kennen. Fuchswedel mit ihren hohen Blütenständen im Wind, ihre fedrigen Samen vom Wind davongetragen wie durch Zauberhand. Wolliges Honiggras, ein behaartes grau-grünes feinflaumiges Gras mit festen Rispen, die an der Spitze rötlich schimmern. Sowohl Blätter als auch Blüten wirken so samtig, dass man sie einfach anfassen muss. Was wir bei unserem großen Plan nicht bedachten, war, dass es bis zur Mitte des nächsten Sommers dauern würde, bis alles in Blüte stand. Unser Obstgarten nahm sich in diesem Winter und dem folgenden Frühjahr eher wie ein Friedhof aus; er war alles andere als das anvisierte Idyll. Ich war ein wenig enttäuscht, aber die Natur hat nun mal ihr eigenes Tempo und lässt sich nicht drängen. Die Redensart »Geduld bringt Rosen« im Sinn, wartete ich ab.

Das Haus sollte fürs Erste unfertig bleiben; kaum war das alte Esszimmer in einen Empfangs- und Arbeitsraum für mein Hochzeitsfotostudio verwandelt, war es höchste Eisenbahn, mich auf meinen Beruf zu konzentrieren. Wir strotzten nur so vor Ideen und Plänen für das Haus, aber dazu brauchten wir das zweite Einkommen. Ich wollte das Profilfoto meiner Website erneuern, also ging ich in ein Studio am Ort, um mich fotografieren zu lassen. Wie sich herausstellte, hatten die Leute dort sich vor meinem Besuch meine Arbeiten angesehen, und aus der geplanten Porträtsitzung wurde ein Vorstellungsgespräch. Einige Wochen später fing ich bei einem renommierten Porträtstudio in der Stadt als Hochzeitsfotografin an, und im Handumdrehen hatte ich einen steten Strom von Buchungen. Die klassische englische Landschaft rund um uns ist voller herrlicher Schlösser und Landsitze in privater Hand, die man in der Regel für Hochzeiten und Partys mieten kann. So hielt ich die erinnerungswürdigen Tage vieler Paare in dieser wunderschönen Umgebung fest. Und da meine Mutter Hochzeitsfloristin ist, konnten wir viele dieser Anlässe gemeinsam angehen.

Es bedeutete uns beiden sehr viel, nach all den Jahren mit dem einen oder anderen Ozean zwischen uns. Ich hatte früher schon mit ihr gearbeitet. Als Mädchen hatte ich in ihrem Blumengeschäft ausgeholfen. Sie machte Arrangements, die ich kopieren konnte, und wenn ich nicht mehr weiterwusste, half sie mir, ohne dass ich auch nur ein einziges Mal das Gefühl hatte, sie schreibe mir etwas vor. Sie machte einfach Vorschläge: »Wenn du hier ein bisschen Luft lässt, vielleicht eher noch mehr. Wie sieht's denn aus, wenn du's mal so rum drehst?« Sie brachte mir viel über Blumen bei, ihren Charakter, was sie brauchen, wie jede einzelne am besten einzusetzen und wann sie zu haben ist.

»Tulpen«, so sagte sie zum Beispiel, während sie vorsichtig die unteren Blätter von einem Stängel zog, »haben weiche Stiele.« Sie zeigte mir den Schnitt. »Auf den ersten Blick sehen sie kräftig und gerade aus, fast militärisch, aber sie reagieren besser auf einen sachten Umgang. Man darf sie nicht einfach in den Steckschaum drücken, da brechen sie ab. Man muss ihnen ein kleines Loch machen, mit einem Bleistift – siehst du, *so* – und da schiebt man sie rein.« Sie beschnitt den Stiel einer weiteren Tulpe im Winkel. »So halten sie besser, und außerdem ist die Oberfläche größer, sie können so besser trinken.« Dann schob sie die Tulpe sachte in das Loch im Schaum. »Sie gehen mit der Zeit auf, haben aber ihren eigenen Kopf, da sie sich nach der Sonne ausrichten, und wenn die Blüten sich öffnen, senken sie den Kopf, und die Blätter kräuseln sich.«

Ich liebte sie für ihre Liebe zur Gärtnerei. Zeitschriften und Bücher über Blumen füllten die Regale in unserem alten Spielzimmer; immer standen in unserem Haus frische Blumen auf Tischen und Fensterbänken. Der Garten meiner Kindheit sah auf den ersten Blick nach einem schlichten Landgarten aus, aber alle Beete waren sorgfältig durchdacht, und der kleine Garten barg viele Erinnerungen für jeden von uns. Einmal im Jahr öffneten wir ihn im Rahmen einer Wohltätigkeitsveranstaltung für die Öffentlichkeit. Dann wanderten die Leute von »Raum« zu »Raum«, und man sah ihnen an, dass sie an dieser farbenfrohen, harmonischen Umgebung dieselbe Freude hatten wie wir. Ich selbst hatte dort eine kleine Ecke, in der ich mich an einem Gemüsegarten versuchte; außerdem legte ich mithilfe meines Vaters einen Teich an. Das heißt, eigentlich war es eher eine Pfütze, aber das Tier- und Pflanzenleben darin war überraschend reich. Obwohl es ihn gar nicht mehr gibt, kommen noch heute jedes Jahr die Frösche dorthin zurück.

Die Blumenarrangements meiner Mutter waren schon immer spektakulär; sie hat ein ungeheures Gespür für Proportionen. Ihre Gestecke waren manchmal geradezu monumental, und ich war furchtbar stolz, wenn ich als Hochzeitsfotografin die Reaktion der Gäste sah. Den Leuten blieb buchstäblich die Spucke weg vor Staunen, wenn sie in die Kirche oder unter die Markise traten. Mums Vergangenheit als Dekorateurin bei der

BBC und ihre Liebe zu Blumen und englischen Landgärten ergänzten sich gut.

Anfangs war die Hochzeitsfotografie für mich eine nervenaufreibende Angelegenheit. Ich fühlte mich unter Druck, aber je länger ich dabei war, desto leichter fiel es mir, und schließlich hatte ich Freude daran. Es bleibt freilich anstrengende Arbeit, einen ganzen Tag bis spät in den Abend auf den Beinen zu sein – herumzulaufen, diskret zu sein und dabei auch noch Würde und Autorität zu wahren. Einige der Hochzeiten waren unvergesslich, und ich gab mir alle Mühe, der Nachwelt auch noch das kleinste Detail zu bewahren. Ich arbeite grundsätzlich mit Tageslicht, wo immer ich nur kann, und am liebsten ist es mir, wenn ich mich einfach unter die Leute mischen und unbemerkt Augenblicke des Glücks festhalten kann, all das Lachen und die Freude an diesem besonderen Tag. Anfangs hatte ich allerdings meine liebe Mühe, das Selbstvertrauen für die großen Gruppenbilder aufzubringen. Manchmal starrten mich bis zu vierhundert Leute an, während ich sie mitsamt grandiosem Hintergrund ins Bild zu bekommen versuchte. Es war eine gewaltige Herausforderung, aber Adrenalin und meine Liebe zur Fotografie halfen mir da durch.

Alles schien sich bestens zu fügen. Es war eine Menge Arbeit, und P-J und ich übernahmen uns immer wieder mal, hatten aber beide das Gefühl, auf dem richtigen Weg zu sein. Wir hatten schon über ein Baby gesprochen, aber mit unserer Rückkehr nach England schien das Timing irgendwie nie so recht zu passen. Ich bin ein häuslicher Typ, ich wollte erst das Nest fertig haben, und jetzt fühlte ich mich bereit, eine Familie zu gründen. Und so kamen wir zu dem Schluss, dass wir beide das nächste Kapitel in unserem Leben angehen sollten. Ich stellte mir vor, wie es wäre, ein Kind mit P-J zu haben, einen kleinen

Jungen oder ein Mädchen, das über die Wiese lief, reiten lernte, sich über die schöne Landschaft freute, in der ich aufgewachsen war und die ich so liebe. Als wir uns in der Küche über unsere Babypläne unterhielten, hatte ich Meoska auf dem Schoß, und wir lachten bei dem Gedanken, was sie wohl von dem Familienzuwachs halten würde. Ich freute mich sehr darauf, die beiden miteinander spielen zu sehen. P-J dachte eher an Abenteuer, künftige Reisen, was für einen Spaß wir haben würden, gemeinsam die große weite Welt mit neuen Augen zu sehen. Wir waren beide richtig aufgedreht, es war ein euphorisches Gefühl, diesen Schritt ins Unbekannte zu tun – ein bisschen beängstigend, aber vor allem aufregend.

Zum neuen Jahr war ich dann auch schon schwanger. Bei aller Freude behielten wir diese Neuigkeit jedoch so lange wie möglich für uns. Freilich verriet mich beim sonntäglichen Mittagessen bei meinen Eltern mein plötzliches Desinteresse an einem Glas Wein. Übers ganze Gesicht strahlend drückte meine Mutter mich an sich. Auch P-Js Familie begeisterte die Aussicht auf das Baby, das auch für sie das erste Enkelkind sein würde. Alle Welt schien mich umarmen zu wollen, alle waren überglücklich beim Gedanken an dieses neue Leben in der Familie. Mein Vater, der noch nie etwas davon gehalten hat, mit seinen Gefühlen hinterm Berg zu halten, nahm mich immer wieder spontan in den Arm oder bei der Hand, wenn wir mit dem Hund zu einer alten Farm hinausspazierten, wo ich als kleines Mädchen reiten gewesen war. Er war glücklich und aufgeregt. Alte Kleidungsstücke und Spielsachen aus unserer Kindheit tauchten auf, während wir uns an die Vorbereitungen machten. Unsere Eltern diskutierten bereits, was sie alles mit dem oder der Kleinen machen würden. Mein Vater wollte angeln gehen, in die Ferien fahren. Meine Mutter wollte zum Skifahren, und P-Js Mutter sprach vom Reiten. Nur dass man bei all den Riesensprüngen in die Spaßphase geflissentlich die ersten fünf Jahre vergaß. Sie diskutierten und recherchierten sogar schon Themen wie die richtige Schulwahl! Auch beruflich war es für mich eine geschäftige Zeit; der Sommer war mit Hochzeiten bereits völlig ausgebucht. Einige Termine lagen beängstigend nahe an dem Geburtstermin, also sorgte ich dafür, dass Kollegen notfalls einspringen konnten. Als ich die Woche über Fotos bearbeitete, Meoska selig schnurrend auf meinem Schoß, hätte ich nicht glücklicher sein können. Mein letzter Ultraschall-Scan hatte gezeigt, dass mit unserem kleinen Mädchen alles normal und in Ordnung war. Zwischen den Aufträgen machte ich das Kinderzimmer fertig.

Dann klopfte es eines Vormittags an der Tür. Der Mann, der auf der Schwelle stand, war sichtlich aufgeregt. Auf der Straße draußen, so sagte er, liege eine Katze; sie sei angefahren worden, nicht von ihm, sondern von jemand anderem, aber der sei einfach weitergefahren. Da unser Haus am nächsten war, habe er sich gedacht, sie gehöre vielleicht uns.

Ich blickte auf die Straße hinaus und sah sie. Meoska lag reglos da. Ich lief hinaus, zog meinen Pulli aus, wickelte sie darin ein und trug sie ins Haus. Sie atmete nur ganz schwach. Ich schnappte mir die Schlüssel und packte Meoska auf den Beifahrersitz des Wagens, lief noch mal zurück ins Haus, rief nach P-J, der oben in seinem Büro war. Ich sah ihn noch an der Tür auftauchen, als ich auf die Straße abbog, aber für irgendwelche Erklärungen war keine Zeit.

Ich wusste schon während der Fahrt, dass ich sie verlieren würde. Die Tränen liefen mir über die Wangen. Sie starb in meinen Armen, noch bevor wir in der Praxis waren.

Ich konnte nicht glauben, dass sie nicht mehr da war. Ich

wollte, dass sie aufstand und einfach alles abschüttelte; ich wollte sie miauen hören, wünschte mir, dass sie mich mit dem Kopf stupste. Ich hatte das Gefühl, mir würde das Herz brechen. Diese kleine Seele war für mich immer da gewesen, auch in der schwierigen Zeit; sie war meine beste Freundin gewesen. Mit ihr zusammen war ich nie einsam gewesen. Jetzt fühlte sich unser Haus schrecklich leer an. Wir begruben sie im Obstgarten, und ich saß danach wochenlang immer wieder unter dem Apfelbaum und dachte an sie. All die Szenen, die ich mir ausgemalt hatte, wie Meoska mit unserem Kind spielt, taten furchtbar weh; es war wie ein physischer Schmerz.

Ich weiß nicht, ob es meine Hormone waren oder der plötzliche Verlust, aber ich hatte meine liebe Mühe damit, mich wieder zu fangen. Meoska war so sehr Teil unserer Familie geworden, und sie fehlte mir ganz furchtbar. Die Schwangerschaft wurde mir zur Last, vor allem aber hatte ich zunehmend Angst vor der Entbindung.

Je näher der Tag rückte, desto schlimmer wurde meine Angst vor Krankenhäusern. Ich hatte mich bereits wegen einer Hausgeburt erkundigt, aber nur erfahren, dass man mir keine garantieren könne. Als ich mir dann die Entbindungsstation ansah, kam mir alles völlig chaotisch vor. Es herrschte ein ungeheurer Betrieb. Der Lärm, der ständige Wechsel von Schwestern und Ärzten, mich machte das alles furchtbar nervös. Die bevorstehende Geburt erfüllte mich mit einer schwelenden Angst. Ich brauchte nur an die Klinik zu denken, und mein Herz begann zu bummern, und ich meinte, ersticken zu müssen.

Ich machte mich auf die Suche nach einer privaten Hebamme, die mir helfen könnte, meine Zuversicht wiederzufinden und die Entbindung zu einer positiven Erfahrung zu machen. So fand ich Susan, die liebste Person und mütterlichste Hebamme, die man sich nur vorstellen kann. Sie schaffte, was ich mir wünschte, und noch viel mehr. Sie wurde eine Freundin, die mir in vieler Hinsicht half. Ihre Erfahrung, ihre Zeit mit mir, das alles hatte großen Einfluss auf mich. Sie lehrte mich, geduldig zu sein, nicht aufzugeben, vor allem aber meinem Körper und meinem Instinkt zu vertrauen. Nach unseren Sitzungen war meine Angst verschwunden. Ich entwickelte ein Gefühl für unsere Tochter und für ihren Charakter. Sie bewegte sich jedes Mal, wenn sie Musik hörte. Vor allem liebte sie Jazz. Ich war besonders ruhig, wenn ich in der freien Natur war, und verbrachte einen großen Teil meiner Freizeit damit, mit P-J spazieren zu gehen. Wir gingen hinter dem Haus los, durch den Obstgarten, über den niedrigen Zaun und dann die Fußwege den ginsterbewachsenen Hügel hinauf. Von dort aus sieht man ewig weit, über unsere kleine Stadt hinaus. Wir unterhielten uns darüber, wie sie wohl sein würde. Ich hatte das Gefühl, unsere Kleine würde irgendwie einzigartig, und wollte einen besonderen Namen für sie finden. Ich weiß, dass sich das jede werdende Mutter einbildet, meine Gefühle waren also womöglich völlig normal, aber manchmal frage ich mich, ob das Gefühl nicht ein Zeichen war, dass mein Körper sie nur allzu gut verstand.

Ich hatte nie Gelegenheit gehabt, meine Großmutter mütterlicherseits Iris kennenzulernen; sie war vor meiner Geburt gestorben. Aber meine Familie sprach mit so viel Zuneigung von ihr; unmöglich, ihren Namen zu sagen, ohne zu lächeln. So wurde sie für mich als Kind zu einem geradezu engelhaften Wesen: ihr Porträt oben an der Treppe, Fotos von ihr hier und da im Haus. Sie schien mir innerlich wie äußerlich wunderschön. Ich war wie gebannt von ihren großen Augen, ihrem kastanienbraunen Haar, ihrer anmutigen Haltung. Und die Erbstücke: chinesischer Zierrat, Schmuck, Stickarbeiten von ihr, künstlerische

Arbeiten, und dann ihre Kleider, die ich später trug, als sie wieder in Mode kamen. Es ist wirklich erstaunlich, was man alles aus den Sachen eines Menschen erahnen kann, wenn man sieht, woran ihm etwas lag, woran er Freude hatte. Diese Dinge bedeuteten mir sehr viel. Ihre sanfte Art, ihre Liebe für Kunst und Natur hatten sich auf meine Mutter übertragen und von ihr auf mich. So war denn, als wir uns über Namen für unser kleines Mädchen unterhielten, Iris meine erste Wahl. Grace war ein weiterer Favorit, sowohl für P-J als auch für mich, einfach wegen seiner Schönheit und Eleganz.

Kannst du mich hören, Iris? Ich hoffe, du kennst mittlerweile meine Stimme. Ich kann es kaum erwarten, die deine zu hören und zu erfahren, was du fühlst und denkst. Ich warte geduldig darauf, dich kennenzulernen, meine Aufregung nimmt von Tag zu Tag zu. Heute Abend habe ich gespürt, wie du zur Musik getanzt hast. Du erfüllst mich mit Energie, wenn ich sie am dringendsten brauche. Ich war dabei, meine letzte Hochzeit für den Sommer zu fotografieren, und als die Band zu spielen begann, bewegten sich deine Füßchen im Takt. Wie sollte ich müde sein, wenn ich dich in mir tanzen spüre? Du hast mich meinen schmerzenden Körper ebenso vergessen lassen wie den langen heißen Tag in der Sonne. Musik ist was ganz Besonderes für dich, stimmt's? Ich habe das Gefühl, dass sie dir noch viel Freude und Trost bringen wird. Du wirst Geduld haben müssen mit mir, während ich gemeinsam mit dir lerne und wir alles gemeinsam erfahren. Lass uns zusammenhalten im Gedenken an die Worte deiner Großmutter: »Das geht vorbei. Es ist nur eine Phase und wird nicht ewig dauern.« Das wird uns in den schwierigeren Zeiten Kraft geben. Egal, was passiert, ich möchte, dass du weißt, wie sehr wir dich lieben und dass du nicht allein bist. Und jetzt erwarten wir dich. Wir sind auf dich vorbereitet, soweit das irgendwie möglich ist. Du wirst wissen, wann es so weit ist.

Zwei

Sie schmiegte ihren kleinen Körper an den meinen. Vom ersten Augenblick an schien sie perfekt zu passen, schien sie eine Lage zu finden, die ihr passte und bei der sie bleiben würde: aufrecht gegen meinen Körper gelehnt, ihren Kopf an meiner Schulter.

»Du hast es geschafft!«, sagte P-J und küsste mich lächelnd, Iris' winzige Hand in der seinen. Sie hatte einen Schopf dunkelbrauner Haare. Ich hatte in unserer Küche entbunden und drückte mein Baby an mich, solange ich nur konnte. Der Tag, an dem wir unsere kleine Iris Grace kennenlernten, war zeitiger gekommen als erwartet. Sie kam Anfang September 2009 zur Welt, ein paar Wochen zu früh, mit einem Gewicht von 3274 Gramm. Ich will hier nicht behaupten, dass es ein Klacks gewesen wäre, aber ich habe die Entscheidung für die Hausgeburt nie bereut, nicht einen Augenblick. Meine Hebamme war unglaublich, und ich hatte volles Vertrauen zu ihr. Ich hatte zu keinem Zeitpunkt Angst oder machte mir Sorgen, trotzdem war mir nach Ruhe und Abstand zumute. Ich lief im Haus herum, rein in den Pool, raus aus dem Pool, die Treppe hinauf, die Treppe hinab, legte mich wieder hin, in aller Stille, allein. Mal wollte ich Musik haben, dann wieder ertrug ich sie nicht. Ich folgte ganz meinen Gefühlen und dem, was mein Körper von mir verlangte, und alle um mich herum versuchten, mir jeden Wunsch zu erfüllen. Ich weiß, es kann nicht einfach gewesen sein für meine Hebamme und ihre Kollegin und P-J, die die ganze Nacht über bei mir waren. Es gab Augenblicke, in denen sie sich Sorgen machten, weil ich so lange nichts gegessen hatte und ausgelaugt war, aber ich wollte eben nicht essen – ich *konnte* nicht. Manchmal wollte ich mich einfach nur treiben und meinen Körper ungestört ruhen lassen, um die Energie zu sammeln, die ich noch brauchte.

Während die Hebamme mich versorgte, hielt P-J Iris in den Armen, und nie werde ich seinen Blick vergessen – es war, als wären die beiden in ihrer eigenen Welt. Als ich die Augen schloss, konnte ich P-J flüstern hören: »Hallo. Wie geht es dir, Iris? Alles cool? Du bist so wunderbar, und es wird alles ganz toll. Deine Mami ist da; sie ist bald wieder auf dem Damm. Mach dir keine Sorgen, kleine Iris, ich pass schon auf dich auf. Alles wird ganz prima. Wir werden die wunderbarsten Abenteuer zusammen erleben – wirst schon sehen.«

Als ich mich kräftig genug fühlte, zog ich nach nebenan aufs Sofa um. Mein behagliches Nest aus Decken – nebst Tee, Kuchen und Iris in den Armen – tat mir gut. Ich musste über das winzige Mützchen lachen, das die Hebamme uns geschenkt hatte. Meine kleine Elfe war zufrieden. Sie schlief, und ich ruhte mich aus, bis es Zeit für die ersten Besucher wurde; ihre überglücklichen Großeltern waren da.

Mein Vater nahm Iris in die Arme, und es war vom ersten Augenblick klar, dass sie großen Eindruck auf ihn machte. Er sank in einen Sessel, meine Mutter kniete neben ihm nieder, und beide sahen sie Iris voll Bewunderung an. Sie lächelten ohne Ende. »Vorsicht mit dem Kopf, hier, du musst sie abstützen«, sagte meine Mutter, als er ihr Iris reichte, damit sie sie richtig begrüßen konnte. Es war ein wunderbares Gefühl, meine Eltern mit ihrem ersten Enkelkind zu sehen. Ich wusste, egal was kommen würde, sie hätte eine liebende Familie um sich.

Die folgenden Wochen gestalteten sich schwieriger, als ich erwartet hatte. Iris ließ sich nur widerwillig stillen, nicht eine der traditionellen Methoden wollte funktionieren. Meine Hebamme beobachtete uns schweigend, als ich wieder einmal versuchte, meiner Tochter die Brust zu geben. Ihr fiel auf, dass Iris den engen Kontakt scheute. Wenn ich sie in den Armen hielt, zwang ich sie zu etwas, was ihr offensichtlich unangenehm war, und stillen lassen wollte sie sich in dieser Stellung schon gar nicht. Und dann schien sie meine Kleidung zu irritieren, worauf meine Hebamme schließlich vorschlug, ich sollte mich nackt mit ihr ins Bett legen und eine weiche Decke zusammenrollen, die Iris auf der einen Seite stützte, während ich ihr im Liegen die Brust gab. Es wirkte wie ein Zauber; die Kleine war endlich zufrieden und ich erst recht.

Sie hatte ihren eigenen Kopf, die Kleine. Egal, wie ich sie einmummelte, ihre bloßen Ärmchen hatten draußen zu bleiben. Und dann konnte sie es nicht ertragen, allein in ihrem Bettchen zu liegen. Wenn überhaupt, dann schlief sie mit mir in unserem alten französischen Schlittenbett, das Gott sei Dank seitliche Wände hat, sodass sie nicht herausfallen konnte. Ich baute ihr ein kleines Bettchen neben mir, damit ich sicher sein konnte, mich nachts nicht auf sie zu rollen. Sie schlief immer am besten auf der Seite, von mir abgewandt, aber in der Gewissheit, ihre Mutter hinter sich zu haben.

Der erste Monat war rasch vergangen, ohne dass wir allzu viele weitere Probleme gehabt hätten. Im Gegenteil, ihr Schlafrhythmus schien vorhersehbar, und wir kamen damit zurecht. Tagsüber hielt sie ihr Nickerchen in einem alten Kinderwagen, in dem mehr Platz war als in den modernen und der richtig schön wippte. Dort schlief sie anstandslos, was mir die Möglichkeit gab, wieder etwas zu arbeiten. Anfang Winter fotografierte ich wieder Hochzeiten und traf mich mit der einen oder anderen Braut zu Besprechungen für die nächste Saison. In rasendem Tempo legte ich mir Fertigkeiten im Multitasking zu; außerdem kam mir mein Geschick im Planen zugute. Trotzdem übernahm ich mich. Ich mutete mir einfach zu viel zu. Im Rückblick scheint es verrückt, dass ich mir derart viel aufhalste, aber ich liebe meinen Beruf nun mal und konnte nicht einfach aufhören. Ich hatte mich an die Unabhängigkeit und das Selbstbewusstsein gewöhnt. Außerdem standen wir vor einem wichtigen Schritt bei der Renovierung unseres Hauses, der ohne ein zweites Einkommen nicht möglich war.

Nach Weihnachten, das so zauberhaft wie anstrengend ausfiel, machten wir uns an die Planung von Iris' Taufe. Aber der Schlafrhythmus unserer Tochter wurde zunehmend unkalkulierbar; wir kamen damit von Tag zu Tag weniger klar. Woche für Woche wurde diese Seite unseres Lebens schwieriger. Iris abends zum Schlafen zu bringen war eine Mission für sich. Sie wollte sich nur bei mir beruhigen, an meine Schulter gelegt, während ich sie mit mir herumtrug und dabei Musik hörte; gerade den Schaukelstuhl konnte sie noch akzeptieren. Wenn sie doch mal einschlief, wachte sie unweigerlich wieder auf. Nach ein, zwei Stunden begann sie zu weinen, bis sie die Wärme meiner Schulter spürte und ich mich wieder bewegte – und sie musste die Musik wieder hören. Es laugte mich aus, ich hatte das Gefühl, sofort wieder aufgeweckt zu werden, kaum dass ich sie endlich beruhigt hatte.

Ich konnte mein Glück kaum fassen, als Iris in ihrem Taufkleidchen auf dem Weg zur Kirche in der Nähe meines Elternhauses einschlief. Sie war müde nach einer schlaflosen Nacht, und wenigstens dieses eine Mal kam mir das zugute. Friedlich schlief sie die ganze Zeremonie hindurch, bis sie an der Reihe war. Tapfer akzeptierte sie das Wasser auf ihrer Stirn.

Nach der Taufe kamen Familie und enge Freunde mit zurück zum Haus meiner Eltern, wo ein Essen angerichtet war. Iris war unruhig, also zog ich ihr ihre weichsten Sachen an, aber sie konnte es einfach nicht ertragen, wenn jemand Fremdes sie hielt. Sie war ganz vernarrt in das Lied »*She'll Be Coming Round The Mountain*« – es schien das Einzige, was sie beruhigen konnte, wenn sie unten war und andere Leute um sich hatte. Also sang ich es ihr vor, aber letztlich brauchte sie einfach Abstand von all dem Wirbel im Haus. Je öfter ich ihr Verhalten im Kontakt mit anderen beobachtete, desto mehr Sorgen machte ich mir. Sie hatte keine Freude an Gesellschaft wie andere Kinder oder Babys, die ich freudig in

Gemeinschaft fotografiert hatte. Manchmal reagierte sie auf uns und hielt sogar unserem Blick stand, lächelte, lachte, versuchte, uns zu imitieren, aber diese sozialen Kompetenzen schienen so unbeständig – wie Wellen, die sie einmal näher herantrugen und dann wieder von uns weg. Bei diesen Gelegenheiten hatte ich das Gefühl, sie zu verlieren. Wie bei einem Tagtraum, nur intensiver, hatte sie plötzlich einen glasigen Blick in den Augen und schien nicht mehr mitzubekommen, was unmittelbar um sie herum passierte. Es gab Zeiten, in denen wir befürchteten, dass sie schlecht hörte, weil sie nicht auf plötzliche Geräusche reagierte, zum Beispiel wenn einer von uns ins Zimmer kam. Aber auch das war so unregelmäßig, dass sich daraus nichts Konkretes ableiten ließ. Als ich mit meinen Befürchtungen zu Ärzten ging, sagte man mir, mit sechs Monaten sei es noch viel zu früh, um sich Sorgen zu machen – sie sei ein gesundes, glückliches Kind. Ich sei nur einfach müde nach den vielen schlaflosen Nächten, das gehe allen Eltern so, es bestehe wirklich kein Anlass zur Sorge. Ich beruhigte mich auf diese Beteuerungen hin, genierte mich sogar, es überhaupt zur Sprache gebracht zu haben.

Bis zum siebten Monat waren Iris die dunkelbraunen Haare ausgefallen; sie waren jetzt hellbraun, fast blond. Im achten Monat sagte sie »dada« und kommunizierte durch eine Reihe von Lauten. Sie machte alle Entwicklungsschritte durch, einige vielleicht etwas verspätet, aber es gab keinen Anlass zur Sorge. Nur ihre Schlafstörungen hörten nicht auf.

»Morgen wird alles besser«, flüsterte ich meiner Kleinen zu, deren Körper an meinem klebte, während wir im Schaukelstuhl wippten. Wir hatten einige Wochen mit langen Nächten und schwierigen Tagen hinter uns. Der Schlafentzug begann langsam, aber sicher seinen Tribut zu fordern. Wenn ich mit dem Auto unterwegs war, musste ich immer wieder anhalten, weil das Tageslicht meinen Augen wehtat. Es war so schlimm, dass ich nicht nur die Sonnenblenden herunterklappte, sondern gleich zwei dunkle Brillen trug! Ich sah die komischen Blicke der Leute, aber das war mir längst egal. Ich ließ beim Fahren das Fenster offen, weil ich eine Riesenangst hatte, am Steuer einzuschlafen.

Stunde um Stunde verging, und Iris kämpfte gegen den Schlaf an wie ein Ninja, mit jeder Faser ihres Körpers entschlossen, wach zu bleiben. Ich hatte mich an die Schwindelanfälle und die Übelkeit gewöhnt, die auf die Schlaflosigkeit zurückzuführen waren. Es war ein permanenter Ausnahmezustand. Aber noch während ich Iris zu ihrer Lieblingsklaviermusik wiegte, wurde mir klar, dass es nicht ewig so weitergehen konnte. Es musste sich etwas ändern; nicht eine unserer Maßnahmen hatte Erfolg. Ich überlebte das überhaupt nur, weil ich so viele Leute hatte, die mir zur Seite standen. Meine wunderbare Mutter brachte mir fast täglich fertig gekochte Mahlzeiten und Sandwiches vorbei, und P-J ging einkaufen, während ich Hochzeitsfotos bearbeitete und Kostenvoranschläge verschickte, um wenigstens irgendetwas zu erledigen in den paar kostbaren Stunden, in denen Iris tagsüber schlief.

Iris' Körper sank zur Seite, und ich spürte, dass sie gleichmäßiger zu atmen begann; sie schlief endlich ein. Jetzt kam die heikle Operation des Umbettens. Zuerst galt es, ohne das gefürchtete Knarren aus dem bequemen Schaukelstuhl zu kommen; als Nächstes musste ich sie so vorsichtig wie möglich in unser französisches Bett verfrachten und dort auf die Seite legen. Auf keinen Fall durfte dabei die Decke verrutschen, in die sie gewickelt war. Ich wartete noch ein Weilchen aus Angst vor dem entscheidenden Augenblick. Ich küsste sie und musste weinen, sosehr ich mich auch dagegen wehrte. Warum war das alles so schwer? Warum konnte sie nicht einfach schlafen? Ich wusste, das war nicht normal – andere machten so etwas mit ihren Kindern doch auch nicht durch! Es war offensichtlich, dass da etwas nicht stimmte, und die verzweifelte Hoffnungslosigkeit und Ungewissheit taten mir tief in der Seele weh – bis hin zu physischen Schmerzen. Wir trudelten in einer Abwärtsspirale. Während alle anderen sich von den schlaflosen Tagen und Nächten nach der Geburt zu erholen schienen, drohten wir unterzugehen. Ich hatte die Stimme meiner Mutter im Kopf: »Das gibt sich. Es ist nur eine Phase, und eh du dich versiehst, ist alles vorbei.« Bis meine eigene Stimme sie übertönte: »Nichts geht vorbei! Was mache ich denn bloß falsch?«

Nach ihrem ersten Geburtstag wurde Iris' Verhalten immer extremer, und ihre Schlafstörungen waren nun wirklich nicht mehr zu übersehen. Dafür nahm ihr Interesse an Bilderbüchern zu. Noch bevor sie mit den Fingern blättern konnte, nahm sie dazu ihre Füße, während sie auf dem Rücken lag. Sie verbrachte Stunden damit, sich die Bücher anzusehen, und als ihre Finger ihrem Willen endlich gehorchten, tauchte sie vollends darin ein. Es war, als würde sie eins mit ihnen, sie verschwand im Kokon einer eigenen, für andere unzugänglichen Welt.

Eines Vormittags saß ich über einigen Fotos, Iris spielte bei mir im Büro. Die Uhr an meinem Computer sagte mir, es sei Zeit zum Stillen. Das gab mir zu denken. Iris war seit Stunden völlig selbstvergessen auf dem Boden vor mir mit ihren Bilderbüchern beschäftigt. Mit absoluter Konzentration hatte sie sich jede Seite angesehen, bevor sie mit Händen und Füßen die nächste aufschlug. Im ersten Augenblick war ich ungeheuer stolz auf die unglaubliche Konzentrationsfähigkeit meiner Kleinen, aber dann dämmerte mir, dass ich keine Sechsjährige vor mir hatte, sondern ein Baby.

Im nächsten Augenblick hatte ich das Gefühl, noch das leiseste Geräusch wahrzunehmen: das Summen meines Computers, das Wenden der Seiten von Iris' Buch. Mein Herz begann zu rasen; mir war plötzlich merkwürdig kalt. *Da kann doch etwas nicht stimmen!* Meine Tochter hatte den ganzen Morgen über nicht ein einziges Mal nach meiner Aufmerksamkeit verlangt. Ich hatte beim Arbeiten Kinderlieder gesungen, und so selig wie sie über ihren Büchern saß, war es mir gar nicht in den Sinn gekommen, dass es ihr völlig egal zu sein schien, ob ich da war oder nicht. Sie war in einer anderen, eigenen Welt, völlig vereinnahmt von den Büchern und den farbigen Bildern darin. Außerdem machte sie kaum noch einen Versuch zu sprechen. Nach ihrem »dada« im Alter von acht Monaten hatte sie noch einige andere Laute gebildet, aber danach war sie allmählich wieder verstummt. Ihre Sprachlosigkeit war umso frustrierender, als wir wussten, dass sie Laute bilden konnte; es war gerade so, als hätte sie einfach kein Interesse daran. Ich hatte inzwischen ihre Körpersprache und den Ausdruck ihrer Augen zu deuten gelernt, was meine Frustration etwas linderte. Wenn sie etwas wollte, versuchte sie es sich selbst zu holen, und wenn sie nicht herankam, half ich ihr. Ich las Iris jeden Wunsch von den Augen ab, bevor sie ihn überhaupt äußern musste. Aber war ich deshalb schuld daran, dass sie nicht sprach, wie einige Außenstehende mir zu erklären versuchten? Ich hatte es wirklich immer wieder versucht, aber es quälte Iris nur, und damit wurde ich in meinem übermüdeten Zustand einfach nicht fertig. Außenstehende tun

sich immer leicht mit Tipps und meinen, sie wüssten alles besser. Aber sie bekommen nur Augenblicke mit, auf die sie ihr Urteil gründen. Wirklich Bescheid wissen letztlich nur die Eltern. Wie eine Flutwelle stellte sich die Unruhe der ersten Monate wieder ein. Was passierte mit meiner kleinen Iris?

Von ihrem vierten Monat an hatte Iris neben ihren Büchern noch ein zweites Hobby, das sie nicht weniger liebte, und das waren *Tom und Jerry*. Sie guckte sie, solange ich sie nur ließ. Sie war ein gutes Jahr alt, da hatten wir eine komplette Ausgabe der alten *Tom und Jerry*-Zeichentrickfilme. Sie hatte solche Freude daran, dass ich nichts dabei fand. Ich kannte ihr gutmütiges Naturell gut genug, um zu wissen, dass sie diese Filmchen nicht ernst nahm, auch wenn einige Leute in ihrem brennenden Interesse Anlass zur Sorge sahen. Sie lachte über die Gags, und ihre Arme und Beine bewegten sich synchron zu der Action im Film. Es war fast, als hätte ihre Begeisterung mit der von uns Normalsterblichen nichts mehr zu tun.

Musik hatte eine ähnliche Wirkung auf sie. Wenn sie Musik hörte, bewegte sie die Hände in der Luft, ihre Fingerchen zuckten und bewegten sich, als könnten sie die Musik buchstäblich spüren. Es war, als steigere Musik ihre Wahrnehmung, und das manchmal in einem Maß, dass man hätte meinen können, sie stehe in ihrer Euphorie unter Strom. Sie konnte sich darauf stundenlang am Stück konzentrieren. Dieselbe Reaktion sahen wir, wenn sie den Wind in den Bäumen oder die Wellen auf dem Wasser beobachtete oder wenn sie überhaupt in der Natur war. Sie so zu sehen war bezaubernd: so klein und doch in einem Maße eins mit ihrer Umgebung, wie wir uns das bestenfalls vorstellen konnten. Ich hatte keine Ahnung, was das zu bedeuten hatte oder warum es so war, aber wir sahen und spürten, dass sie das Leben auf einer anderen Ebene wahrnahm als wir. Manchmal wirkte die Art, wie sie die Welt erlebte, regelrecht destruktiv. In Gesellschaft mit anderen, wenn alle durcheinanderredeten und viel Bewegung herrschte, zog sie sich entweder in sich selbst zurück, oder sie drehte durch. Dann weinte sie haltlos, und wenn man sie da nicht herausholte, verlor sie die Fassung und geriet in Wut. Auch ihre Detailbesessenheit und ihre Fähigkeit, in kürzester Zeit eine ungeheure Menge von Informationen aufzunehmen, wurden immer wieder zum Problem. Sie brauchte nur in ein Zimmer zu kommen, schon hatte sie alles registriert, was sich darin befand, und wenn auch nur irgendetwas – ein Buch oder ein Spielzeug – nicht dort lag, wo sie es zuletzt gesehen hatte, wurde sie nervös. Dann fixierte sie die Stelle, ging hinüber, legte die Hand darauf und begann zu weinen, bis sich alles wieder am richtigen Platz befand. Wenn sie an den betreffenden Gegenstand nicht selbst herankam, wurde das Ganze noch komplizierter, weil sie sich schluchzend in ihre Verzweiflung hineinsteigerte, bis ich endlich begriff, was fehlte. Einige Dinge mussten grundsätzlich immer in einer ganz bestimmten Ausrichtung am Boden liegen; wenn man sie auch nur einen Zentimeter verschob, merkte sie das und rückte sie wieder zurecht. Und diese eisernen Regeln beschränkten sich nicht nur auf Spielzeug und Bücher. Iris bestand darauf, nur bestimmte Kleidung zu tragen. Weiche Strampelanzüge aus Baumwolle, T-Shirts oder weite Hosen waren in Ordnung, kompliziertere Sachen mit Knöpfen, Reißverschlüssen, Applikationen oder Labels nicht. Strumpfhosen, Söckchen und Schuhe waren eine Folter für sie; Kleidchen konnte man ohnehin vergessen. Wenn wir draußen waren, hielten die Leute sie in der Regel für einen Jungen, was allerdings die geringste meiner Sorgen war.

Die sonst für Mütter üblichen Spiel- und Krabbelgruppen bedeuteten für uns in erster Linie Kummer. Ich packte Iris' Lieblingsspielsachen und Bücher in eine Tasche, schloss kurz die

Augen und wünschte mir von ganzem Herzen, dass unser Ausflug diesmal – *wenigstens dieses eine Mal!* – reibungslos über die Bühne gehen würde, dass Iris ihre Freude daran hätte wie andere Kinder auch und sich nicht wieder hinter dem Klavier verkroch, um dort feinsäuberlich ihre Wachsmalstifte aneinanderzureihen. Ich wünschte mir so sehr, sie auch nur einen Augenblick aus den Augen lassen, mich umdrehen zu können und sie trotzdem lächeln zu sehen. Aber sosehr ich es mir auch wünschte, so hoffnungsvoll ich die Daumen drückte, es änderte nichts.

Stattdessen sahen wir uns nach einem weiteren katastrophalen Versuch wieder im Auto. Iris geriet in helle Aufregung, wann immer ihr eines der anderen Kinder zu nahe kam, und versteckte sich dann unter dem Klavier, wo sie sich wie besessen auf einen kleinen Fleck im Teppich konzentrierte. Mir blieb nichts anderes übrig, als sie wieder nach Hause zu bringen. Wie oft sollte ich ihr das noch antun? Sie war erst anderthalb Jahre alt. Eines Tages, nach einem typisch strapaziösen Playdate, zog ich

die Konsequenz: Sie mochte die Erfahrung nicht, und ich fühlte mich jedes Mal erbärmlich danach. Also versprach ich ihr, damit aufzuhören; ich würde ihr damit nicht mehr zusetzen, und irgendwie kämen wir schon zurecht. Ich dachte an all die Male, die wir es versucht hatten. So hatte ich mich, halb in geistiger Umnachtung vor Schlaflosigkeit, zur Babygymnastik überreden lassen. Iris war fasziniert von allem dort, vor allem von den putzigen Turngeräten – sie entdeckte einen winzigen Mangel an der Gymnastikmatte und begann diesen, das Gesichtchen nur Zentimeter über der Matte, zu inspizieren, während der Rest der Gruppe seine Runden an den Geräten drehte und Spaß auf Schwebebalken, Rutschen und Trampolinen hatte. Wenn sie sich nicht in besagte Details hineinsteigerte, war sie drüben am Tennisplatz und versuchte dahinterzukommen, wie das komplizierte Netz geknüpft war. Sie interessierte sich mit anderen Worten für alles Mögliche, nur nicht für die Aktivitäten der Gruppe. Besonders schlimm war der Kreis. Wenn es daran ging, einen Kreis zu bilden, mussten wir jedes Mal früher gehen, wobei Iris kreischend den Flur entlang und aus dem Haus lief. Aber kaum waren wir draußen, hörte sie auf zu weinen, und es kehrte wieder Frieden ein. Sie konnte es gar nicht erwarten, in die Geborgenheit des Autos zurück- und von dort wegzukommen.

Und ehrlich gesagt, mir ging es bald genauso. Ich ertrug die Blicke der anderen Eltern nicht mehr, die zuerst mitleidig, dann frustriert waren, weil wir die Gruppe störten. Ich sah uns ausgestoßen für etwas, wofür ich keinen Namen hatte, ja, was ich nicht einmal verstand. Ich wusste nur, dass wir da nicht reinpassten. Wir schienen hinten und vorn nicht in eine Erfahrungswelt zu passen, die für andere Kleinkinder als normal galt. Selbst die Spielplätze im Park waren anstrengend. Während andere Kinder strahlend auf Rutschen, Schaukeln, in Karussells oder im Sandkasten zugange waren, inspizierte Iris die Schrauben und Muttern, die die Geräte zusammenhielten. Sie hatte kaum Interesse an den verschiedenen Geräten an sich; sie wollte nur erfahren, wie etwas funktionierte, wissen, wie etwas ging. Bei jedem Besuch durchliefen wir dieselbe Routine: Systematisch klapperte sie genau dieselben Geräte in genau derselben Reihenfolge ab wie beim letzten Mal; wenn sie mit einem fertig war, deutete sie auf das nächste. Einen gewissen Erfolg verbuchte ich mit der Schaukel, aber es musste immer dieselbe sein, und andere Mütter konnten schlicht nicht verstehen, warum sie ihr Kind auf die daneben setzen sollten, nur damit Iris ihre Lieblingsschaukel bekam. Natürlich hatte es seinen Grund, dass sie sich gerade auf diese Schaukel kapriziert hatte, und der lag in einem ganz simplen Detail: die Schweißnähte an den Kettengliedern waren glatt, während sie bei den anderen Schaukeln raue Grate hatten, und Iris ist nun mal glatt auf der Haut lieber als rau. Ich mied schließlich die Stoßzeiten im Park, um ihr ihre Schaukel zu sichern, und stellte fest, dass sie ohnehin umso entspannter war, je weniger Leute da waren. So gingen wir zwar oft in den Park, aber immer morgens. Unser einziger Feind um diese Tageszeit war die Kehrmaschine, die im Park ihre Runde machte, aber Iris wusste, dass sie bald wieder verschwinden würde. Bis dahin vergrub sie ihren Kopf in meiner Jacke, und ich hielt ihr die Hände über die Ohren zum Schutz vor dem unerwünschten Lärm.

Es war die Unvorhersehbarkeit, die Iris draußen so zu schaffen machte: Kinder quiekten plötzlich oder schrien gar, Autos hupten, Sirenen gingen los, die Leute unterhielten sich oder riefen quer durch den Park nach ihren Freunden oder einem Kind, das sich zu weit entfernt hatte. Und dann natürlich immer und überall die Handys mit all ihren verschiedenen Klingeltönen. Wenn wir in ein Café gingen, zischten Espressomaschinen, klapperten

Tassen, schepperte Besteck; Stühle kratzten über den Boden. Iris schrak zurück vor all dem aufdringlichen Lärm, der sie zu umgeben schien, und begann zu weinen. Sonntags, nach dem Mittagessen bei meinen Eltern, guckte mein Vater gern bei voller Lautstärke Formel I, ein Lärm, der Iris entweder hyperaktiv machte oder völlig durchdrehen ließ. In solchen heiklen Situationen hatte ich immer das Gefühl, sie am besten einfach hochzunehmen und mit ihr nach Hause zu fahren, wo ich die Umgebung wenigstens bis zu einem gewissen Grad kontrollieren konnte. Und so mieden wir wochenlang praktisch jede Öffentlichkeit. Ich merkte, dass ich mich von der Außenwelt abzukapseln begann. Ich hatte als Fotografin immer noch das volle Programm, sodass ich an den Wochenenden meist bei Meetings oder auf Hochzeiten war. Mein Leben spielte sich in zwei Extremen ab: Auf der einen Seite forderte meine Arbeit von mir gnadenlos, megagesellig zu sein, zu Hause auf der anderen Seite war ich total isoliert.

Iris war am glücklichsten zu Hause oder wenn wir auf der Suche nach potenziellen Orten für Hochzeiten und Locations für Fotoshootings waren. Auch Kirchen und Gärten sah sie sich gern an. Es war bald nicht mehr zu übersehen, wie gern sie Zeit im Garten verbrachte; es war der einzige Ort, an dem sie sich nicht in ihren Büchern verkroch. Sie war dort glücklich, und ich, so stellte ich bald fest, war es auch. Wir sahen uns die Blumen an, und ich erklärte ihr, was wir sahen. Auch Spaziergänge boten Trost; täglich schob ich Iris im Kinderwagen die eine oder andere Landstraße entlang, während sie fasziniert das Laubdach über uns im Auge behielt. Aber selbst diese Ausflüge hatten ihren Haken. Iris wollte unter keinen Umständen etwas an den Füßen tragen, weder Socken noch Schuhe. Wenn es kalt war, taten mir die missbilligenden Blicke meiner Mitmenschen richtig weh. Ich wusste, was sie dachten, wenn ich wieder mal ihre Füße unter eine Decke zu stecken versuchte, aber sie waren jedes Mal wie Schachtelteufelchen wieder da – als wären ihre rosigen Füße fest entschlossen, die Kälte zu spüren.

Im Sommer 2010, Iris war zehn Monate alt, probierten wir die verschiedensten Aktivitäten und Ausflüge mit ihr durch, aber die Probleme waren immer dieselben. Die Wurzel allen Übels schien die Nähe anderer zu sein, vor allem von Kindern ihres Alters. Sie fand ihre Unberechenbarkeit, ihr chaotisches Wesen zutiefst beunruhigend. Ich wollte herausfinden, warum das Leben für Iris schwieriger war als für andere. Auch P-J sah, was ich beobachtete, und auch er war nach einigen improvisierten Tests davon überzeugt, dass es nichts mit ihrem Gehör zu tun hatte. Im Juni dieses Jahres machte seine Familie nach dem Tod seines Vaters Schlimmes durch. P-J trauerte sehr um ihn. Er stürzte sich Hals über Kopf in die Organisation der Beerdigung und kümmerte sich dann um die Erfüllung des Testaments; er erledigte den geschäftlichen Teil. Ich wollte ihn nicht noch mehr belasten, also recherchierte ich fürs Erste allein.

Zum Glück stand mir meine Mutter zur Seite. Einmal war ich nach einem unserer Playdates in Tränen aufgelöst vor ihrer Tür erschienen; die Unterschiede zwischen Iris und anderen Kindern waren einfach nicht mehr zu übersehen. Es kam mir gerade so vor, als wäre der Himmel über mir zusammengebrochen mit der Erkenntnis, dass mit ihr etwas ernsthaft nicht stimmte; bis dahin hatte ich mir Sorgen gemacht, aber gleichzeitig gehofft, sie bräuchte einfach nur etwas Zeit, sich zu entwickeln. Iris blieb immer weiter hinter ihren Altersgenossen zurück, und je mehr wir so taten, als sei alles in Ordnung, desto schlechter ging es mir. Ich hatte irgendwie das Gefühl, ein Doppelleben zu führen, indem ich sagte, was andere von mir hören wollten: dass alles in Ordnung sei, mit ihr und mit uns. Mein Lächeln kaschierte, wie es mir wirklich ging, und es fiel mir immer schwerer. Es war so einfach gewesen: Iris war ein hübsches Mädchen, jeder mochte sie auf den ersten Blick, und es gab immer eine glaubhafte Ausrede für ihr Verhalten im Kontakt mit anderen – »Sie hat eine schlimme Nacht hinter sich«, »die Zähne …«, »Bauchweh«, »Ich habe ihr Lieblingsspielzeug vergessen« –, aber ich war am Ende. Ich konnte einfach nicht länger so tun als ob.

Obwohl sie uns unserer Ansicht nach durchaus hörte, ließ sich die Möglichkeit nicht weiter ignorieren, dass trotzdem mit ihrem Gehör etwas nicht stimmte. Das hätte sowohl ihr Verhalten erklärt als auch ihre Verzögerungen beim Spracherwerb. Sie war immer noch nicht über ihre ersten Versuche, »dada« und »Mama« zu sagen, hinaus. Ja, sie hatte sogar einen Schritt zurück getan, wir bekamen nämlich überhaupt nichts mehr von ihr zu hören. Sie kommunizierte physisch, mit einigen Gesten, und sie war ausgesprochen selbstständig im Gegensatz zu ihren Altersgenossen, die mittlerweile täglich Wörter dazulernten, manche begannen sogar schon, kurze Sätze zu bilden. Selten bemühte sie sich um unsere Aufmerksamkeit; wenn man sich ihr zu nähern versuchte, begann sie in der Regel zu weinen und wandte sich ab. Nur mich ließ sie an sich heran. Manchmal, wenn wir allein waren und Stille im Haus herrschte, erhaschte ich einen Blick auf die Iris, wie sie hätte sein können, aber auch das kam immer seltener vor. Zu essen geben konnte ich ihr ausschließlich von der linken Seite und nur wenn niemand sonst in der Nähe war. Das hatte beim Stillen begonnen, und mittlerweile galt es für alles, was wir ihr zu geben versuchten, sogar für ihre Wasserflasche. Sie war in vieler Hinsicht überempfindlich geworden. Auch ihre Abneigung gegen den Kontakt mit anderen und ihre Angst vor belebten Orten ließen sich nicht mehr ignorieren.

Wir ließen ihr Gehör testen. Nach vielen frustrierenden Konsultationen und Einschätzungen ohne definitive Ergebnisse fand P-J eine karitative Einrichtung in Cambridgeshire, bei der man auf der Stelle für Iris Zeit hatte, um sie umfassend zu testen. Mit diesen Ergebnissen hatten wir genügend Informationen, um Iris schneller durch das System zu schleusen; sie rechtfertigten eine hirnstammaudiometrische Untersuchung bei uns im Ortskrankenhaus, um ein für alle Mal klarzustellen, ob sie nun Hörprobleme hatte oder nicht. Man gab ihr ein Beruhigungsmittel und klebte ihr Elektroden an die Kopfhaut, um die im Innenohr gebildeten Signale aufzufangen. Nerven leiten diese Signale an den Hirnstamm und von dort aus ins Gehirn.

Während wir darauf warteten, dass Iris nach dem Test aufwachte, analysierten die Ärzte die Daten. Ich konnte nicht anders, ich musste an all die einschlägigen Informationen denken, die ich mir bereits angelesen hatte, und was wir tun würden, falls sie tatsächlich taub war. Ich hatte bereits angefangen, etwas Zeichensprache zu lernen, aber die Realität dessen, was uns möglicherweise bevorstand, machte mir wirklich Sorgen. Hier ging es nicht mehr nur um Recherchen im Internet; es ging möglicherweise um unser künftiges Leben, um Iris' künftiges Leben. Der Gedanke, dass sie womöglich ihr ganzes kurzes Leben über meine Stimme nicht gehört hatte, brach mir schier das Herz. Ich wusste nicht, wie ich sie erreichen sollte, wenn sie in ihrer eigenen Welt war, und ohne meine Stimme kam ich mir ganz hilflos vor. Außerdem war ich verwirrt. Warum hatte Musik eine so starke Wirkung auf sie? Spürte sie nur die Schwingungen? War sie deshalb so empfindlich – weil sie die Musik praktisch in den Fingern spürte? Ich hatte das Gefühl, dass sich die Wände des Wartezimmers auf mich zubewegten, also ging ich hinaus und lief auf dem Flur auf und ab. Ich konnte es kaum erwarten, endlich da rauszukommen, aber wir mussten uns dem Problem stellen; ich musste stark sein für meine Tochter, und als sie aufwachte, strich ich ihr über die Stirn und sagte ihr, wie sehr ich sie liebte und dass alles in Ordnung kommen würde. Dabei wusste ich noch nicht einmal, ob sie mich hören konnte. Ein Arzt kam den Flur entlang auf uns zu. Er hatte Iris' Befund in der Hand und ging ihn mit uns durch. Er sagte uns, worauf wir so sehr gehofft hatten: Ihr Gehör war in Ordnung, es war sogar überdurchschnittlich gut. Sie hörte uns also durchaus.

Nachdem das geklärt war, schien sich unser Leben für einige Zeit einzuspielen. Die Ärzte sahen keinen Grund nachzuhaken, und die Familie war erleichtert über den Befund und genoss eine Atempause von all den Sorgen und der Ungewissheit. Es war ein kurzer Luxus, der das, was als Nächstes kommen sollte, nur umso schwieriger machte.

Wir hatten uns zu einem ersten Urlaub mit Iris entschlossen. Sie war noch klein, noch nicht einmal zwei Jahre alt, und am liebsten draußen in der freien Natur, also hielten wir Cornwall für das perfekte Ziel. Im Mai 2011, also noch vor der Hauptferienzeit, fuhren wir die 500 Kilometer hinunter in den Süden an einen hübschen Flecken am Meer. Der Wagen war voll bis unters Dach. Ich hatte das Gefühl, eine ganze Kinderbibliothek nebst Spielzimmer in den Kofferraum gepackt zu haben, Spaten und Eimer nicht zu vergessen. Ich hatte dabei an meine eigenen ersten Ferien auf der Isle of Wight gedacht, mit nostalgischen Erinnerungen an meinen Bruder und mich am Strand: Sandburgen, Paddeln, Gezeitentümpel, Forschungsexpeditionen. Als wir die letzte Abzweigung auf eine einspurige Landstraße nahmen, bot sich uns ein erster Blick auf die Küste. Das türkisfarbene Meer und die zerklüftete Landschaft bauten einen so richtig auf.

Wir fuhren weiter auf der Suche nach dem Cottage, das wir gemietet hatten. Iris war die ganze Reise über ausgesprochen brav gewesen, aber wir hatten alle genug von der Fahrerei und konnten es kaum erwarten, die Beine zu strecken und uns bei einer Tasse Tee über den Ausblick zu freuen. Nur hatte man uns den Weg so schlecht beschrieben, dass wir schließlich beim Besitzer vorbeifuhren und wieder umkehren mussten, um die richtige Abzweigung zu finden. Als P-J auf dem Bogen der steilen Zufahrt zurücksetzte, rutschte der Wagen die Böschung hinab, und wir sahen uns in einer heiklen Lage – das Hinterrad hing auf der Beifahrerseite anderthalb Meter in der Luft über einem steilen Abhang ein Stück vor dem Kliff.

»Du lieber Himmel!«, sagte ich sarkastisch, wütend und erschrocken zugleich. »Und was jetzt?«

»Ich denke, ihr zwei steigt wohl besser mal aus«, antwortete P-J noch unter Schock. »Aber vorsichtig.«

Ich beugte mich über die Rückenlehne, holte Iris aus ihrem Sitz und reichte sie P-J, dann öffnete ich langsam die Tür. Ich stieg aus und brachte Iris in Sicherheit. P-J stieg ebenfalls aus. Dann saßen wir da und beguckten uns den Schlamassel: mein Wagen, die Unterseite gut sichtbar, dahinter die Sonne des Spätnachmittags. Ich ärgerte mich über P-J, weil er uns gleich den ersten Urlaubstag verderben musste. Natürlich war ich erleichtert, dass niemandem was passiert war, aber es regte mich auf. Wir hatten uns so sehr auf den Urlaub gefreut, es war genau die Abwechslung, die wir nach all den schlaflosen Nächten zu Hause brauchten. Mir war so dringend nach einer Verschnaufpause nach all dem Drama. Und jetzt sah es stattdessen so aus, als stünden wir schon wieder vor einem Riesenproblem. Wir diskutierten die Möglichkeit, einen Bauern mit einem Traktor aufzutreiben, kamen aber rasch zu dem Schluss, es sei besser, einfach den Autoclub anzurufen. Das mochte eine Weile dauern, aber wer will schon gleich am ersten Tag seine Nachbarn nerven? Ich musste schon um Iris' willen Ruhe bewahren, also ging ich mit ihr zu Fuß zu dem Cottage, während P-J den Autoclub anrief, damit man uns retten kam. Stunden später, der Wagen stand mittlerweile wieder auf allen vier Rädern, hatten wir endlich ausgepackt, und unser Urlaub konnte beginnen.

Um die katastrophale Ankunft wettzumachen, schlug P-J vor, an den Strand hinunterzugehen, und mit Iris auf dem Rücken wanderten wir auf einem hübschen Küstenpfad hinunter ans Meer. Bei tiefstehender Sonne, mit einem goldenen Dunst über der Brandung, spazierten wir eine Weile am Flutsaum entlang. Iris war müde, aber zufrieden auf dem Rücken ihres Vaters. Die majestätische Schönheit des Meeres ließ mich alles vergessen, und als wir uns wieder beruhigt hatten, stiegen wir hinauf zu unserem Cottage.

Diese Ferienwoche hatte ihre Höhen und Tiefen. Iris lief zum ersten Mal ohne fremde Hilfe, womit wenigstens ein Problem gelöst war. Wir hofften schon eine ganze Weile, dass sie endlich laufen lernte, wir hätten also kaum glücklicher sein können, als wir zusahen, wie sie ganz allein durch die Küche des Häuschens lief. Doch so schön er war, dieser göttliche Augenblick währte nicht lange, als uns schlagartig klar wurde, wo wir waren und dass wir keinerlei Vorbereitungen getroffen hatten. Ich hatte nichts mitgebracht, zum Beispiel kein Treppenschutzgitter, und dann hatten wir ausgerechnet ein Cottage am Rand eines Kliffs gemietet, schließlich war Iris ja zur Zeit unserer Buchung noch nicht ohne Hilfe gelaufen.

Die Nächte in Cornwall waren noch schlimmer als zu Hause. Ich kann mich nicht erinnern, dass unsere Kleine den ganzen Urlaub über auch nur eine Stunde am Stück geschlafen hätte. Die Änderungen im gewohnten Tagesablauf taten ihr gar nicht gut. Ich hörte sie nachts und fand sie kerzengerade aufgerichtet im Bett sitzend, den glasigen Blick starr ins Leere gerichtet. Wenn ich sie ansprach, reagierte sie nicht. Sie schlief nur wieder ein, wenn ich mich neben sie legte. Sie forderte immer mehr Kontrolle darüber, mit welchen Spielsachen sie spielte und was sie sich im Fernsehen ansah. Sie wollte immer und immer wieder dieselben Cartoons sehen, und sie wurde unruhig, wenn sie dabei nicht einen bestimmten Wachsmalstift in der Hand hielt. Es war der Letzte einer ganzen Reihe von Gegenständen, an denen Iris sich festhalten musste; sie erfüllten für sie die Funktion einer Schmusedecke und gaben ihr ein Gefühl von Sicherheit.

Eines Tages fuhren wir los, weil P-J nach Riesenhaien tauchen wollte. In dem Tauchershop, wo er seinen Anzug mietete, kamen wir mit Iris noch zurecht, weil kaum Leute da waren. Nachdem Iris und ich jedoch zu unserem eigenen kleinen Abenteuer aufgebrochen waren, wendete sich das Blatt. Wir fuhren in eine kleine Stadt voll putziger Läden. Oder jedenfalls nahm ich an, dass sie putzig waren – bei den meisten kam ich nämlich noch nicht einmal durch die Tür. Wenn ich mit Iris durch eine Ladentür wollte, verwandelte sie sich schlagartig in eine Art Seestern – mit gestreckten Armen und Beinen griff sie nach dem Türrahmen. Sie war erstaunlich kräftig geworden und schrie, wenn ich vorwärtsdrängte. Wäre das Ganze nicht so komisch gewesen, ich wäre in Tränen aufgelöst zusammengebrochen. Wir gingen schließlich wieder zurück zum Wagen, dessen Stauraum praktisch zum provisorischen Spielzimmer umgebaut war, inklusive Bettdecke und Bibliothek. Ich parkte oben auf einem der Plätze am Rand der Steilküste, und dort wurde mir klar, wie sehr uns Iris' Verhalten isolierte, wenn wir nicht zu Hause waren. Ich konnte hier nicht mit der Unterstützung meiner Mutter rechnen, die uns zu Hause warme Mahlzeiten vorbeibrachte; ich hatte noch nicht einmal unseren Garten. Wir mussten in

Geschäfte, wir mussten in Restaurants, aber für Iris verboten sich derlei Orte von selbst: Sie begann schon zu weinen, wenn auch nur jemand in ihre Nähe kam oder wenn es zu laut war. Ich fragte mich, warum wir überhaupt in den Urlaub gefahren waren – hatten wir weglaufen wollen? Hatten wir einmal mehr so tun wollen, als lebten wir ein ganz normales Leben? Erklären konnten wir unsere Situation ohnehin nicht. Alles, was ich bekam, waren Ratschläge, Berge von Erziehungsratschlägen, die sich so gut wie alle als unbrauchbar erwiesen.

Später fuhr ich P-J von seinem Tauchausflug abholen. Ich weiß nicht, ob es die Sorge war, schließlich war er unglaublich tief getaucht, oder ob ich einfach langsam müde zu werden begann. Ich wollte nur noch schlafen und alles vergessen und dann in dem Leben aufwachen, das ich geplant hatte. Oder nein, mir ist klar, dass nicht alles nach Plan gehen kann, aber ich wünschte mir doch, mich wenigstens hin und wieder über etwas freuen zu können wie andere auch. Ich hatte seit einer Ewigkeit nicht mehr richtig geschlafen und konnte kaum noch klar denken. Aber bei alledem wusste ich, dass mit Iris etwas schieflief und dass wir herausfinden mussten, was das war.

P-J kam zurück und warf seine Ausrüstung in den Wagen; er gab Iris einen Kuss, dann rutschte ich auf den Beifahrersitz, um ihn ans Steuer zu lassen.

»Und, wie war's?«, fragte ich. Ich versuchte, so aufgeräumt und begeistert zu klingen, wie es nur ging.

»Wahnsinn! Wir fuhren etwa eine halbe Stunde mit dem Boot raus. Der Captain wies uns darauf hin, dass wir womöglich keine Haie zu sehen bekämen, und dann sahen wir gleich drei! Einer interessierte sich besonders für das Boot, und als wir gefahrlos ins Wasser konnten, kam der größte von ihnen direkt auf mich zu. Sein riesiges Maul war weit offen, und er schwamm direkt unter mir vorbei. Ich bekam ihn also auch so richtig von oben zu sehen.«

»Wie groß waren die denn?«

»So um die acht Meter … Wie ging's denn mit euch?«

»Nicht so toll.« Ich warf einen Blick nach hinten zu Iris, die in ihr Buchstabierbuch vertieft war. »Erzähl weiter. War das Wasser sehr kalt?«

»*Eisig*. Ich hatte nach einer Weile richtig Kopfweh, sodass ich immer nur kurz mit dem Kopf nach unten tauchen konnte, aber es hat sich wirklich gelohnt.«

Ich hörte P-Js begeisterter Schilderung seines unglaublichen Abenteuers zu und gab mir alle Mühe, seine Begeisterung zu teilen – immerhin war er mit Riesenhaien auf Tuchfühlung gewesen, ein einmaliges Erlebnis, und es hörte sich ganz so an, als wäre es eine atemberaubende Begegnung gewesen. Aber ich tat mich wirklich schwer.

Wir hatten unser Bestes versucht, aber so gut wie alles, was wir machten, schien Iris nur aufzuregen. Ich konnte mich hier und da des Gefühls nicht erwehren, dass sie sich entfernte, dass sie uns wegstieß, um allein spielen zu können und uns nicht ansehen zu müssen, dass sie jeden Kontakt mit uns mied. Aber dann konnte sie wieder so liebevoll sein und kuschelte sich an mich, herzte mich. Bei P-J ließ sie das alles nicht zu. Er tat sich schwer, sie zu erreichen, es sei denn, er hatte eine Funktion zu erfüllen, wie etwa, wenn er sie auf dem Rücken in der Babytrage herumtrug. Wenn sie ihn zu Hause wegstieß, dann gab es immer etwas anderes zu erledigen, aber in dem kleinen Cottage, wo wir drei allein waren und Urlaub hatten, traten die Probleme deutlich hervor.

Als P-J sich neben sie setzte, begann sie hektisch den Arm zu bewegen und schlug dann damit seitwärts aus, um ihn aus ihrem persönlichen Raum zu stoßen.

»Was ist denn, Iris?« Er versuchte sie zu umarmen, aber sie stieß ihn wieder weg und begann zu weinen.

Ich machte ihm Zeichen, sie in Ruhe zu lassen. »Sie möchte nicht, dass du neben ihr sitzt.«

»Ja, wo soll ich mich denn hinsetzen?« Ganz offensichtlich aufgebracht verschwand er in der Küche.

Da nur ein Sofa und ein ziemlich unbequemer Sessel zur Auswahl standen, war sein Verhalten verständlich. Und natürlich sah ich, wie weh es tun musste, von ihr abgewiesen zu werden. Aber ich wollte Iris einfach nicht so aufgebracht sehen. Meine erste Reaktion war immer, das Problem zu beseitigen, was in der Regel bedeutete, dass ich P-J wegschickte. Natürlich machte ich mir Sorgen, dass uns das auch noch auseinanderbrachte. Er musste sich ja von Frau *und* Tochter verstoßen fühlen. Aber letztlich war ich einfach zu fertig, um mehr zu tun, als für Ruhe zu sorgen.

Wenn es wirklich schlimm wurde, meinte P-J hin und wieder, es spiele doch keine Rolle, ob es ihn überhaupt gebe, aber das glaubte ich nicht – ich konnte sehen, dass sie ihn lieb hatte. Freilich hatte ich Mühe, an diesem Glauben festzuhalten, so oft wie unsere Versuche scheiterten. Wenn wir mit ihr zu spielen versuchten, endete das oft in Tränen, manchmal auf beiden Seiten. Was sie überhaupt nicht haben konnte, war Sand an den Füßen, und so schrie sie wie am Spieß, als ich sie auf dem Strand abzusetzen versuchte. Am liebsten hätte ich das knallbunte Eimerchen mitsamt dem kleinen Spaten die Steilküste hinuntergeschmissen. Für mich waren sie Mahnmal einer weiteren verpassten Kindheitserfahrung und damit ein weiterer Aspekt unseres Lebens, in dem ich kläglich versagte. Dann streckte sie plötzlich Arme und Beine und spreizte die Finger, so weit es nur ging, um den Küstenwind zu spüren.

Schließlich musste ich mich geschlagen geben, und wir fuhren einige Tage früher als geplant nach Hause, um wieder Energie zu tanken und unsere Prioritäten neu zu sortieren. Ich hatte drängende Fragen im Kopf.

Einige ihrer Eigenarten und Verhaltensweisen ließen sich achselzuckend, wenn nicht gar lächelnd abtun, andere waren schlicht nicht zu leugnen. P-Js Ansicht nach hinkte sie in einigen Bereichen, wie zum Beispiel ihrer Sprechfertigkeit, einfach hinterher. Das sei so ungewöhnlich nicht, hatte er in der Verwandtschaft gehört. Er war mit anderen Worten zunächst nicht so beunruhigt wie ich. Seine angeborene Sorglosigkeit wiegte ihn in dem Glauben, sie würde schon nachziehen, und er sah sie immer liebevoll an, wenn sie in ihre Bücher vertieft war. Er kümmerte sich um sie, wenn ich beruflich unterwegs war, was bedeutete, dass es immer eine glaubwürdige Ausrede für ihr Verhalten gab – sie käme nicht gut mit Veränderungen zurecht, sie wolle, dass ich wieder nach Hause kam –, aber ich wusste, dass keine dieser Entschuldigungen an den Kern des Problems rührte. Sie verschwand mehr und mehr in der Welt ihrer Bücher, und ich hatte Angst, es könnte zu spät sein, wenn ich nicht bald etwas unternahm.

Nach und nach kamen ihr viele soziale Kompetenzen abhanden, die sie früher durchaus gehabt hatte. So hatte sie gekichert, wenn P-J irgendetwas Albernes machte, wie etwa einen Gegenstand auf dem Kopf zu balancieren oder wenn er sie kitzelte. Und gelegentlich hatte sie gelächelt, wenn ich sie fotografierte, und mich durch die Linse der Kamera angesehen. All das war verschwunden. Jetzt ignorierte sie mich, wenn ich sie zu fotografieren versuchte. Ich tat mich schwerer denn je, zu ihr durchzudringen. Sogar unsere Umarmungen schienen kürzer zu werden – meist kam es nur dazu, wenn sie erschöpft war und Schlaf brauchte. Wenn ich wollte, dass sie mich ansah, wandte sie sich ab oder senkte den Blick in ihr Buch. Ich redete mir ein, das läge daran, dass sie sie so sehr liebte, dass sie ihr eine Tür in eine andere Welt öffneten, in der niemand etwas von ihr verlangte. Alle schienen überglücklich, wenn sie ein Buch auf dem Schoß hatte, wo es doch nur dem Schutz ihres persönlichen Raums diente – das Buch erlaubte ihr, einem nicht in die Augen zu sehen. Ich konnte mich nicht mehr erinnern, wann sie das letzte Mal etwas gesagt oder auch nur den Versuch gemacht hatte, ein Wort zu bilden.

Dann fand ich eines Nachts die Antwort. Es war still im Haus, Iris war endlich eingeschlafen, ich bereitete mich auf ein mittlerweile nächtliches Ritual vor: Ich schlüpfte mit P-Js iPhone ins Bett, um mich in der Geborgenheit meiner Steppdecke im Internet auf die Suche nach Antworten zu machen, weil ich im Grunde meines Herzens wusste, dass Iris nicht wie andere Kinder war.

Die ständigen Zweifel und Enttäuschungen setzten mir furchtbar zu – ich brauchte dringend einen Anhaltspunkt. Es war etwa halb drei Uhr morgens, ich war der Verzweiflung nahe

und fühlte mich furchtbar allein. Und da las ich in einem Elternforum von einer Mutter und einem Kind, das Iris erstaunlich ähnlich schien. Es ging um ein zweijähriges Mädchen. Ich las weiter, hangelte mich durch die Postings anderer Mütter, bis ich auf eine Liste von »Warnzeichen« stieß. Mir traten die Tränen in die Augen – hätte ich eine Möglichkeit gehabt, die Punkte auf der Liste anzuklicken, ich hätte hinter fast allen ein Häkchen gemacht. Schließlich stieß ich auf ein Wort, das ich durch meinen tränenverschleierten Blick kaum lesen konnte: Autismus. Ich verstand nicht recht, was es bedeutete, wusste aber genug, um zu sehen, dass meine Entdeckung unser Leben verändern würde. Die Zukunft, die ich mir für unsere Tochter ausgemalt hatte, löste sich in nichts auf und wurde von einem Augenblick zum anderen durch Angst und Ungewissheit verdrängt.

Auf der Stelle weckte ich meinen Mann. »Was ist denn?« P-J legte mir einen Arm um die Schulter und sah mich an. Ich wischte mir über die Augen, die ganz geschwollen waren vom Weinen, und gab ihm das Telefon. »Was hast du denn?«

»Lies einfach.«

Während er las, setzte er sich erst im Bett auf, verließ dann das Bett und begann im Schlafzimmer auf und ab zu gehen. »Ich weiß noch nicht mal, was das bedeutet. Was ist das – *Autismus?*«

»Ich weiß. Das macht nichts. Ich hab's auch nicht gewusst. Das heißt, ich dachte, ich wüsste es, aber ich musste nachschauen.« Wieder brach ich in Tränen aus. »Auf den meisten Websites heißt es, dass es nicht zu behandeln ist, man hat es ein Leben lang. Wir können nichts machen. Aber es muss etwas geben. Das gibt's doch nicht, dass man da nichts machen kann.«

»Pass auf, wir sind doch noch nicht mal sicher. Vielleicht ist es ja was anderes. Möglicherweise hinkt Iris einfach nur auf dem einen oder anderen Gebiet hinterher.«

»Aber schau dir doch die Liste an. Das sind genau die Antworten, die wir gesucht haben. Sie reagiert nicht auf ihren Namen, meidet direkten Blickkontakt, sagt nichts und regt sich bei der geringsten Veränderung auf. Sie ist zwanghaft, sie fuchtelt mit den Händen, wenn sie aufgeregt ist, Geräusche und andere Reize regen sie auf, sie hat nicht das geringste Interesse an anderen Menschen. Sie schlüpft beim Spielen nicht in andere Rollen. Sie ist hyperaktiv, sie hat Schlafprobleme ...«

Zu meiner großen Erleichterung wischte er diesmal nicht wieder alles mit einem beschwichtigenden Einwand vom Tisch. Er hörte zu, und ich konnte sehen, wie ernst er geworden war. »Schön«, sagte er. »Ich ruf gleich heute den Arzt an. Wir sollten mit ihr zu einem Spezialisten gehen. Es muss jemanden geben, der uns helfen kann.«

Was ich die ganze Zeit über beobachtet hatte – jetzt lag es plötzlich auf der Hand, und er sah es auch. Ich schlief schließlich ein in der Gewissheit, dass wir gleich am nächsten Morgen einen Termin vereinbaren würden, um Iris testen zu lassen.

Ich hege heute Morgen eine Gewissheit und eine Hoffnung wie seit Langem nicht mehr. Heute Nacht hat meine Entdeckung mir Angst gemacht, jetzt spüre ich in erster Linie eine unbändige Kraft in mir. Ich habe endlich die Antwort und kann entsprechend handeln. Ich habe mich so lange hilflos gefühlt und jeden meiner Schritte infrage gestellt. Jetzt kann ich mich konzentrieren, und wir können etwas bewegen. Ich weiß, was ich da heute Nacht gelesen habe, birgt einige deprimierende Prognosen für die Zukunft, aber es gibt Hoffnung, und an die klammere ich mich.
Iris ist eine Stunde, nachdem ich eingeschlafen war, wieder aufgewacht und liegt jetzt neben mir und schläft zu meiner großen Freude fest. Ihr Gesicht ruht an meinem Arm, ihre Lippen sind leicht geöffnet. Ich spüre ihren warmen Atem an meiner Haut; seine Regelmäßigkeit wirkt beruhigend tröstlich auf mich und gibt mir ein Gefühl der Sicherheit. Sie bewegt sich und schlingt ihren Arm um meinen. Ich möchte diesen Augenblick festhalten, bevor das Leben weitergeht. Ihre langen Wimpern bewegen sich, und dann sieht sie mich mit ihren wunderschönen Augen an. Ich möchte ihr erklären, dass alles gut wird, dass ihr nichts passieren wird und wir herausfinden werden, wie ihr zu helfen ist. Aber ich weiß, wenn ich sie anspreche, entzieht sie sich mir. Sie wird den Blick abwenden und dann ihren Körper; also genieße ich jede kostbare

Sekunde, die unsere Blicke sich begegnen, und als sich ihre Augen wieder schließen und sie wieder einschläft, halte ich sie ganz, ganz fest.

Drei

Einen Plan zu haben und den Willen zu tun, was nötig war, um Iris diagnostizieren zu lassen, war das eine – womit wir nicht gerechnet hatten, das war »das System«: das frustrierende Schneckentempo der Prozedur und die Lauferei, die nötig war, um uns Termine für diagnostische Einschätzungen zu sichern. Es war davon die Rede, Iris ein »Attest« für die Schule auszustellen, das ihr die nötige Unterstützung sichern würde; die formale Diagnose selbst, das Ticket zu Sprach- und Beschäftigungstherapeuten mit anderen Worten, sollten nur wir bekommen. Ich fühlte mich total überfordert, als ich mich durch den Wust von Akronymen zu wühlen begann: ASS, PDD, HFA, PECS, ABA, TEACCH, DIR, SLT, OT, SI, PT, AIT … Die Lektüre des Informationsmaterials war eine Quälerei, schließlich war das alles neu für mich, und ich musste ständig Definitionen nachschlagen. Es war fast so, als mühten Iris und ich uns zusammen durch einen Irrgarten von Informationen, die für uns nur mit Müh und Not zu entziffern waren.

Ich recherchierte ausgiebig im Internet und kaufte mir stapelweise Bücher über Autismus, ich sah mir Filme an, ging zu Gesprächsrunden und machte mich mit dem Thema vertraut. Stapelweise lagen die Bücher neben dem Bett, alle voll mit Lesezeichen aus kleinen Fitzelchen Papier und improvisierten Post-its, die wichtige Informationen markierten, die es im Kopf zu behalten galt. Inzwischen hatte ich erfahren, dass Autismus wegen der individuellen Ausprägungen schwer zu beschreiben ist. Einige beschreiben es als Kombination dreier eng verwandter Entwicklungsstörungen: gestörte soziale Interaktion, beeinträchtigte Kommunikations- bzw. Sprachfähigkeit sowie wiederholte, stereotype Verhaltensweisen, Interessen und Aktivitäten. In den Büchern war das durch ein Schaubild dargestellt, ein Dreieck um die drei genannten Gruppen, in dessen Mitte – dem Schnittpunkt der drei Gruppen – das Wort »Autismus« stand. Das Leiden beeinträchtigt sowohl die persönliche Wahrnehmung der Betroffenen als auch ihre Beziehungen zu ihrer Umwelt. Wenn Menschen wie Iris einen Raum betreten, überfordert sie oft schon der Anblick, der sich ihnen bietet. Sie nehmen kleinste Details wahr. Kommen dazu dann auch noch Leute, die sich unterhalten, oder plötzliche Bewegungen anderer Kinder, führt das zu einer Reizüberflutung und diese wiederum zu Erregungszuständen und zu dem starken Bedürfnis, allein zu sein. Ich lernte, dass Iris' Reaktionen auf ihre Sinneseindrücke gar nicht so ungewöhnlich und viele ihrer Verhaltensweisen nur eine Reaktion auf ihre Umgebung waren. Das aufgeregte Flattern ihrer Hände zum Beispiel, wenn sie etwas aufregte oder sie sich freute, bezeichnet man als »Stimming«, und es ist nichts anderes als eine energetische Entladung.

Ich hatte wirklich Probleme mit der Vorstellung, Iris könnte zeitlebens Unterstützung brauchen und würde womöglich nie sprechen oder in der Lage sein, ein selbstständiges Leben zu führen. Das Leben von Erwachsenen aus dem autistischen Spektrum unterscheidet sich von dem aller anderen Betroffenen; ihre Fähigkeiten sind nicht weniger unterschiedlich ausgeprägt als bei »normalen« Menschen: von der fantastischen Karriere und einer eigenen Familie bis hin zum betreuten Wohnen, unfähig, sich um sich selbst zu kümmern oder mit anderen zu kommunizieren. Ich verstand nur Bahnhof und hatte keine Ahnung, wie es weitergehen sollte. Jedes Mal, wenn ich darüber nachdachte, hätte ich am liebsten losgeheult. Ich verstand die Mechanismen nicht und wollte Antworten. Aber je mehr ich erfuhr, desto klarer wurde mir, dass es keine eindeutigen Antworten gab. Woche für Woche schienen neue Forschungsergebnisse herauszukommen, die denen der Woche zuvor widersprachen, und mit jeder neuen Theorie ging eine neue potenzielle Heilmethode einher. Überhaupt schien es immer nur um Ursachen und Heilung zu gehen. Falls Iris autistisch war, welcher Teil von ihr war betroffen? Wie oder wer wäre sie ohne die Krankheit? Wie wollte man sagen: Das ist eine autistische Verhaltensweise, eine autistische Auffälligkeit, ein autistischer Zug und das nicht? Hat sie den von mir? Ich habe selbst so meine Probleme mit lärmigen Umgebungen, und P-J geht es genauso. Auch er neigt dazu, sich in einen Gedanken zu verbeißen oder etwas auf eine ganz bestimmte – *und nur diese* – Art und Weise zu tun. Auch er meidet Menschenmengen, so gut es geht. Wenn man so überlegt – beide sind wir selbstständig, beide arbeiten wir zu Hause. War das erblich? Wenn wir weitere Kinder hätten, wären die dann auch autistisch? Fragen über Fragen.

Ich las, wie es mir ergehen konnte, wenn die Diagnose bei Iris positiv ausfallen sollte. Eltern beschrieben es als Trauerperiode: Sie verabschiedeten sich von dem Kind, das sie zu haben meinten. Was mich furchtbar wütend machte. Es kam für mich überhaupt nicht in Betracht, um Iris zu trauern, als hätten wir sie aufgegeben. Sie war schließlich hier. Mein so unglaublich kluges, witziges, schönes, neugieriges kleines Mädchen war hier bei uns, und sie brauchte unseren Glauben an sie. Es war nicht so, dass ich die Situation nicht akzeptieren wollte, ganz im Gegenteil, ich sah sie ebenso klar wie den schwierigen Weg, der uns bevorstand. Aber ich brauchte Zuversicht. Ich wollte auf keinen Fall, dass Iris auch nur einer der Träume entging, die wir uns für sie ausgemalt hatten, und ich würde alles tun, um ihr jede nur irgend mögliche Chance zu geben. Wir würden nie aufgeben, egal was uns noch bevorstand.

P-J kam mir zu Hilfe: Wenn ich zu müde war für all den Papierkram, der anfiel, erledigte er ihn für mich. Die Wartelisten waren lang, und uns wurde klar, wenn wir Iris helfen wollten, mussten wir schnell und auf eigene Faust handeln, während wir warteten. Man hatte uns gesagt, es könnte leicht sechs Monate dauern, bevor wir einen Termin bei einem Spezialisten bekämen, und das sei noch relativ früh; in manchen Fällen dauere so etwas bis zu einem Jahr, wenn nicht sogar länger. Das war beängstigend, schließlich bestätigte alles, was ich gelesen hatte, meine Ansicht, ein zeitiges Eingreifen sei unheimlich wichtig.

Ich erfuhr von verschiedenen Therapien, die nicht schaden könnten. Abend für Abend eignete ich mir in stundenlanger Lektüre an, was ich tun könnte, um Iris durch Spieltherapien wie *Floortime* und *Son-Rise* erreichen zu können. Diese Therapien sprachen mich persönlich an, weil sie mich an die Kommunikation mit Pferden erinnerten. Der Gedanke dahinter ist, dass man die betroffenen Personen auf ihrem eigenen »sprachlichen« Level abholt und durch nonverbale Kommunikation eine Verbindung aufzubauen versucht: Lächeln, Blicke, Gesten, der Ausdruck schierer Freude über diesen besonderen gemeinsamen Augenblick. Wie das Pferdeflüstern basieren diese Therapien auf der genauen Beobachtung der Körpersprache. Jede Handlung unseres Gegenübers ist als zweckmäßig zu betrachten und auf keinen Fall zu ignorieren. Zuerst lässt man sich von dem Kind führen, um seine Interessen herauszufinden. Also beobachtete ich Iris und machte mir Notizen über Art, Textur, Farben von Spielzeug und anderen Dingen, die sie länger inspizierte oder die sie vor Freude hüpfen ließen. Ich stürzte mich voll und ganz in diese Aufgabe und kam so zu einem besseren Verständnis, warum diese Dinge so motivierend auf sie wirkten. So erfuhr ich die schlichten Freuden des Tastsinns. Nebeneinandersitzend zogen wir gemeinsam die Fingerspitzen über ein Kupferrelief, das meine Großmutter aus Afrika mitgebracht hatte. Ich spürte das kühle Metall, empfand Freude über die glatte Oberfläche. Die Konturen unter meinen Fingerspitzen fühlten sich wunderbar an. Ich genoss das Bällebad und spürte das Gewicht von Knetmasse auf meiner Handfläche oder wie mir Sand durch die Finger rann. Dann zog ich mich zurück und überlegte, wie sich diese Informationen verwenden ließen, wie ich auf ihrer Basis für eine Aktivität sorgen könnte, die es Iris erlaubte, Freude an der gemeinsamen Zeit mit mir zu haben und mit mir auf der Grundlage ihrer Interessen zu spielen. Alles drehte sich darum, mich auf ihre Stärken zu konzentrieren, anstatt auf ihre Schwächen, und diese auszubauen. Es handelt sich um ein Rahmenkonzept zum Verständnis des Kindes und ist die Basis für ein umfassendes, auf seine speziellen Bedürfnisse maßgeschneidertes Programm. Einige Aspekte des Son-Rise-Programms leuchteten mir auf Anhieb ein – die These zum Beispiel, dass Kinder sich aus gutem Grund unter Ausschluss anderer in Wiederholungen vertiefen. Es ist gut möglich, dass das Kind die Welt anders erfährt und deshalb die Reize auf seine eigene Art organisieren muss. Man sieht diese Beschäftigungen entsprechend eher als nützlich denn als etwas, was unterbunden oder umgeleitet werden müsste. Vor diesem Hintergrund sorgte ich dafür, dass Iris ausreichend Platz zum Springen und Hüpfen hatte. Sie schien das zu brauchen, und ich wusste, dass das einen Grund haben musste, auch wenn ich ihn noch nicht kannte. Wir legten also eine Matratze auf den Boden ihres Spielzimmers und stellten ihr ein kleines Trampolin in mein Büro.

Meine Zielsetzung gliederte sich in mehrere Teile. Zunächst ging es mir darum, wieder eine Verbindung mit Iris herzustellen; sie sollte akzeptieren, dass ich an ihrer Seite spielte. Sie hatte sich zu sehr daran gewöhnt, einfach alle anderen aus ihrem persönlichen Raum zu stoßen, am besten gleich aus dem Zimmer, in dem sie gerade war. So ließ sie sich praktisch nur an der Hand halten, wenn sie jemanden an die Tür führte; dann machte sie wieder kehrt und lief in das Zimmer zurück. Außerdem wollte ich, dass wir etwas zusammen machten, uns auf ein und dasselbe konzentrierten, um für »gemeinsame Aufmerksamkeit« zu sorgen bzw. einen »Blickbezug« herzustellen, wie es andere nennen. Dazu bat ich Iris zunächst, auf mich zu reagieren, bat um gemeinsame Aufmerksamkeit, bat darum, mitmachen zu dürfen in der Hoffnung, dass allmählich sie die Initiative übernahm. Sie sollte es nicht mehr als unangenehm empfinden, mich anzusehen; vor allem sollte sie mir ins Gesicht sehen können. Ich sah, dass Iris' Sprechfertigkeit sich nie entwickeln würde, wenn sie nicht sehen konnte, wie sich meine Lippen bewegten. Ihr Sprachdefizit hatte meiner Ansicht nach direkt damit zu tun, dass sie den Kontakt mit anderen mied und sich so schwertat, ihnen ins Gesicht zu sehen. So konnte sie sich die sprachlichen Fertigkeiten nicht aneignen, in denen Babys und Kleinkinder sich in einem fort üben, wenn sie nach unserer ungeteilten Aufmerksamkeit verlangen. Mein langfristiges Ziel war, Iris so viele Gelegenheiten wie nur möglich zu geben und sie zur Kommunikation zu ermutigen, aber ich wusste, vor uns lag ein weiter Weg. Also beschloss ich, Iris erst einmal verstehen zu lernen, und zwar so, wie ich es zuvor nicht versucht hatte: Ich würde ihr in ihre Welt folgen und diese zu verstehen versuchen, anstatt sie immer nur der unseren anpassen zu wollen.

Wenn ich mal zum Schlafen kam, hatte ich immer wieder ähnliche Träume: Erinnerungen an meine Arbeit mit unseren Pferden in Frankreich. Unser Araberpony Duo war ein versiertes Distanzpferd, und sein himmlisch flüssiger Trab und seine Gutmütigkeit machten nicht nur den Ausritt mit ihm zur Freude, er war damit auch perfekt für den Reiterhof. Als ich mir dann die Kompressionsfraktur an der Wirbelsäule zuzog, konnte ich ihn nicht mehr reiten, weder ihn noch unsere anderen Pferde. Ich konnte das Geschäft nicht mehr führen, da ich die damit verbundenen Aufgaben und Arbeiten nicht mehr verrichten konnte. Ich musste daran denken, einige der Pferde zu verkaufen, was wiederum bedeutete, dass sie in Topkondition sein mussten.

Um sie fit zu halten, arbeitete ich mit ihnen ohne jede Ausrüstung, nur das Pferd und ich. Ich trug noch immer das Kunststoffkorsett, war also noch ziemlich schwach und wollte auf keinen Fall weitere Verletzungen riskieren, wenn eines der Pferde an der Longe oder am Zügel zog. Ich war eine große Anhängerin des Natural Horsemanship und hatte viele Bücher zum Thema gelesen. Jahre zuvor hatte ich in England mal einen Kurs im Pferdeflüstern bei Monty Roberts gemacht. Bei ihm habe ich »Equus« gelernt, eine wortlose Sprache, die sich ausschließlich des Körpers und der Gestik bedient. Ich hatte die Techniken ohnehin bereits eingesetzt, also beschloss ich, meine trostlose Situation zu nutzen und mich darin zu üben und fortzubilden. Die letzten Monate mit meinen vierbeinigen Freunden wollte ich sie in Topform bringen, dann hätten wir alle etwas davon.

Es handelt sich bei »Equus« wie gesagt um eine Kombination von Gestik und Körpersprache. Das Pferd beobachtet jede unserer Bewegungen, da Laute bei der Kommunikation von Pferden eine eher untergeordnete Rolle spielen. Das Pferdeauge vergrößert im Vergleich zum menschlichen Auge um das Fünffache und ist ausgesprochen sensibel gegenüber Bewegungen. Die ganze Erfahrungswelt des Pferdes ist auf das Sehen abgestimmt, womit ich mich als Fotografin besonders gut identifizieren konnte. Es reagiert unablässig auf das Bild, das es im jeweiligen Augenblick vor sich hat. Als Fluchttier gehört es zu seinen Überlebensmechanismen, sich seiner Umgebung ständig in hohem Maße bewusst zu sein. Entsprechend ist es leicht abzulenken, weshalb es ja auch zu meinem Unfall gekommen war: Tess hatte vor den plötzlich auftauchenden Kunstdüngersäcken in den Büschen gescheut. Sie war nicht etwa ungezogen gewesen, es war einfach eine angeborene Reaktion – in ihren Augen hätten diese Säcke sehr gut ein Raubtier sein können.

Meine Träume füllten sich mit Szenen aus dieser Zeit, was mich an die Entwicklung meiner Beziehung zu unseren Pferden zurückdenken ließ. Mein Favorit bei der Arbeit im Pferch war Duo. Ich fand ihn leicht zu verstehen und lernte seine Körpersprache zu lesen und dann mithilfe meines Körpers mit ihm zu kommunizieren. Nicht lange, und ich setzte meine Stimme gar nicht mehr ein. Ich konnte ihn zu einem Gangwechsel bewegen, indem ich bestimmte Teile seines Körpers fixierte, den Winkel meines Körpers im Verhältnis zu seinem etwas veränderte, und mit einer sachten Bewegung meines Körpers in die andere Richtung brachte ich ihn zu einer Wende. Das Ganze war praktisch ein Tanz, und er fühlte sich verstanden und genoss die Arbeit mit mir. Wir taten uns von Tag zu Tag leichter, bis ich noch nicht einmal mehr zu überlegen brauchte – es war nicht schwieriger, als mit einer Freundin zu telefonieren. Zunächst schickte ich ihn im Trab oder Kanter auf eine Volte im Pferch. Ich achtete dabei auf seine Gesten, angefangen bei seinen Ohren, und wusste Bescheid. Nachdem er auf mich zu hören gelernt hatte, war das Ohr auf der mir zugewandten Seite immer auf mich ausgerichtet. Wenn er sich sicher fühlte, zog er seine Kreise enger um mich. Ich hielt den Augenkontakt mit ihm aufrecht, und er begann mit Kaubewegungen, bis er schließlich den Kopf senkte, fast bis zum Boden. Darauf hatte ich gewartet. Wenn ich dann meine Augen von den seinen nahm und die Arme senkte, den Körper etwas nach innen beugte, den Blick auf den Boden gesenkt, kam er zu mir herüber und blieb ruhig hinter mir stehen. Dort wartete er. Ohne ihn anzusehen, wandte ich mich ihm zu und strich ihm mit einer Hand erst über Hals und Schulterblatt, dann über die Stirn. Pferdeflüsterer bezeichnen diesen vertrauensvollen Kontakt als »Join-up«. Von hier aus konnte ich machen, was ich wollte, er folgte mir. Ich konnte ihm wortlos zu verstehen geben, seine Runden im Longierzirkel zu drehen, was er anstandslos tat. Ich hatte sein Vertrauen, und die Arbeit mit ihm wurde zum Vergnügen.

Es gibt viele Arten, Pferde zu trainieren. Die verbreitetste besteht darin, ihnen einfach zu »sagen«, was sie machen sollen, und ihr Verhalten entweder zu belohnen, wenn es unserem Wunsch entspricht, oder sie zu bestrafen, wenn nicht. Man baut auf diese Weise zwar keine Beziehung auf, aber es führt im Allgemeinen rasch zum gewünschten Resultat. Es ist ein wunderbares Gefühl, zusammenzuarbeiten und einander zu respektieren. Dieses Gefühl wollte ich wiederhaben, nur diesmal mit Iris. Ich weiß, der Vergleich hört sich seltsam an. Aber Iris zeigte dieselbe Fluchtreaktion; sie reagierte, anstatt etwas zu initiieren. Sie hatte ein phänomenales Gedächtnis, sie dachte in visuellen Kategorien, und man verlor schnell ihr Vertrauen. Sie war hochsensibel gegenüber ihrer Umgebung und in gewissen Situationen extrem leicht abzulenken – genau wie ein Pferd. Für ein Pferd ist das eine Überlebenstechnik, für Iris hatte es seine Nachteile. Ihre Sinneseindrücke wurden ihr rasch zu viel, schon die kleinsten Veränderungen regten sie auf. Und dann bediente sie sich – wie ein Pferd – der Gestik und Körpersprache, um zu kommunizieren. Ähnliche Methoden der Interaktion mit Iris zu verwenden würde seine Zeit brauchen, vor allem bedürfte es all meiner Beobachtungsgabe und meiner Einsichten in Iris' Weltwahrnehmung, aber ich wollte versuchen, was irgend möglich war.

Unsere häuslichen Therapiesitzungen begannen damit, dass ich mich sachte an sie herantastete und mich nach ihr zu richten versuchte. Ich setzte mich neben sie auf den Boden und machte ihr alles nach. Zuerst schubste sie mich weg, aber nach und nach sah ich mich akzeptiert. Bald fand sie das Ganze sogar lustig und freute sich über meine Anwesenheit. Mit direktem Blickkontakt ging ich dabei sparsam um, aber ich wusste ja, wie schwer sie sich damit tat; außerdem verhielt ich mich so still wie nur irgend möglich. Ich begann zu ahnen, wann sich mit ihr Kontakt aufnehmen ließ und für wie lange. Ich zeigte Interesse an den Bildern in ihren Büchern und lächelte; ich versuchte, die Texturen an Gegenständen zu ertasten, und hielt sie mir – wie sie – ans Gesicht. Ich ahmte sie nach und folgte ihrem Beispiel, bis ich spürte, dass es ihr zu viel wurde. Zuerst spielten wir so nur ein paar Minuten zusammen, aber im Laufe der Zeit wurden es immer mehr.

Anhand der so gewonnenen Informationen über ihre Vorlieben und Motivationen konnte ich diese bedienen. So war sie etwa ganz versessen auf Bücher – also kauften wir ihr Woche für Woche Bücher über Themen, die sie interessierten. Tiere waren ihr mit das Liebste, außerdem mochte sie Bücher, deren

Einbände auch etwas fürs Betasten hergaben. Und mit unserer Bibliothek wuchs auch unser Sortiment an taktilem Spielzeug und eigenen Erfindungen wie Wannen voll gefärbtem Reis, Sand, nicht zu vergessen Knetmasse. Sie waren kostbare kleine Schlüssel in ihre Welt, die es mir erlaubten, mich ihr zu nähern und unsere Beziehung zu stärken. Es war ein großartiges Gefühl, etwas Positives zu tun und die Wirkung zu sehen. Ihr Blickkontakt verbesserte sich, und obwohl sich noch immer nicht die geringste Veränderung hinsichtlich ihrer Sprache und ihrer Beziehung zu anderen feststellen ließ, konnte ich sehen, dass es Schritte in die richtige Richtung waren. Sie hieß mich neben ihr willkommen und hatte Freude an unserer gemeinsamen Zeit; als sie Wasserstift und Aqua-Pad bekam, gingen die Augenblicke gemeinsamer Aufmerksamkeit sogar hin und wieder von ihr aus. Überhaupt war das eine faszinierende Ergänzung unserer Ausrüstung für sie: ein mit Wasser gefüllter Stift mit einer weißen Matte, die sich dunkelblau einfärbt, wo immer der Stift sie berührt. Wenn das Wasser trocknet, verschwinden die Linien und man hat wieder eine frische Fläche zum Bemalen. Einfach, aber effektiv. Ein unerschöpfliches Malvergnügen ohne Gekleckse. Iris gab mir den Stift, damit ich etwas malte, dann nahm sie den Stift und malte etwas dazu; wenn sie fertig war, gab sie mir den Stift zurück. So arbeiteten wir zusammen, und auch wenn es sich nur um Kleinigkeiten handelte, die anderen womöglich nicht einmal aufgefallen wären oder die sie als selbstverständlich empfinden würden, für mich waren es Riesenschritte. Wann immer ich mich akzeptiert sah und sie neben mir spielte, mich womöglich sogar einbeziehen wollte, hatte ich das Gefühl, das große Los gezogen zu haben; es brannte geradezu ein Feuerwerk in mir ab. Ich hätte am liebsten einen Freudentanz aufgeführt, begnügte mich aber mit einem Lächeln und einem Lob.

Stifte aller Art faszinierten sie. Bleistifte, Farbstifte, Wachsmalkreiden, egal, sie konnte sich stundenlang damit beschäftigen. Unsere Wände schienen permanent mit kindlichen Graffiti bedeckt, und ich hätte nicht mehr sagen können, wie oft ich sie übertüncht hatte. Jetzt wurde mir klar, dass das zu ihren Interessen gehörte, zu ihren Stärken, die ich fördern konnte. Ich musste nur eine Möglichkeit finden, sie von den Wänden abzubringen. Schließlich fand ich im Heimwerkermarkt dicke Rollen Untertapete und schnitt sie so zurecht, dass die Blätter auf unseren Couchtisch passten, wo ich sie oben und unten mit Klebstreifen fixierte. Iris fand das perfekt und kritzelte stundenlang darauf herum. Sie bedeckte ein Blatt nach dem anderen lückenlos mit bunten, ineinander verwobenen Schnörkeln und Kringeln. Manchmal wippte sie dabei auf den Zehenspitzen und summte dazu. Sie nahm sogar beide Hände, die gleichermaßen fleißig die Farben verteilten, und sie war zufrieden dabei, völlig ungezwungen, richtig selig. Der mit Papier bespannte Tisch war ein Hit, und die Wände blieben wochenlang sauber – wenn auch nicht auf Dauer.

Mein Blick folgte einer blauen Wachsmalstiftlinie, die im Zickzack die Wand entlangführte bis zum Türrahmen, wo sie einen eleganten Looping machte, um dann wieder auf mich zuzukommen. Iris musste hier gewesen sein, und zwar vor gar nicht so langer Zeit, da die Wand eben noch völlig sauber gewesen war. Ich war drauf und dran, ihr zum hundertsten Mal zu erklären, dass *wir nicht an Wände malen!* Dann fiel mir auf, dass aus der zornig gezackten Bergkette mit flüssigen Bewegungen gezogene blattförmige Schnörkel geworden waren. Das deutete auf eine erfreuliche Veränderung ihrer Stimmung. Stets auf der Jagd nach Informationen, die mir zu einem besseren Verständnis meiner Tochter verhalfen, erkannte ich darin eine weitere

Möglichkeit der Kontaktaufnahme. Die ich dann auch nutzte. Ich setzte den Wäschekorb ab und holte Papier und Stifte. Zusammen starrten wir auf das leere Blatt. Ich begann mit einem Smiley-Gesicht und gab ihr den Stift. Sie kicherte, unsere Blicke kreuzten sich kurz, bevor sie ihn senkte und eine gerade Linie zu ziehen begann; dann gab sie mir den Stift zurück und führte meine Hand zurück aufs Papier. Ich zeichnete ein Strichmännchen und fügte einen Boden hinzu, einen Baum, einen Vogel am Himmel und eine Sonne. Während ich zeichnete, erzählte ich eine Geschichte dazu. Abwechselnd fügten wir dem Bild weitere Einzelheiten hinzu, und Iris war eine Weile zufrieden. Wir arbeiteten gut zusammen, wir verstanden einander. Dann hielt ein Auto vor dem Haus, das Geräusch des schweren Tors drang herein, und diese Störung, diese Verletzung unserer gemeinsamen Welt knallte die Tür zwischen uns wieder zu. Sie zog sich zurück. Ich nahm den Wäschekorb wieder auf, war aber in Gedanken noch bei dem Strichmännchen und der nächsten Geschichte, die ich erzählen könnte. Mir war so sehr daran gelegen, die Verbindung mit ihr aufzunehmen, dass ich selbst zu zeichnen begann. Ich zeichnete Geschichten, Unmengen Geschichten. Sie waren nur mit Strichmännchen und lustigen Tieren erzählt, lenkten Iris' Aufmerksamkeit aber auf das, was ich machte. Und so gestand sie mir ein weiteres Eindringen in ihren persönlichen Raum zu. Alle diese kleinen Schritte gaben mir Hoffnung und Energie für all das, was ich bewältigen musste: Familienleben, Geschäft, Iris und ein ganz neues Projekt, von dem ich mir eine ungemein positive Wirkung auf unser aller Leben versprach.

Wir wussten, wie viel unser Garten und überhaupt die Natur Iris bedeuteten, und wir hatten es uns zur Aufgabe gemacht, wieder ein bisschen Glück in unser Leben zu bringen. Mit dem Tod von P-Js Vater und der Entdeckung von Iris' Leiden waren die letzten Monate für uns alle sehr schwer gewesen, und mit diesem Projekt konnten wir uns auf etwas Neues und Positives konzentrieren. Unser Plan sah vor, die hässliche alte Waschküche abzureißen, die die schöne Aussicht nach hinten hinaus verschandelte, und stattdessen eine Art Scheune an die Küche anzubauen, ein »Gartenzimmer«. Wir wussten, die Bauarbeiten würden für Iris die Hölle sein, dachten aber dabei an den langfristigen Nutzen. Es sollte ein Lebensraum werden, in dem wir essen konnten, ein Spielzimmer, ein Musikzimmer – ein Raum, von dem ich mir erhoffte, er könnte alles sein, was wir nur wollten. Ich stellte ihn mir vor allem von Licht erfüllt vor und dass einem der Blick hinaus in die Natur das Gefühl von Freiheit gab. Iris reagierte positiv auf meine neuen Methoden der Kontaktaufnahme, aber es würde sich alles viel einfacher gestalten, wenn wir einen größeren Raum zur Verfügung hätten, in dem sich richtig arbeiten ließ. Mir war aufgefallen, wie leicht Iris sich bei unseren Aktivitäten von allem ablenken ließ, was auf der Straße passierte. Wenn ein Wagen parkte, zerstörte das jede Verbindung, die wir gerade hatten. Jedes Öffnen oder Schließen des Gartentors machte sie nervös; ich konnte es also kaum erwarten, mit ihr in einem von der Straße abgewandten Raum zu arbeiten. Da es Iris so zusetzte, wenn wir mit ihr unterwegs waren, trauten wir uns wochenlang nicht mehr raus, abgesehen von gelegentlichen Besuchen bei meinen Eltern oder Spaziergängen auf dem Land. Mir waren ihre Anfälle nicht peinlich, aber wir bezahlten für diese Ausflüge einfach einen zu hohen Preis. Wenn sie nämlich etwas aufregte, war in der folgenden Nacht an Schlaf nicht zu denken, da sie schlicht nicht zur Ruhe kam, und das wirkte wiederum auf den nächsten Tag. Es war purer Stress, und Stress schadete uns beiden. Manchmal war die Isolation wirklich schwer zu ertragen. Es schien, als herrschte rund um unsere vier Wände blühendes Leben, während wir in unserer Abgeschiedenheit zum Stillstand gekommen waren.

Zu Anfang des Sommers verbrachte Iris wieder mehr und mehr Zeit draußen im Garten, um die blühenden Wildblumen zu inspizieren. Sie war hoch interessiert an all den Sinneswahrnehmungen, den Geräuschen um sie herum. Es war, als bewegte sie sich durch einen Dschungel aus Blütenblättern und Schmetterlingen, in dem sie hier und da ganz verschwand. Sie bahnte sich ihren Weg, nahm Blumen beim Stiel und bog sie herunter, um sie sich näher ansehen zu können. Der kleine Zeigefinger ihrer rechten Hand reckte sich und berührte sachte die Oberfläche der Blätter, und wenn sie eines gefunden hatte, dessen Struktur ihr zusagte, begann sie aufgeregt zu summen. In der linken Hand hielt sie dabei immer einen Gegenstand, der die Schmusedecke ersetzte; entsprechend durfte er auf keinen Fall fehlen.

Der jüngste dieser unabdingbaren Gegenstände war ein rosafarbener Kunststoffball aus dem Bällebad. Und es musste unbedingt dieser eine bestimmte sein; sie merkte sofort, wenn ich ihn verlegt und durch einen anderen ersetzt hatte. Ich selbst konnte keinen Unterschied feststellen zwischen »diesem einen« und allen anderen, aber er hatte ganz offensichtlich etwas Besonderes, was ihr an ihm gefiel. Sie hatte ihn immer dabei, und ich musste die Bündchen all ihrer Anziehsachen ausweiten, um den Ball beim Reinschlüpfen mit durchzubekommen, ohne ihr zu sehr zuzusetzen, weil sie ihn auf keinen Fall aus der Hand gab.

Als mir ihre Interessen und ihre Naturliebe mit der Zeit einen besseren Zugang zu Iris verschafften, regte sich in mir der Verdacht, dass P-J recht haben könnte: Das Tempo ihrer Entwicklung entsprach eben nicht dem anderer Kinder. Dann gab es wieder Augenblicke, in denen schien mir ihre Diagnose so klar wie der lichte Tag. So oder so, an ihrem zweiten Geburtstag wollte bei ihr, all unserer Bemühungen zum Trotz, keine Freude aufkommen. Natürlich schauten viele Verwandte vorbei, aber sie ging allen nach Kräften aus dem Weg. Noch nicht einmal die Schokoladentorte mit Tom und Jerry obendrauf vermochte daran etwas zu ändern. Sie ignorierte so gut wie alle ihre Geschenke und wollte einfach in Ruhe gelassen werden. Als alle gegangen waren, lief sie unbefangen mit ihren Ballons durch den Garten ihrer Großeltern, zufrieden, kichernd, völlig unbeschwert, nachdem die Gefahr sozialer Interaktion gebannt war. Wir sahen ihr von der Küche aus zu, mussten selbst lächeln, ja lachen, weil sie so selig über den Rasen sauste, aber ich sah, dass P-J dasselbe durch den Kopf ging wie mir. Wir überlegten beide, was das zu bedeuten hatte, wie wir ihr helfen konnten und warum das alles so war.

Im Spätsommer hatten wir mit dem Anbau begonnen, und wie wir vorhergesagt hatten, wurde das für Iris eine schwierige Zeit. Der Lärm des Baggers und all die Anlieferungen setzten ihr furchtbar zu. Wir versteckten uns in der entgegengesetzten Ecke des Hauses, während P-J die Arbeiten beaufsichtigte. Um dem Lärm zu entgehen, verbrachten wir außerdem mehr Zeit bei meinen Eltern. Die hatten sich einen schwarzen Labrador-Welpen zugelegt. Indigo, oder Indy, war zum Knuddeln süß, und das Hundebaby liebte Iris. Aber das beruhte nur teilweise auf Gegenseitigkeit: Iris konnte es nicht ertragen, wenn die kleine Hündin sie abschleckte, fand es aber im Allgemeinen ganz lustig und tolerierte die tapsigen Versuche, mit ihr zu spielen. Indys Annäherungsversuche waren herrlich zu beobachten; sie waren nicht immer erfolgreich, aber ich wusste ihre Bemühungen zu würdigen. Kaum kamen wir durch die Haustür, begrüßte Indy Iris und brachte ihr ihre Spielsachen. Sie versuchte es bei jeder Gelegenheit und schien nie beleidigt, wenn Iris sie abwies. Angesichts der ständigen Abfuhren konnte ich nicht anders, als sie um ihre psychische Widerstandsfähigkeit zu beneiden. Im Gegensatz zu uns, die wir traurig waren, wenn sie uns wegstieß, ließ Indy sich nichts anmerken; sie versuchte es einfach später noch einmal.

Ich nahm mir vor, mir von ihr eine Scheibe abzuschneiden. Ich wusste ja, dass Iris uns lieb hatte; sie konnte das eben nicht so zeigen wie andere Kinder. Wir würden uns in Geduld fassen und uns immer wieder um sie bemühen müssen, so gut es ging. Nicht dass dieses Konzept für jeden so einfach zu akzeptieren gewesen wäre. Besonders mein Vater war jedes Mal furchtbar niedergeschlagen, wenn Iris ihm einen Korb gab. Wir konnten es ihm erklären, so viel wir wollten; er brauchte Zeit. Die eine Woche tolerierte sie seine Berührungen, hatte sogar Freude an der Nähe zu ihm, ließ sich herzen und küssen oder gar in der Schubkarre durch den Garten fahren; dann gab es wieder Wochen, in denen sie das einfach nicht ertrug. Meine Mutter dagegen legte eine Engelsgeduld an den Tag, mehr noch als P-J und ich. Sie wartete ab, sie wusste, Iris würde schon zu ihr kommen, wenn sie so weit war. In erster Linie schien Iris' Beziehung zu P-J von meiner Arbeit mit ihr zu profitieren. Ich bemerkte zunächst nur zarte Andeutungen, aber sie gaben mir Hoffnung. Wenn ich eine Hochzeit fotografieren war, übertrug Iris viele der Kompetenzen, die sie bei mir einsetzte, auf ihn. Aber kaum war ich wieder zu Hause, galt ihre Loyalität wieder mir. Die meiste

Zeit war ich Iris' Fels in der Brandung. Und ihre Übersetzerin, verstand ich sie mittlerweile doch besser denn je und konnte sie lesen, wie ich früher Pferde zu lesen verstand. Ich deutete ihre Körpersprache und erkannte besser, wann ich Abstand halten sollte. Mir war klar, dass Iris fürs Erste immer nur mit einer Person auf einmal zu tun haben konnte; außerdem verstand ich, dass diese Kompetenzen neu für sie waren und der Umgang mit ihnen noch schwierig war.

Die Inspiration für den Anbau an unserem Haus kam aus unserer Zeit in Venezuela. Wir hatten uns in unserem Haus dort sehr sicher gefühlt. Die hohen Decken, die starken Balken und die Aussicht auf die Anden durch die riesigen dreieckigen Fenster hatten mir in unsicheren Zeiten Mut gemacht. Jetzt wollte ich Iris dasselbe Gefühl von Geborgenheit geben. Also sparten wir nicht: Die ganze Giebelseite war aus Glas, bis unters Dach. Wir fanden eine Baufirma und einen Zimmerer, die das Projekt zusammen mit P-J angingen. Es war eine Erfahrung mit Höhen und Tiefen. P-J brach sich einen Finger, und es gab Augenblicke, in denen wir am liebsten alles hingeschmissen hätten, aber dann fanden wir eine Lösung für das Problem, und alles kam wieder in die Spur. Zwischen Anrufen bei seinen Lieferanten war P-J unermüdlich hinter dem Arzt her, um eine Vorverlegung von Iris' diagnostischer Einschätzung zu erreichen. Dann kam eines Tages ein Schreiben mit dem Datum für die dreitägige Prozedur.

Es war Dezember, und das Wetter war ungewöhnlich gut gewesen, sodass der Anbau gut voranging; wir hatten tatsächlich eine Chance, bis Weihnachten fertig zu werden. Laut Plan sollte P-J sich weiter um die Bauarbeiten kümmern, während ich mit Iris zur Einschätzung fuhr und mit ihr dort blieb. Drei Tage lang wurden wir im Zentrum für Kindliche Entwicklung von einem

Experten zum anderen gereicht. Das Prozedere war für uns beide schwierig. Der große Saal im Zentrum machte Iris in vieler Hinsicht nervös. Es war heiß, und die Ventilatoren bliesen Ballons von der Decke, was für sie zu viel Bewegung war. Nachdem die Ballons entfernt waren, beruhigte sie sich. Als Erstes beobachtete man sie in verschiedenen dafür eingerichteten Räumen beim Spielen, dann standen die Sitzungen in den einzelnen Abteilungen an. Man notierte ihre liebenswerten Züge, analysierte, katalogisierte sie. Allein das mitanzusehen tat weh. Wenn Iris einen Gegenstand aufnahm, spielte sie damit nicht im Sinne der Erfinder. Sie inspizierte ihn vielmehr eingehend – wie war er konstruiert, wie war die Struktur, wie fühlte er sich an ihrer Wange an, wie passte er in ihre Hand, wie sah er unter anderem Licht aus, wie passte er in *meine* Hand, in welcher Hand sah sie in lieber. Sie war still dabei; kein Wort, kein Laut kam ihr über die Lippen, bis sie etwas erregte, dann fuchtelte sie mit den Händen und summte dabei. Der Arzt machte sich Notizen, und

ich sorgte dafür, dass sie den Plastikbrokkoli auf den Teller legte oder eine winzige Tasse aufnahm, um einen Schluck Tee zu trinken – Dinge, die typischer für ein Kind ihres Alters gewesen wären. Sie sahen mir zu, wie ich ihr zu essen gab, und machten sich Notizen. Es war eine merkwürdige Erfahrung, ganz so als beurteilte man uns beide, und ich konnte nicht anders, aber ich war irgendwie peinlich berührt. Die Ärzte und Schwestern waren nett und verständig, was wirklich hilfreich war, aber bei der formalen Einschätzung verlangte man alles Mögliche von ihr, was sie nicht im Geringsten interessierte, und die Ärzte fanden schlicht keinen Zugang zu ihr. Es war, als wären die Ärzte gar nicht da oder einfach ein Ärgernis, mit dem es fertigzuwerden galt – im letzteren Fall verlieh sie ihren Gefühlen durch wildes Kreischen Ausdruck und lief zur Tür.

Ich wusste, ich hätte heilfroh sein sollen, dass die Ärzte meine Beobachtungen bestätigen konnten, dass sie ihr Verhalten ernst nahmen und sie aller Wahrscheinlichkeit nach innerhalb des autistischen Spektrums einordnen würden, aber mit einem Mal war alles wie weggewischt. Ich wollte, dass sie die Tests mit fliegenden Fahnen »bestand«. Ich wollte stolz auf sie sein, ich wollte hören: »Sie brauchen sich keine Sorgen zu machen. Mit der Kleinen ist alles in Ordnung, und jetzt ab nach Hause mit euch!« Natürlich war dem nicht so, und ich verließ das Krankenhaus jeden Tag mit zunehmender Gewissheit, wie der Befund ausfallen würde. Wir brauchten auf die Diagnose dann auch nicht lange zu warten; der Arzt hatte schon gesagt, dass er uns nicht über die Weihnachtsfeiertage auf die Folter spannen wolle. So fuhren wir am 20. Dezember 2011 ein letztes Mal hin, um den Befund zu besprechen.

P-J und ich saßen nebeneinander auf unbequemen niedrigen Stühlen. Die Heizung lief auf Hochtouren, und ich konnte meine roten Wangen geradezu spüren. Während der Arzt uns vor der Diagnose die Erkenntnisse der dreitägigen Einschätzung erklärte, versuchte ich bewusst langsam und gleichmäßig zu atmen. Ich wollte vor diesem Fremden nicht heulen. Ich respektierte ihn als Arzt, aber bei all seinem offensichtlichen Wissen mochte ich seine kalte Art nicht, ganz zu schweigen von seiner deprimierenden Weltanschauung. Wenn ich ihm zeigte, wie es in mir aussah, würde sie mich mit Haut und Haaren verschlingen. Dem wollte ich mich nicht aussetzen, also blieb ich ruhig und machte mir Notizen. Mir war klar, dass wir Antworten brauchten, P-J und ich, aber jetzt, wo wir sie hatten, ging es uns nicht besser als zuvor. Das sollte sich mit der Zeit ändern, aber in dem Augenblick drohte ich in dem Wust von Informationen zu ersticken. Unsere Tochter litt an Autismus, einem Leiden, das man ein Leben lang hat und über dessen Ursachen so wenig bekannt ist wie über seine Heilung.

»Es gibt eine Fülle von Therapien, die Sie versuchen können«, sagte der Arzt, »und Sie können jede versuchen, sofern sie ungefährlich für die Kleine ist, aber Wirkung haben meiner Ansicht nach nur ganz wenige.«

Seine Worte schienen mich zu erdrücken. Während der letzten paar Monate vor dem Termin hatte ich bei meiner Arbeit mit Iris merkliche Verbesserungen festgestellt und aufrichtig daran geglaubt, dass wir Fortschritte machten und unsere Methoden bis zu einem gewissen Grad Erfolg hatten; durch das, was er da sagte, sah ich meine hart erarbeiteten Fortschritte herabgesetzt. Der Arzt las uns einige seiner Schlussfolgerungen vor: »Iris zeigt im Alter von zwei Jahren die sprachlichen und Lernkompetenzen eines neun bis zwölf Monate alten Babys. Sie hat Schwierigkeiten mit sozialen Interaktionen, sozialer Kommunikation und repetitivem Spiel. Alle diese Verhaltensweisen bestätigen eine Diagnose auf Autismus-Spektrum-Störung.«

Dann zog er eine Linie über ein Blatt Papier und sagte, das sei das »Spektrum«. An einem Ende schrieb er »schwer autistisch« und am anderen »Asperger«. Er machte ein Kreuz nahe des »schweren« Endes und sagte: »Iris' Sprachentwicklung und frühkindliche Lernfähigkeit sind erheblich gestört.« Das wiederholte er, während ich ihn anstarrte; der Ausdruck in seinen Augen tat weh. Ich sah, dass ich das seiner Ansicht nach richtig begreifen, es glauben und akzeptieren müsste. Er konnte nicht wissen, dass ich mich längst mit der zu erwartenden Diagnose abgefunden hatte. Was ich jetzt brauchte, war Hoffnung – nicht jemanden, der mir sagte, dass Iris womöglich nie sprechen würde. Für mich hätte er das Licht in Iris sehen müssen, das ich zu Hause im engen Kontakt mit ihr sah, beim Zeichnen etwa oder wenn ich ihre Reaktion auf die Natur beobachtete, ihre unglaubliche Konzentrationsspanne und ihr Interesse an Büchern. Das alles sind Stärken, aber es war so, als zählten sie nicht. Schlimmer noch, er rechnete sie zu den negativen Punkten, und das war mir einfach zu viel. *Ich hasste dieses Blatt!* Ich hätte es am liebsten zerknüllt, verbrannt und für immer vergessen. Mir wurde klar, wie irrational ich war. Wir waren aus einem einzigen Grund gekommen: Iris sollte diagnostiziert werden, damit wir die Hilfe und Unterstützung bekamen, die sie brauchte. Aber so rational konnte ich gar nicht denken, um meine Traurigkeit einzudämmen. Ich wurde wütend, als ich ihn so ansah: wütend, weil er so negativ war, wütend auf alle Ärzte, weil sie außer einem Begriff keine Antwort für uns hatten, wütend auf das, was uns passierte, und weil er uns einzureden versuchte, dass wir nichts tun konnten, dass jede Hoffnung vergeblich war.

Nur zu gern hätte ich mein kleines Mädchen in den Arm genommen und festgehalten, aber Iris war bei meinen Eltern. Auf der Fahrt nach Hause schwiegen P-J und ich. Langsam sickerte das Gehörte ein, und wir brauchten beide Zeit zum Nachdenken. P-J musste sich damit abfinden, was man ihm da eben gesagt hatte, und ich musste positiv denken und fest daran glauben, dass wir etwas tun konnten, was Iris half. Wir hatten seit Monaten um die hohe Wahrscheinlichkeit dieser Diagnose gewusst, aber ich denke, insgeheim hatten wir beide gehofft, dass sie sich nur etwas langsamer entwickelte und letztlich alles von selbst in Ordnung kam – ich hatte die Fortschritte doch mit eigenen Augen gesehen. P-J sah normalerweise alles positiv, aber diese Diagnose hatte etwas so Konkretes, Endgültiges, dass sie jede Hoffnung zu erdrücken schien. Seine sonst so strahlende Miene wirkte jetzt verschlossen und kalt. Als ich die Tür öffnete, stand ich meiner Mutter gegenüber. Ich brauchte nichts zu sagen. Sie nahm mich in die Arme, und dann drückte ich Iris. »Wir sind für euch da«, hörte ich sie sagen. »Wir helfen euch da durch.«

Unsere Pläne für Weihnachten boten eine willkommene Ablenkung. Wir hatten beide Familien eingeladen; wir erwarteten zwölf Gäste. Ich könnte nicht so recht sagen, von wem die Idee stammte, war aber begeistert, etwas zu haben, worauf ich mich freuen konnte. Wir würden endlich den neuen Teil unseres Zuhauses einweihen. Der Plan hatte nur den einen Haken, dass der Anbau nicht annähernd fertig war. Wenn wir das in der einen Woche, die wir noch hatten, schaffen wollten, hieß es »Alle Mann an Deck«. Wir waren beide entschlossener denn je, uns die wunderbaren Feiertage nicht nehmen zu lassen. Aber je mehr wir uns anstrengten, desto mehr löste sich alles auf.

»Das wird ganz toll!«, sagte P-J. Dann kam der Lieferwagen mit den Eichendielen, auf die wir so lange gewartet hatten, und sie waren grauenhaft: fleckig und voller Asteinschlüsse. Sie waren alles andere als das, was wir bestellt hatten, und mussten wieder zurück. Mit der nächsten Lieferung wäre nicht vor der zweiten Januarwoche zu rechnen.

»Mach dir keine Sorgen, wer braucht schon schicke Dielen? Wir legen einfach Teppiche aus. Der Estrich tut es auch, wir müssen nur kehren.«

»Nicht gerade das romantisch weihnachtliche Flair, nach dem mir zumute war, P-J«, antwortete ich.

Dann bekam ich einen Anruf wegen der besonderen Spots, die ich bestellt hatte – sie würden nicht rechtzeitig kommen. Auch hier war mit beträchtlichen Verzögerungen zu rechnen. P-J sah mich grinsend an. In Panamahut, Skianorak und Arbeitshandschuhen stand er in unserem kalten, leicht feuchten Anbau. »Kerzen?«

Ich konnte nicht anders, aber ich musste lachen. »Großer Gott, das wird langsam albern.« Gerade waren die Türen gesetzt worden, bei schwerem Regen, was die Laune unseres ohnehin schon grantigen Zimmermanns nicht eben aufgehellt hatte. Und dann war der Putz noch nicht trocken genug, um zu tünchen, weil Fenster und Türen so lange auf sich hatten warten lassen. Leitern, Eimer, Farbtöpfe und allerhand Müll zierten den Raum, und über allem hing ein nicht gerade appetitlicher Geruch.

P-J begann den Boden zu fegen, und im Nu war er inmitten der dicken Wolken aus Betonstaub nicht mehr zu sehen. Ich hörte nur seine verhaltene Stimme.

»Was?«, fragte ich.

Als er mit einem Halstuch gegen den Staub vor dem Mund wieder auftauchte, sah er noch lächerlicher aus. »Keine Sorge!«, rief er mir zu. »Das wird schon!«

Wir ließen uns nicht abschrecken und machten weiter. Eine unserer Hochzeitslocations am Ort schuldete mir noch einen Gefallen, und man borgte mir eine fette Rolle roten Teppich. Wir legten den Boden darunter mit riesigen Planen aus, was auch nicht gerade die beste Idee war – sie quietschten nämlich trotz des Teppichs bei jedem Schritt.

»Das hört sich ja furchtbar an. Meinst du, wir sollten die Plane rausnehmen?«

P-J begann einige Möbel heranzuschaffen, die wir brauchten: zusätzliche Stühle und einen weiteren Tisch, um unseren Esstisch zu verlängern. »Lass gut sein! Muss auch so gehen.«

Ich schmückte die Balken mit Laub aus dem Garten und Weihnachtsdekoration: kleinen Rotkehlchen, roten Beeren, jeder Menge Grün. Wir stellten Beistelltische und Lampen auf, und Kerzen, um mehr Licht zu haben, und am Weihnachtsabend schmückte ich noch einen riesigen, drei Meter hohen Weihnachtsbaum. Der Effekt war richtig festlich, die Glasfassade am Giebel war von Efeu und Lichterketten gesäumt. Es war romantisch und schön – solange man die Augen zusammenkniff, um den zerknautschten Teppich und den feuchten Putz nicht zu sehen. Die Balken mit Efeu behängt, ein prasselndes Feuer im Kamin, Champagner im Kühlschrank, das Essen ofenfertig geliefert, waren wir am Morgen des ersten Weihnachtsfeiertags bester Laune. Und dann gab der ölbefeuerte Rayburn-Herd den Geist auf. Ich konnte weder im Ofen etwas kochen noch obendrauf, noch nicht einmal Wasser.

Man möchte meinen, wir hätten die Zeichen erkannt, aber nein, nicht doch, wir machten weiter. »Das ist ja wohl nicht dein Ernst! Warum kommt ihr nicht einfach rüber?«, sagte meine Mutter am Telefon. »Schatz, du hast wirklich dein Bestes getan, aber der Raum ist eben nicht fertig – und jetzt auch noch der Herd. So ein Mist! Weißt du noch, als unserer den Geist aufgegeben hat? Immer zur ungünstigsten Zeit. Habt ihr ihn mal richtig aufgedreht? Die Einstellungen geändert? Na, jedenfalls, ich mache mir Sorgen. Du mutest dir einfach zu viel zu. Ich weiß doch, wie müde du sein musst.«

Um ein Haar wäre ich in Tränen ausgebrochen. Es war, als könnte sie meine Gedanken hören. Ich brauchte die Ablenkung, ich wollte nicht an die Zukunft denken, und ich brauchte ein schönes Weihnachtsfest, über das ich mich freuen konnte. Seit ich denken konnte, hatte meine Mutter ihr altes Bauernhaus zu Weihnachten in ein verzaubertes Wunderland verwandelt. Zusammen schmückten wir den Baum und die Balken und hörten dabei Weihnachtslieder. Wir übertrieben es maßlos mit den Dekorationen, und dann gab es Blumen, Kaminfeuer, Kerzen und eine Party am Weihnachtsabend. Ich war mit Leib und Seele dabei; für mich war das immer eine ganz besondere Jahreszeit. Allein die Vorstellung, dass so ein blöder alter Herd mir alles kaputtmachen sollte! Und natürlich hatten wir ihn ordentlich aufzudrehen versucht. Es war, als sagte er: »Was soll ich?«, und hätte sich dann schlafen gelegt, um sich erst wieder im neuen Jahr aufwecken zu lassen, wenn der Heizungstechniker kam.

»Ich habe eine Idee«, sagte meine Mutter. »Ich koche alles hier bei mir. Ich kann die Heizplatte mit rüberbringen, dann machen wir die letzten Kleinigkeiten zusammen, aber den Truthahn und das gebratene Gemüse mache ich hier … ich bringe alles mit dem Wagen rüber.«

Logischerweise hätten wir alle rüber zu meinen Eltern fahren sollen. Sie wohnen gerade mal zehn Minuten von uns entfernt. Aber ich war längst jenseits aller Logik. Wir hatten einen Auftrag, und den galt es durchzuziehen. Also brachte meine Mutter ein komplettes Weihnachtsessen für zwölf Leute im Wagen herüber, von dem so einiges im Kofferraum landete, weil sie zu uns rüberraste, damit alles warmblieb.

In der Realität sah unser Weihnachtsfest natürlich ganz anders aus, als ich es mir erträumt hatte. Tatsächlich kamen wir vom Regen in die Traufe. Einige aus der Verwandtschaft kamen gehörig zu spät, nachdem sie sich verfahren hatten, was unterm Strich bedeutete, dass das Essen jenseits von Gut und Böse war, dafür aber alle umso hungriger waren. Was wiederum dazu führte, dass man vor der Hauptmahlzeit zu viele Schnittchen verdrückte und zu viel trank. Für Iris war die ganze Situation schwer zu verkraften; anstatt Spaß zu haben und eine Pause von unseren Sorgen einlegen zu können, machten wir alles nur noch schlimmer. Abgesehen von unseren Eltern hatten wir niemandem etwas von Iris' Diagnose gesagt, sodass sich ihr Verhalten schlecht erklären ließ. Ich konnte einfach noch nicht darüber reden; ich war noch nicht so weit, und Weihnachten war nun sicher nicht der richtige Zeitpunkt dafür. Wir setzten Iris in ihr Spielzimmer, und P-J und ich sahen abwechselnd nach ihr. Nach dem Essen, als alle beim Kaffee saßen, setzte ich mich eine Weile zu ihr. Sie war total in ihr Lieblingsbuch versunken, kaum dass sie mich bemerkte, ganz zu schweigen davon, dass sie wusste, was für ein Tag war. Sie wollte nur so weit wie möglich von all dem Trubel weg sein und die vielen Leute im Haus ignorieren – auch mich. Ich versuchte, sie in den Arm zu nehmen, aber sie stieß mich weg, was bei mir zu Schuldgefühlen führte: All die Fortschritte, die wir in den letzten Monaten gemacht hatten, und jetzt baute ich so einen Mist! Hatte ich sie nicht mehr alle? Der Tag war in so vieler Hinsicht anstrengender geworden, als ich mir das je hätte träumen lassen. Jetzt wollte ich nur noch, dass Weihnachten endlich vorüber wäre. Ich schaffte nicht, was ich mir all die Monate zuvor vorgenommen hatte, und wünschte mir nichts weiter als einen neuen Tag und einen Neuanfang, damit wir es noch einmal versuchen konnten.

Auf meinem Herzen lastet eine Traurigkeit, die sich nicht mehr abschütteln lässt. Heute ist Weihnachten, und unser kleines Mädchen sitzt allein im Spielzimmer. Versucht hat sie es, sie schaute kurz zu uns runter, ist aber gleich wieder rauf, sie schafft es einfach nicht. Zu viele Leute, zu viel Lärm, die Möbel sind nicht da, wo sie hingehören, und sie hat noch keine Zeit gehabt, sich an den Anbau zu gewöhnen. Überall liegt Geschenkpapier, und das Aufreißen der Pakete bringt sie fast um. Jedes Mal, wenn sie zu jemandem hingeht, ruft der gleich ihren Namen, und sie läuft davon und bringt sich in Sicherheit. Ich folge ihr, um zu sehen, ob ich sie trösten kann, aber sie schubst mich weg. Sie hat Tränen in den Augen, und mir geht es jetzt genauso. Wie konnte ich nur so gedankenlos sein? Man sollte meinen, ich hätte völlig die Richtung verloren. Bei meinen Bemühungen, ein perfektes Weihnachten zu feiern und die Diagnose im Krankenhaus hinter uns zu lassen, habe ich alles vergessen, was ich von Iris gelernt habe.
Nie wieder, gelobe ich mir. Ich habe die Folgen der Tradition für sie nicht bedacht. Sie ist mein Weihnachten, und jetzt sitzt sie allein da. Ich fühle mich so leer ohne sie.

Ein Weihnachtsversprechen

Ich werde aufmerksamer sein, kleinere Schritte machen und mich anpassen.
Ich werde unsere Traditionen ändern, sodass wir zu Weihnachten alle zusammen sein können.
Liebe Iris, ich verspreche dir, nächstes Jahr wird alles anders sein.

Vier

Alles schlief, und die Welt draußen war still geworden. Ich schlich mich auf Zehenspitzen ans Fenster – obwohl es noch frühmorgens war, schien mir alles heller als sonst. Es hatte geschneit. Nicht ein Wagen fuhr vorbei; es wagte sich wohl niemand über den schneebedeckten Hügel, auf dem unser Haus stand.

Das neue Jahr begann mit so großen Hoffnungen. Hoffnungen auf all die Hilfe, die wir nun endlich bekämen. Wir wären nicht mehr allein. Ich freute mich darauf dazuzulernen, und auf die Arbeit mit Fachleuten für autistische Kinder, die uns den Weg weisen konnten.

Aber als die Wochen ins Land gingen und Iris selbst zu Hause immer schwieriger wurde, dämmerte mir, dass uns keineswegs das großartige Team zur Seite stand, das ich mir nach der Diagnose erhofft hatte. Alles, was wir bekamen, war eine Mappe mit allgemeinen Informationen über Autismus und Kontaktadressen karitativer Organisationen und Gruppen, die uns womöglich helfen könnten. Die meisten davon erwiesen sich als veraltet. Bei einigen der Telefonnummern ging zwar jemand ran, aber als mir müde Stimmen am anderen Ende der Leitung erklärten, dass man aus Mangel an finanziellen Mitteln eine Weile hatte zumachen müssen, begriff ich, worauf ich mich gefasst machen musste. Ich würde mich erst wieder aufraffen müssen nach den Enttäuschungen der Feiertage, um wie geplant weitermachen zu können. Ich musste mich nach Iris richten; ich musste ihr Verhalten verstehen lernen und die Schwierigkeiten, denen sie sich ausgesetzt sah. Um überhaupt weiterzukommen, galt es, auf ihre Stärken zu bauen.

Ihre »repetitiven Verhaltensweisen«, etwa Papiertücher zu zerreißen, schienen zunächst nichts weiter als irritierende Angewohnheiten, die in erster Linie für Unordnung sorgten, aber dann begann ich das Leben von einer anderen Warte aus zu sehen und solche Verhaltensweisen zu unserem Vorteil zu nutzen. Sie waren eine Gelegenheit, miteinander in Kontakt zu kommen und etwas Sprachtherapie zu machen, indem wir bei jedem Streifen gemeinsam mitzählten, der anmutig zu Boden glitt. Als mir auffiel, dass Iris gerne Dinge fallen sah, kaufte ich eine Riesenladung bunter Knöpfe, die sie ins Wasser werfen konnte, und nachdem sich diese Aktion als Hit erwies, besorgte ich noch viele weitere Gegenstände, die uns Gelegenheit gaben, miteinander zu spielen. Manchmal wusste ich nicht so recht, ob es tatsächlich gut war, mich so ganz nach ihren Interessen zu richten. Obwohl erst zwei Jahre alt, geriet sie leicht in eine Endlosschleife, weil sie etwas immer und immer wieder sehen wollte. Und sie konnte sehr überzeugend sein, wenn es darum ging zu bekommen, was sie wollte. Sie nahm meine – oder P-Js – Hand und führte sie zurück zu bestimmten Gegenständen, und glücklich wie wir waren, dass sie uns überhaupt mitspielen ließ, machten wir meistens mit. Manchmal jedoch ging ihre zwanghafte Art mit ihr durch, und wenn man ihr die Beschäftigung dann verbot, war wie bei jedem Kind ihres Alters der Jammer groß. Die zuverlässigste Lösung war dann, sie in den Garten hinauszulassen, wo sie sich auf der Stelle beruhigte. Das ging allerdings nur, wenn das Wetter entsprechend war. Bei schlechtem Wetter musste ich hilflos zusehen, wie sie völlig die Kontrolle verlor, sosehr ich dem unvermeidlichen Zusammenbruch entgegenzuwirken versuchte. Wenn sie ohnehin schon überreizt war, genügte es, dass jemand eine Zeitung zusammenknüllte, um Feuer im Kamin zu machen. Es waren Tobsuchtsanfälle, über die sie absolut keine Kontrolle hatte; sie heulte und zitterte vor Frustration. Mir blieb dann nur der Versuch, die Auslöser für ihre Erregung auf ein Mindestmaß zu reduzieren. Wenn ich sie in den Arm zu nehmen versuchte, schlug sie um sich. Manchmal half es, ihr die Bettdecke um die Schultern zu legen, was sie zu beruhigen schien, aber dann wieder machte das alles nur noch viel schlimmer. Es war, als löste das Gefühl des Kontrollverlusts, sei es durch eine lärmige oder verwirrende Umgebung oder ihr eigenes zwanghaftes Verhalten, eine quälende Angst in ihr aus. Sie warf sich auf den Boden und trommelte mit den Fäusten auf die Dielen ein; ja, sie schlug sich sogar gegen den Bauch oder biss sich ins Handgelenk. Ihre eigene Sicherheit schien ihr dabei völlig egal – es war richtig zum Fürchten, sie so zu sehen. Ihre Zähne bohrten sich dabei auch schon mal in ihre Spielsachen, sie bebte am ganzen Körper und lief feuerrot an. Bei diesen Zusammenbrüchen sah sie mich auch nicht mehr an; es war ihr völlig egal, ob sie damit bei uns eine Reaktion auslöste. Es ging hier weder um Aufmerksamkeit noch war es ein Hilfeschrei; es war, als hätte sie alle bewusste Kontrolle verloren und könnte nicht mehr anders, als ihren Gefühlen freien Lauf zu lassen. Diese Episoden zogen sich manchmal über Stunden hin, dann wieder gab es Tage, in denen ein Zusammenbruch den anderen zu jagen schien.

Ich begann den Winter und seine kalten und stürmischen Tage von ganzem Herzen zu hassen, weil wir dann alle im Haus in der Falle saßen. Manchmal schien einer ihrer Anfälle vorbei, bis der Druck sich dann wieder aufbaute und sie einmal mehr ein rasender Zorn erfasste. P-J und ich halfen ihr abwechselnd durch diese Anfälle. Dann herrschte wieder wochenlang Ruhe, eine gewisse Erleichterung stellte sich ein, vielleicht war ja doch alles nur eine Phase gewesen, aber dann löste irgendetwas eine weitere Episode aus. Für gewöhnlich kamen sie, wenn sich Iris in einer sozialen Situation gut gehalten hatte und wir leichtsinnig wurden, zum Beispiel zu lange bei Freunden zu Besuch blieben. Entsprechend kam der Kollaps oft, kaum dass wir wieder zu Hause waren. Dann genügte es schon, wenn jemand den Geschirrspüler ausräumte und dabei klapperte. Für andere stellt sich so ein Anfall eher als »Zumachen« dar, für Iris schien es eher so, als rase ein D-Zug auf sie zu. Ich hatte eine Heidenangst davor, wenn wir unter Leuten waren. Die versuchten ihr dann zu helfen, indem sie mit Spielzeug vor ihr herumfuchtelten in der Hoffnung, sie irgendwie abzulenken. Aber sowohl diese Bewegungen als auch der Lärm, von dem erzwungenen Blickkontakt ganz zu schweigen, waren die reine Folter für sie; all das intensivierte nur die turbulente Welt um sie herum, und ich konnte ihr das nachfühlen. Es laugte uns aus. Ich kam mir jedes Mal vor, als hätte mich ein Lastwagen überfahren. Diese Anfälle hielten mich emotional tagelang auf Trab. Die Traurigkeit, die ich empfand, wenn ich unser kleines Mädchen so sah, war herzzerreißend; ich kam mir jedes Mal wie gerädert und gevierteilt vor. Ich wünschte mir so sehr, dass sie mit mir sprechen würde, dass sie mir sagte, was in ihr vorging, um sie vor allen Störfaktoren beschützen zu können. Die Frustration, die Hoffnungslosigkeit über ihre größtenteils stumme Welt war nicht weniger gnadenlos als der Schlafentzug.

P-J und ich diskutierten die Probleme ausgiebig. Zu wissen,

was die Anfälle auslöste und wie sie sich am besten verhindern ließen, wäre schon mal ein guter Anfang. Ihre Zusammenbrüche schienen Teil des autistischen Wesens zu sein; den Ärzten zufolge musste man mit ihnen immer wieder rechnen, sie gehörten einfach dazu. Ich konnte nicht verstehen, warum die Ärzte sie so anstandslos akzeptierten. Vor Weihnachten hatte Iris gar nicht so viele Anfälle gehabt, aber das unberechenbare Winterwetter löste eine Menge mehr aus, und ich konnte die Einstellung der Ärzte nicht mehr so einfach hinnehmen. Ich war fest entschlossen, alles zu tun, um Iris auf einer tieferen psychologischen Ebene zu verstehen, indem ich sie beobachtete und mich von ihr führen ließ. Ich musste unbedingt die Augen offen halten und auf die leisesten Zeichen achten; ich musste vergessen, was Freunde davon hielten, wenn ich früher als die anderen Mütter mit ihren Kindern nach Hause ging oder beim Essen nicht mit am Tisch saß; ich musste alle gesellschaftlichen Zwänge vergessen und mich voll und ganz auf meine Tochter konzentrieren.

Der Schnee gab mir irgendwie das Gefühl eines Neuanfangs; ich wollte Iris und P-J aufwecken und den Schlitten herausholen, um die problematischen Erinnerungen durch glückliche zu ersetzen. Iris war noch nie bei Schnee draußen gewesen, und ich konnte es kaum erwarten zu sehen, was sie von der weißen Pracht hielt. Ich wollte unsere kleine Naturfreundin in ihrem magischen Garten sehen, der jetzt ein weißes Kleid trug. Natürlich war da zuerst mal das Problem, dass sie nicht gern etwas an den Füßen trug; es war wichtig, dass sie mit Stiefeln und Handschuhen einverstanden war. Eine weitere Hürde, die es zu nehmen galt … aber erst einmal brauchte ich eine Tasse Tee.

Ich ging nach unten, um mich auf den kommenden Tag vorzubereiten. Während das Wasser kochte, räumte ich Iris' Bücher auf, die wie immer wahllos herumlagen. Auf dem Küchentisch lagen einige ausgefüllte Anträge für diverse Kurse, an denen Iris teilnehmen sollte. Der Januar war ohne größere Veränderungen vergangen. Wir standen auf einer Warteliste für einen Sprachtherapeuten und hatten uns für einen Kurs eingetragen, in dem wir alles über Autismus und die Möglichkeiten erfahren sollten, wie sich unserer Tochter helfen ließ.

Einige der Informationen aus diesem Kurs waren sehr hilfreich, aber ich fand die Einstellung der Leute und den Ansatz dort von Woche zu Woche beunruhigender. Es schien mir alles so unflexibel und zum Teil völlig veraltet im Vergleich zu den jüngsten Forschungsberichten, auf die ich stieß. Das Verfahren, das sie vorschlugen, nannte sich PECS oder Picture Exchange Communication System. Mit diesem »Bildaustausch-Kommunikationssystem« versucht man das Kind zum Kommunizieren zu bringen, indem man ihm eine Karte mit einem Bild darauf zeigt. Das Problem war nur, dass Iris auf diese Methode nicht reagierte; ganz im Gegenteil, sie brachte sie nur auf und sorgte dafür, dass sie sich in sich zurückzog und noch mehr allein sein wollte als sonst. Ich kam mir vor wie auf einem Fließband voll mit Eltern autistischer Kinder. Alle Eltern bekamen dieselben Informationen und Ratschläge. Außerdem waren die Techniken und Hilfsangebote seit einer Ewigkeit nicht mehr hinterfragt oder überarbeitet worden, und alternative Optionen oder Therapien wollte man dort nicht empfehlen. Man hatte einer festgefahrenen Routine zu folgen, die optisch ansprechend dargestellt und laminiert war. Es hieß friss oder stirb, unsere 08/15-Formel oder gar nichts. Mein Vertrauen gewannen sie damit nicht. Es war nun mal keine 08/15-Situation. Nicht umsonst spricht man von einer »Autismus-Spektrum-Störung«. Die Informationen, die wir bekamen, waren einfach nicht maßgeschneidert – weder für Iris, noch ihre Altersgruppe oder für uns; es war nur eine

Richtlinie auf der Basis all dessen, was Schulen und Familien in der Vergangenheit irgendwie über die Runden geholfen hatte, eine weitere dicke Mappe voll Notizen und noch mehr Kontaktinformationen, sonst nichts.

Ich suchte mir einen Kugelschreiber und ging in der Küche meine Notizen durch, unterstrich die Punkte, die mir einleuchteten, und die Vorschläge, deren Wirksamkeit ich bestätigen konnte. Ich breitete alles auf dem Tisch aus und begann weitere Punkte zu notieren: Pläne, Ideen, Sachen, die ich kaufen musste, und Sachen, von denen ich wusste, dass sie Iris gefielen. Jede Notiz brachte mich auf weitere Ideen. Ehe ich mich's versah, waren die nächsten Monate verplant, alle Aktivitäten fein säuberlich vor mir aufgelistet, und ich hatte noch nicht mal gefrühstückt. *Ich würde der Spieltherapie eine neue Dimension verleihen!* Unser Haus sollte ein Lachkabinett werden, eine sinnliche Wunderwelt. Ich würde in Erfahrung bringen, was Iris beruhigte, was sie aufregte, was sie interessierte, und ich würde für Räume sorgen, die Lernprozess und Kommunikation förderten, für eine Umgebung, die ihr bei ihren sinnlichen Bedürfnissen half.

Auf eine Notiz kam ich immer wieder zurück. Es ging um die Anordnung der Möbel im Zimmer und wie sie sich auf das Verhalten auswirkte. Meine bisherigen einschlägigen Erfahrungen: Wenn ein Tisch in der Mitte des Raums stand, mit viel Platz rundum, veranlasste das Iris dazu, um ihn herumzugehen, immer wieder, fast wie unter Zwang. Stand der Tisch jedoch an der Seite, störte er nicht; sie konnte sich konzentrieren. Indem ich mir die Zeit nahm, ihr Verhalten und die Gründe dafür zu verstehen, könnte ich die Welt mit ihren Augen sehen lernen und für einen besseren Kontakt mit ihr sorgen. So kleine unscheinbare Details machten ja womöglich den Unterschied zwischen Chaos und Harmonie aus. Unter diesen Vorzeichen notierte ich mir, welche Möbel ich verschieben sollte, um zu sehen, wie sich das Haus um unsere Tochter herum formen ließ.

»Was machst du denn?« P-J guckte mich an, ganz der verrückte Professor mit seinem Morgenmantel und dem zerzausten Haar. »Machen wir wieder Listen? Was hast du denn vor, Bean?« Bean ist sein Kosename für mich, der irgendwie auch zu dem für Iris geworden ist. Sie ist liebevoll »Beanie Deux«, was bei uns in der Regel zu »Beanie« wird.

»Na ja, dir ist doch klar, dass wir noch nicht beim Sprachtherapeuten waren, und ich weiß noch nicht mal, wie viele Sitzungen wir kriegen. Die Rede ist von fünf oder sechs im Jahr, was ja wohl nicht angehen kann! Also brauchen wir einen Plan. Ich fand, dass wir vor Weihnachten Fortschritte gemacht hatten, du nicht?«

»Unbedingt«, antwortete er etwas zu schnell. Ich wusste nicht, ob da der Mann in ihm sprach, der mir nach dem Mund zu reden versuchte, um mich zu beruhigen, aber er war gerade erst aufgestanden, also ließ ich es gut sein.

»Also denke ich mir, dass ich so weitermache, nur dass es eben *noch* mehr Spaß machen soll. Ich habe mittlerweile eine gute Vorstellung davon, was Iris mag, von ihrem Verhältnis zu ihren Spielsachen, und darauf möchte ich aufbauen. Schau, das ist eine Liste mit Sachen, die wir brauchen.«

P-J sah sich die Liste an. »Aber wir haben doch schon Kunststoffbälle für das Bällebad.«

»Wir brauchen noch viel mehr, so viele wir nur aus dem Laden schleppen können. Ich möchte ein ganzes Planschbecken voll. Wir können ihr hier im Haus ihren eigenen Snoozelraum einrichten …«

»Was willst du einrichten?«

»Einen Sinnesraum: Bällebad, Beleuchtung, Chill-Out-Area,

Matratzenrutsche …« Die Lichter wären teuer, aber ich war sicher, sie waren ihr Geld wert. Iris liebte Farben über alles, und ich war überzeugt, sie würden ihr helfen, sich zu beruhigen, wenn sie sich aufregte.

»Gut. Ich kümmere mich um die Liste. Das krieg ich schon hin. Großes Trampolin, toll. Besorgen wir ein *riesiges*.«

»Bleib mal auf dem Teppich, es soll ja alles ins Gartenzimmer passen. Ich denke, wir müssen den Esstisch rausschaffen, aber wir essen dort ja ohnehin nur selten.«

P-J hatte bereits sein iPhone in der Hand und suchte nach einem Trampolin. Dann warf er wieder einen Blick auf die Liste. »Das hier, am Schluss, MUSIK … Was soll ich da besorgen?«

»Ich hätte an das Klavier meiner Eltern gedacht. Wir können es an die Wand stellen.« Ich ging ins Gartenzimmer, um ihm die Stelle zu zeigen, zwischen zwei tragenden Pfeilern, genau in der Mitte der Seitenwand. Das Klavier war mir besonders wichtig. Iris liebte Musik über alles und war in letzter Zeit überhaupt nur noch zu einer CD mit Klaviermusik eingeschlafen. Und ich wollte ihr die Musik selbst vorspielen können. P-J hatte als Kind auch ein bisschen gespielt; zusammen fassten wir den Entschluss, es richtig zu lernen. Ich hatte einiges über Musiktherapie für Kinder gelesen. Es schien mir wichtig, uns die Option für die Zukunft offenzuhalten. Ich begann mir all die Dinge zu notieren, die ich noch zu recherchieren hatte: Musiktherapeuten, Musiklehrer, Klavierstimmer, Restaurateure …

»Okay, ich kümmere mich noch heute um den Rest der Liste.«

»Nein, nicht heute, schau mal raus.«

P-J sah aus dem Fenster und bemerkte erst jetzt den Schnee. »Da hast du auch wieder recht. Gehen wir Schlitten fahren!«, sagte er aufgeregt wie ein kleiner Junge.

»Wo ist Beanie?«

Ich war etwas ehrgeizig gewesen mit meiner Hoffnung, Iris würde mit Freuden in die Handschuhe schlüpfen; wie sich herausstellte, waren ihre Hände tabu. Maximal eine Sekunde, und sie hatte sie sich wieder von den Händen gerissen. Also gab ich es auf und machte mich an die Stiefel. Ich brauchte buchstäblich Stunden, um sie davon zu überzeugen, dass sie eine gute Idee waren – ich stellte sie neben die Musik und ihr Lieblingsspielzeug. Sie wollte sie betasten, bis ins letzte Detail erforschen, sie wollte verstehen, wie sie gemacht waren und wie sie sie schnell wieder ausziehen konnte, wenn ihr danach war. Als sie sie endlich anhatte, traten wir hinaus in den Schnee. Das Knirschen machte ihr zu schaffen, also nahm P-J sie auf und ging mit ihr auf dem Arm in den Garten. Vorsichtig berührte ihr Zeigefinger einen Schneeball in seiner Hand. Die Kälte an ihrer Fingerspitze genügte ihr, um zu dem Schluss zu kommen, dass Schnee interessant war, aber nichts für sie. Wir konnten ihr zureden, so viel wir wollten, wir bekamen sie nicht in den Schlitten. Das würde offensichtlich seine Zeit brauchen – wir mussten *unsere* Pläne vergessen und uns nach *ihr* richten. Wir mussten unsere Erwartungen ablegen; es hatte keinen Sinn, ihr unsere eigenen glücklichen Kindheitserinnerungen aufzwingen zu wollen, jetzt zählte einzig und allein, was ihr Spaß machte. Wenn sie dann bereit für neue Erfahrungen wäre, würden wir ihr die Möglichkeit geben, sie zu verstehen. Also setzte ich mich in den Schnee, Iris auf dem Schoß, und ließ sie die Stiefel abschütteln. Sie beobachtete, wie der Schnee von überladenen Zweigen fiel. Hin und wieder ließ die Bewegung vor ihr sie unter freudigem Summen mit den Händen flattern, als würden die Naturgewalten ihre Energie auf sie übertragen, die sich dann durch ihre Finger entlud. Das leise Knistern schmelzenden Schnees und die Wassertropfen vom Schieferdach beruhigten und begeisterten sie zugleich.

Im goldenen Licht des Spätnachmittags schwebte sachte der lange Streifen eines Papiertuchs zu Boden, wo er neben seinen Gefährten zu liegen kam. Die weißen Bänder hatten die Wirkung eines riesigen Werks moderner Kunst auf den Dielen. »Beanie ist wieder mal fleißig!«, raunte P-J mir zu, als er in ihr Spielzimmer kam. Ein Ritual, das früher ganze Tage gefüllt hatte, war heute zum Glück nur ein unbeschwerter Ausflug ins Land der Erinnerung, den wir dem Schnee verdankten. Was eben noch als Interesse und Faszination angefangen hatte, konnte bei Iris schnell zur Sucht werden, die sie dann ganz und gar zu beherrschen schien. Von Wasser zu Bläschen, Reis zu Sand, Papierstreifen zu Federn, die Verbindung zwischen allen war Bewegung und Schwerkraft – sie sah gern zu, wie sie fielen und sich ausbreiteten. Die Bewegung nahm sie völlig in Anspruch, und ich verkniff mir den Drang aufzuräumen. Insgesamt überlegte ich es mir zweimal, bevor ich sie unterbrach. Was für uns nach Wiederholungszwang aussehen mochte, war für sie womöglich wichtig und half ihr, die Welt zu verstehen. Ich sah darin eine Einladung in ihre Welt und machte mit. Ich beobachtete sie aufmerksam und achtete auf Zeichen, dass sie die Tätigkeit übertrieb. Frustrierte sie ihr Aktionismus oder hatte sie Freude daran? Wenn sie sich von sich selbst unter Druck gesetzt fühlte, verspannte sich ihr ganzer Körper, ihre wiederholten Bewegungen wurden noch gleichförmiger, und schließlich begann sie mit den Händen zu fuchteln, nur in diesem Fall viel, viel schneller, knapper und ganz nah an der Brust. Und auch das Summen wurde intensiver. Ich hatte für solche Fälle, damit sie wieder zu sich fand, immer meine »Mary Poppins«-Tasche bei der Hand, die voll sensorischer Spielsachen war – quetschbare, dehnbare und den Tastsinn fördernde Gegenstände, die für sie interessant genug waren, um sie von dem abzulenken, worauf sie sich fixiert hatte.

Nach und nach veränderte sich unser Zuhause. Jeder Raum diente schließlich einem speziellen therapeutischen Zweck. Manchmal wurde sogar der eine oder andere Flur zum Hindernisparcours, um sie zur Interaktion und zum Sprechen zu animieren. Wenn meine Mutter dann eine Mahlzeit für uns alle vorbeibrachte, kam sie kaum zur Küche durch. Wir hatten Sandtische und Wassertische, und selbst meine Fotoausrüstung kam zum Einsatz. Die großen silbernen Reflektoren boten eine fantastische runde Unterlage, die meiner Kleinen Lust machen sollte, darauf mit den bunten Bällen zu spielen. Sämtliche Sofas und Stühle wurden ihrer Kissen beraubt, um damit Barrieren zu bauen. Ich legte Ballbäder an. Ich platzierte Iris' Lieblingsbücher an strategischen Punkten, um sie dazu zu bewegen, sich mit etwas anderem zu beschäftigen. Sie wandte sich an mich, wenn sie Hilfe brauchte, um über die zur Barriere aufgestapelten Kissen zu klettern oder auf der Matratzenrutsche ins Bällebad zu sausen. Bevor ich ihr bei der Rutsche half, sagte ich: »Eins, zwei, drei«, pausierte dann, bis sie den Blick hob und mir in die Augen sah – dann sagte ich »Go!« und schob sie die Rutsche hinab. Nach einer Weile begann sie sogar, mit den Lippen das »o« von »go« zu formen, und ich wusste, wir waren auf dem richtigen Weg. Indem wir für Spaß und erfüllende Aktivitäten sorgten, bekamen wir öfter eine Reaktion und auch mehr Laute zu hören. Sie setzte jetzt tatsächlich Sprache zur Verständigung ein. Wenn sie mich beim Spielen ansah, sagte ich »anschauen gut«, um sie für die Leistung zu loben, so winzig sie uns auch erscheinen mochte. Dann ließ ich sie ausruhen. Für sie war das anstrengend, und ich wusste, wenn ich zu viel verlangte, würde sie sich in sich zurückziehen und uns stehen lassen, um sich mit einem Buch auf das Sofa zu setzen. Dann würde der Blickkontakt schwierig bis unmöglich.

Durch diese sensorischen Spiele kam es schließlich auch zu Verbesserungen auf anderen Gebieten. So begann sie langsam Socken und Schuhe zu tolerieren und trug bald sogar Mützen, wenn wir rausgingen. Außerdem machte sie kleine Fortschritte im sprachlichen Ausdruck. Mit einigen grundlegenden Techniken unserer Sprachtherapeutin in Kombination mit besonders motivierenden Aktivitäten wie etwa Seifenblasen oder ihrem Lieblingsspielzeug bekamen wir sie dazu, einige Laute zu bilden. Die Therapeutin zeigte ihr simple Übungen, wie die Lippen aufeinanderzupressen und durchzublasen. Mit Erfolg: Kichernd schloss sich Iris dem Spaß an und gab uns durch weitere Gesten und Laute zu verstehen, was sie wollte. Es war ein quälend langsamer Prozess, aber wir machten Fortschritte. Der Couchtisch war stets mit Papier präpariert, Buntstifte lagen darauf bereit. Ich spürte den Griff ihrer warmen Hand auf der meinen, wenn sie mich vor das Blatt zog, auf das ich Sterne gemalt hatte; dort führte sie dann meine Hand an die Buntstifte und setzte beides auf das Papier – sie wollte *mehr*. Das Papier war bereits voll, ein richtiger Sternenhimmel. Völlig hingerissen sah sie zu, wenn ich zwei Dreiecke zu einem Stern zusammensetzte, immer und immer wieder. Die Wiederholung gab ihr das sichere Gefühl der Geborgenheit. Das Wissen um das, was als Nächstes kommen würde, sorgte für Zuversicht und inneren Frieden. Unsere kleine Beanie war ein Gewohnheitstier; im Handumdrehen hatten bei ihr Gegenstände, ja selbst Menschen einen festen Platz. In ihrem Königreich herrschte eine unverrückbare Ordnung. Ganz sachte ermutigten wir sie zu kleinen Veränderungen, indem wir da waren, wenn es ihr zu viel wurde. Das Ganze war ein heikler Balanceakt.

Das Gartenzimmer erwies sich als großer Gewinn; das Licht, das durch die raumhohen Fenster hereinkam, inspirierte uns alle. Ich hatte nach wie vor einen vollen Terminkalender und fotografierte an Wochenenden Hochzeiten. Iris' Schlafgewohnheiten hatten sich etwas gebessert, größtenteils dank eines Besuchs meiner Tante Sally-Anne, der Schwester meines Vaters, die selbst Mutter von fünf Kindern ist. Sie wollte Iris' Zimmer sehen, und als ich es ihr zeigte, schlug sie einige Veränderungen vor. Sie hielt nichts davon, die Zimmer von Kindern schlicht zu halten, damit sie besser schliefen; ganz im Gegenteil, sie wollte mehr Kissen sehen, Teppiche, Teddys, Bücher, Gemälde, Zeichnungen, Kuschelecken, Lichterketten – was immer Iris das Zimmer zur Wunderwelt machte, in der sie sich nicht nur gern aufhielt, sondern in der sie auch ohne Widerstand schlafen ging, in der sie sich entspannen konnte. Diese Ideen wirkten Wunder: Je mehr ich hinzufügte, desto bezaubernder wurde das Zimmer und desto ruhiger schlief Iris dort ein. Nicht dass das Schlafproblem damit gelöst gewesen wäre; nach nur fünf, sechs Stunden war sie trotzdem wieder wach, aber wenigstens waren wir auf dem richtigen Weg. Fast einmal die Woche kam es zu einem Ausrutscher, und schon war sie wieder im alten Gleis. So richtig managen ließ sich das nach wie vor nicht. Ich war ständig am Rande der Erschöpfung. Trotzdem, das Gartenzimmer gab mir unendlich viel Kraft.

Was mir wirklich Sorgen machte, war der Gedanke, dass P-J und ich uns auseinanderlebten. Ich verbrachte so viel Zeit mit Iris; sie nahm mich völlig in Anspruch, von dem Augenblick an, in dem ich aufwachte, bis ich abends ins Bett sank. Es gab Tage, da wusste ich nicht, ob ich so weitermachen konnte. In wie viele Teile kann sich ein Mensch zerreißen? Mit Iris, meiner Arbeit und meiner Beziehung zu P-J sah ich mich in alle Richtungen gezogen. Wenn ich zu Hause war, wollte Iris nur mich. Sie führte P-J zur Tür und schob ihn – zuweilen buchstäblich – hinaus. Und wenn sie sich aufregte, schmiss ich ihn raus! Ich wusste, es war schrecklich und tat ihm furchtbar weh, aber wenn mich die Müdigkeit übermannte, wurde das bei mir zum Reflex. Mitanzusehen, wie Iris sich ihm gegenüber verhielt, war kaum zu ertragen. Wenn sie ihn nicht um sich haben wollte, schoss ihre Hand wie die Kelle eines Polizisten nach vorn; sie wandte sich ab und ließ keinen Zweifel daran, was das zu bedeuten hatte.

P-J konnte lange nicht anders, als sie praktisch auf Distanz liebzuhaben. Iris sah ihn eher in der praktischen Rolle des Notnagels, wenn ich nicht im Haus war. Er hätte so gern mit ihr gespielt, mit ihr gelacht und glückliche Kindheitserinnerungen mit ihr geschaffen, hätte so gern die Vaterrolle – mit Spaß, Liebe und Abenteuern – gespielt, von der er immer geträumt hatte. Geduldig wartete er auf einen Augenblick, in dem ein Lachen, ein Kichern ihm galt. Er verstand sie noch nicht so, wie ich sie verstand, selbst wenn ich ihm erklärte, wie mir das gelang. Wenn er es versuchte, schien es nicht so zu klappen wie bei mir, sie reagierte anders auf ihn und andere, die ihr nahe zu kommen versuchten.

»Solange es wenigstens bei einem von uns klappt«, sagte er mit einem Lächeln, aber ich konnte sehen, was ihn dieses Lächeln kostete.

Zu gern wäre er auch mal ihr Favorit gewesen, und ich hätte mir manchmal wirklich eine Pause gewünscht. Ich wollte P-J trösten, Zeit für uns als Paar haben, kleben, was Sprünge bekam, aber die Tage schienen einfach nie lang genug. Doch selbst in den finstersten Augenblicken fiel das Licht durch den Glasgiebel unseres Anbaus auf mich und erfüllte mich bis in den letzten Winkel meines Wesens mit Hoffnung. Wir verbrachten glückliche Stunden als Familie unter diesen Balken; sie kitteten die Sprünge in unserem Leben.

Eine ganz große Bereicherung war das Klavier. Iris war vom ersten Augenblick an hingerissen und setzte sich sofort auf den rotsamtenen Hocker davor. Man hätte meinen können, sie und das Klavier wären alte Freunde, die sich nach langer Zeit wiedersahen. Der Deckel hatte immer offen zu bleiben – als Aufforderung zur Unterhaltung, als Einladung zum Spielen. Nachdem das Klavier gestimmt war, klang es fantastisch und verlieh dem Raum eine Wärme, wie nur die Musik das kann.

Mit der neuen Jahreszeit dann änderte sich unsere Aussicht, der Garten wollte erforscht werden. Ich begann den Garten als einen weiteren Raum zu sehen, in dem sich mit Iris arbeiten ließ; vor allem die Holzterrasse war perfekt, um mit Sand und Wasser zu spielen. Wir kauften Iris einen Hängestuhl, und wenn es das Wetter zuließ, verwandte ich eine Stunde darauf, ihr den einen oder anderen Spielbereich einzurichten: eine kuschlige Ecke mit

Kissen, wo sie ihre Bücher anschauen konnte, und eine ganze Reihe weiterer, die sie dazu animierten, weiterzugehen und Kontakt mit mir und der Natur um uns herum aufzunehmen. Wenn sie allein sein wollte, setzte sie sich in ihren Hängestuhl und guckte hinaus auf die Bäume. Wenn sie Blätter im Wind sah, wirkte sie gelassen, fast heiter, und sie sah viel älter aus, als sie tatsächlich war. Ihre repetitiven bis zwanghaften Verhaltensweisen verschwanden, und an ihre Stelle trat ein neugieriges kleines Kind. Sie war nicht länger abweisend oder von der Welt isoliert. Wenn das Laub sich bewegte, streckte sie die Hände, ihre Finger bewegten sich sachte mit den Blättern, fast als würde sie sie dirigieren, als tanze sie mit ihnen. Mir wurde klar, dass der Garten weit mehr für sie tat, als ich je hätte ahnen können. Ihre Frustration verebbte, sie entspannte sich inmitten von Gras, Blumen und Bäumen, aber es war weit mehr als das; der Garten half ihr dabei, die Welt um sie herum zu verstehen, er wirkte beruhigend und baute sie gleichzeitig auf.

Es gab ein Fleckchen im Garten, an dem Iris immer wieder zu finden war: der Baumstumpf. Was war nicht alles passiert, seit wir den Baum hinter dem Haus gefällt hatten, der uns Licht und Aussicht genommen hatte. Ich selbst mochte diesen Stumpf nicht weniger als Iris. Er war ein Mahnmal all der Energie und der Träume, die ich damals gehabt hatte und die ich auf keinen Fall aufgeben wollte. Auf den ersten Blick schien die Zeit spurlos an ihm vorübergegangen zu sein, aber bei genauerem Hinsehen war die Borke voller Leben. Sie war das Zuhause von allerhand winzigen Kreaturen geworden, deren Lebensraum Iris ungemein interessant fand. Und dann war der Stumpf gut platziert für allerhand Aktivitäten im Freien. Die Erde rundherum war ebener als anderswo; es ließ sich also prima ein Teppich mit einigen Kissen darauf auslegen. Außerdem stand er etwas höher, was ihn zu einem tollen Aussichtsturm machte. Im Frühsommer beobachteten P-J und ich Iris, wenn sie draußen war, während wir beim Frühstück saßen.

Die Muskeln an Waden und Fesseln gespannt, die Fersen angehoben, die kleinen Zehen gekrümmt vom Gewicht, das auf ihnen lastete, stand sie still in der lauen Brise auf dem Stumpf und blickte hinaus auf den Garten. Es schien alles in Ordnung. Sie nickte beifällig, kletterte dann aufs Gras und tanzte auf Zehenspitzen hinüber zum Blumenbeet; wie eine Ballerina hüpfte sie dahin auf ihren ungewöhnlich langen Beinen. Diese Art der Fortbewegung hat sich zu einer typischen Eigenart ihres Leidens entwickelt. Die Verbindung zwischen Autismus und dem Gehen auf Zehenspitzen ist nicht geklärt, aber es ist eindeutig, dass es für Iris ein Ventil ist, ein Gefühl, aus dem sie beträchtlichen Trost zieht. Sie hüpft auf den Fußballen, wenn sie glücklich ist, fröhlich, angenehm überrascht; wenn sie ausgeglichen ist, steht sie mit beiden Füßen flach auf dem Boden – es ist wirklich erstaunlich, wie gut sich daran ihre Stimmung ablesen lässt. Noch am selben Vormittag legte sie beide Hände flach auf den Stumpf, befühlte seine Maserung, fuhr mit dem Zeigefinger die vielen Jahresringe entlang. Sie summte dabei zufrieden und stand völlig still, beide Füße flach auf der Erde. Dann richtete sich ihr Interesse auf die Borke und all ihre Texturen und Farben. Sie kletterte auf den Stumpf, ertastete ihn, Füße und Handflächen gleichzeitig auf dem Holz, als zöge sie Energie daraus. Hier hatte ich ein Kind vor mir, das völlig gefasst war, das eins war mit der Natur. Während ich ihr von der Holzterrasse aus zusah, stellte ich mir eine Zauberin vor, die den Garten zu verwünschen versuchte. Auch für mich war die Welt dort lebendiger, interessanter, sie übte einen Zauber auf mich aus. Ihr Interesse an den Elementen und die Aufmerksamkeit fürs Detail waren inspirierend;

ich begann die Welt durch ihre Augen zu sehen, ich bemerkte die kleinsten Details, ich hörte aufmerksamer zu und fand mehr Gefallen an schönen Dingen denn je. Meine Sinne waren geschärft; mein Verständnis für die Welt vertiefte sich.

Ein andermal prasselte ein monsunartiger Regen auf das Dach des Gartenzimmers. Ich konnte von der Küchentür aus Iris' Silhouette am Fenster sehen; sie stand da und starrte hinaus auf die Terrasse, auf der dicke Regentropfen tanzten. Sie war wie gebannt und still, dann tat sie ganz plötzlich einen Satz und begann zu hüpfen, als ahmte sie die Tropfen nach. Als ich hinüberging, drehte sie sich um und sah mich an. Sie kam auf mich zugelaufen, ergriff meine Hand, zog mich an die Tür und legte meine Finger um die Klinke. Ich brauchte keine Worte, um zu verstehen, dass sie mit jeder Faser ihres Körpers erfahren wollte, was da vor sich ging. Also wagten wir uns hinaus – pitsch-patsch, pitsch-patsch tappten ihre bloßen Füße im Einklang mit den Tropfen über das Holz. Als es ihr zu viel wurde, lief sie wieder ins Haus. Schließlich setzte sie sich drinnen auf den Boden, um den Tropfen auf Augenhöhe zuzusehen. Ich wickelte sie in ein trockenes Tuch, und wir sahen den Regentropfen gemeinsam zu. Meine Gedanken tobten wie die Tropfen vor unserem Fenster; haufenweise schossen mir Ideen durch den Kopf, die ich auf der Stelle wieder vergaß, als meine Müdigkeit mich einholte.

Vor dem Hintergrund dieser Fortschritte im zweiten Jahr machte ich mir gewisse Hoffnungen, was Iris' Zukunft und die nächste Phase ihres Lebens, die Vorbereitungen auf die Einschulung, anging. Wir rechneten da mit einem langwierigen, schwierigen Prozess. Mit drei sollte sie ein paar Tage pro Woche in eine Vorschule, allmählich sollte daraus eine volle Woche werden. Unser Ziel war eine glückliche Iris in der Vorschule, die mit ihren Altersgenossen und Lehrern sprach; dann, zwischen vier und fünf, sollte die Einschulung folgen. Ich wusste, bis dahin hätten wir noch einiges zu überwinden. Trotzdem, die besseren Tage machten die schlimmen mehr als wett, und ich hoffte auch auf etwas mehr Ausgewogenheit für mich selbst.

Iris hatte Freude an unseren gemeinsamen Aktivitäten und legte in Sachen Selbstvertrauen gewaltig zu. Mit zweieinhalb ging sie auch mehr auf P-J und den Rest der Familie ein. Sie hob die Hände, damit P-J sie hochnahm, und ließ sich gern von ihm trösten; sie suchte sogar seine Aufmerksamkeit, wenn ich in der Nähe war. Er spielte ihr Musik auf seinem iPhone vor, etwas, was sich gemeinsam machen ließ und ihm die Möglichkeit des Kontakts mit ihr gab. Aber auch im Umgang mit anderen gewann sie an Selbstvertrauen, und wir hatten sonntags bei unseren Eltern so manche unbeschwerte Mahlzeit im Kreis von Familie und Freunden.

Eines Sonntagnachmittags setzte ich mich zu meinem Vater auf das Sofa. Er überschlug sich schier vor Begeisterung: »Sie ist von sich aus gekommen, um mir einen Kuss zu geben! Hast du gesehen?! Hier, drei kleine Bussis auf die Backe. Ach, Iris!« Wir hatten es alle gesehen und wussten, was das bedeutete. Dann hatte er sie gekitzelt, und sie hatte sich wieder zurückgezogen – das ging doch zu weit. Ich musste lachen.

Unsere gemeinsamen Mittagessen waren in einer Hinsicht eher traditionell (meist gab es Braten), in anderer Hinsicht waren sie sehr eigen. Meine Eltern hatten gelernt, Iris nicht zu drängen, sich zu uns an den Tisch zu setzen. Ich gab ihr zu Hause noch etwas zu essen, bevor wir losfuhren. So gegen halb zwölf kamen wir in der Regel bei meinen Eltern an, und ein striktes Prozedere nahm seinen Lauf.

»Hallo, Schatz!«, rief meine Mutter von der Küche aus. »Ich

habe Iris ein paar Sachen zurechtgelegt, die Wolldecke und ihr Wasser stehen auch bereit.«

Ich packte Iris' Bücher aus und ermunterte sie, sich die Spielsachen anzusehen. Ich war dankbar, dass es die gewohnte Wolldecke war; so empfindlich wie Iris' Haut ist, löst die eine oder andere Wolle schon mal ein Drama aus. Während wir im Esszimmer bei Tisch saßen, blieb Iris im Spielzimmer – zusammen mit der Hündin Indy, die vermutlich ihre Snacks vertilgte. Dann ging es los: rein ins Esszimmer, raus aus dem Esszimmer, sie inspizierte den Tisch; sie wandte sich an den einen oder anderen aus der Familie, dann verschwand sie wieder im Spielzimmer. Wie sehr wir uns auch bemühten, es war unmöglich, die Augen von ihr abzuwenden, wenn sie Porzellan oder Silber in den Händen drehte. Wie sie mit Gegenständen hantierte, hatte etwas Faszinierendes. Ihr Sinn für bestimmte Dinge und die Art, wie sie auf sie achtete, machten einem Lust, sie selbst zu berühren, um dahinterzukommen, was genau ihre Aufmerksamkeit so in Anspruch nahm. Wenn Iris Distanz brauchte und sich auf das Sofa zurückzog, erinnerte meine Mutter meinen Vater: »Lass sie einfach eine Weile. Sie ist mit ihren Büchern beschäftigt.« Oder sie sagte: »Mach doch mal leiser«, wenn er neben dem Spielzimmer im Fernsehen Sport guckte. Wenn meine Eltern zum Essen Freunde eingeladen hatten, achteten wir darauf, vor ihnen dort zu sein, damit Iris sich einrichten konnte. Es blieb jedoch immer ein Eiertanz, und Iris musste immer wieder raus, um mit den zusätzlichen Leuten im Haus fertigzuwerden. Bei solchen Gelegenheiten war es wichtig, ihr ein stilles Plätzchen zu reservieren. Hundertprozentig hilfreich war aber auch das nicht. Manchmal beunruhigten sie einfach der Lärm und die Bewegungen anderer; da half dann nur noch, sie mit rauszunehmen und mit ihr eine Weile im Auto herumzufahren.

Obwohl sie nach wie vor über ein paar Handvoll Laute hinaus nichts sagte, war sie durchaus in der Lage, sich verständlich zu machen, indem sie uns führte und zeigte, was sie wollte. Besser noch, mittlerweile wandte sie sich dazu an alle in der Familie, nicht mehr nur an mich. Ich machte mir also durchaus Hoffnungen, dass sie das schließlich in der Vorschule auch auf die Lehrer übertragen würde.

Im Juni, einen Sommer vor ihrem dritten Geburtstag, spürte ich allmählich den Druck. Die Vorschule wäre für Iris die perfekte Vorbereitung auf die Schule, sicher, aber ich wollte sie auch bereits auf die Vorschule vorbereiten, die ja ein massiver Einschnitt wäre für jemanden mit so schwach ausgebildeten sozialen Kompetenzen wie sie. Sie reagierte nicht auf verbale Anweisungen, fand andere Kinder nach wie vor ausgesprochen verwirrend und kommunizierte nur durch Körpersprache. Hatte ich etwas übersehen, an etwas nicht gedacht, was ihr hätte helfen können, vielleicht eine andere Art von Therapie?

Ich kam auf eine ältere Idee zurück, die aber nicht ohne P-J zu realisieren war; ich müsste also erst ihn überzeugen. Seit Iris' offizieller Diagnose hatte ich mich immer wieder darum bemüht, sie auf die Warteliste für einen Assistenzhund zu bekommen. Ich hatte gelesen, dass solche Hunde Kindern in vielen Situationen halfen, und nach dem Tod von Meoska fehlte mir ohnehin ein Tier im Haus. Ich glaubte von ganzem Herzen, dass ein Haustier nur Gutes bringen könnte, und hätte Iris gern die Erfahrung eines treuen Freundes mit auf den Weg gegeben. Der Gedanke, dass man einen Hund dazu abrichten könnte, Iris zu helfen, dass er sie unterstützen, ihr bei der Entwicklung ihrer sozialen Kompetenzen beistehen könnte, gab mir Hoffnung. Leider verliefen meine Recherchen und Erkundigungen im Sand. Die meisten Wartelisten waren wegen hoher Nachfrage geschlossen. Eine wirklich nette Dame von einer karitativen Organisation gab mir die Adresse eines Bekannten von ihr, der Kurse abhielt, wie man seinen Hund zu einem Therapiehund ausbildet. In mir formte sich ein Plan, einen Hund für Iris zu finden, der sich mithilfe eines Profis abrichten ließ. Zu meiner großen Überraschung hatte P-J nicht das Geringste dagegen. Zwar hatte er keine Lust, mit einem Hund Gassi zu gehen, aber dafür machte ich das umso lieber, das Ganze war also rasch geklärt. Auch die Wahl war schnell getroffen, wir wollten einen Golden Retriever. Ganz zufällig gab es ganz in der Nähe einen zu kaufen, einjährig, ein Wildhüter wollte seinen Bestand reduzieren, also verkaufte er seine jüngste Hündin Willow. Ich war ganz aufgeregt, sie mir anzusehen; sie hörte sich perfekt für uns an. Ich dachte an all die Male, die ich gesehen hatte, wie lieb Indy zu Iris war, und begann mir auszumalen, wie Willow Iris helfen könnte, wenn sie Angst hatte oder wenn sie etwas aufregte. Sie könnte ihr Selbstvertrauen geben und ihr dabei helfen, soziale Kompetenzen zu entwickeln – vielleicht könnte sie sogar im Auto mitkommen, wenn wir Iris am ersten Tag zur Vorschule fuhren.

»Sie ist es, ich spüre es«, sagte P-J, als wir von unserem ersten Besuch bei ihr zurückkamen. Ich hatte mit Iris im Auto gewartet für den Fall, dass die Hunde zu laut waren. Als ich Willow sah, begriff ich, was er meinte: Sie war so sanft, so liebevoll, sie lauschte auf jedes Wort. Ihr Gesicht war richtig anmutig, ganz zu schweigen von den langen blonden Wimpern und den schönen braunen Augen. Wir nahmen sie noch am selben Tag mit nach Hause; die Abmachung war, dass wir sie zwei Wochen zur Probe mitnehmen sollten, aber wir waren der festen Überzeugung, dass sie für immer bleiben würde. Ich betete sie bereits an, und ich hoffte sehr, dass es Iris genauso ging.

Aber die Probewochen verliefen nicht wie erhofft. Als ich

P-Js Stimme und Iris' Gekreische hörte, wusste ich, mein bester Plan war das nicht gewesen.

»Hör zu, daraus wird nichts.« P-J hielt die heulende Iris im Arm, und ich tat, was ich konnte, um Willow in der Küche zum Stillsitzen zu kriegen, während ich die Tür schloss.

Ich wandte mich um, nahm ihm Iris ab und hielt sie fest. »Ich weiß, es tut mir so leid. Iris kann so gut mit Indy, und dabei ist die so lebhaft. Ich verstehe nicht, warum das mit Willow nicht geht.«

»Vielleicht weil sie die ganze Zeit da ist. Iris kommt ja nicht zur Ruhe.«

Es stimmte. Willow war so aufgedreht, dass sie einfach nicht wusste, wann sie Iris in Ruhe lassen sollte. Und dann hatte sie eine Vorliebe für Wasser, sie wälzte sich im nassen Gras und roch dann entsprechend. »Und das ewige Geschlecke! Kaum dass sie Iris sieht, schleckt sie sie ab. Es ist ihr völlig egal, wenn sie sie wegschubst. Und du hast gesagt, dass du mit dem Hund Gassi gehst. So war's doch abgemacht.«

»Nun hör aber auf! Iris hat kein Auge zugetan, seit Willow hier ist, was meinst du, wie das tagsüber hier war? Du hast gesagt, du gehst lieber mit dem Hund raus. Ich war es, der sich um ihre Krisen gekümmert hat.«

Ich stellte Iris mit ihrem liebsten Buchstabierbuch ruhig und ging in die Küche, um mit P-J allein zu reden. Ich wollte nicht, dass Iris das Gefühl hatte, dass unser Streit ihre Schuld war. Ich streichelte Willow, die mir ihr Kinn aufs Knie legte und wie ein Engel aussah. Ich hätte mir so sehr gewünscht, dass uns dieser Hund half, aber ich musste zugeben: P-J hatte recht. Unser Leben war erheblich komplizierter und schwieriger geworden, seit wir Willow bei uns hatten; Iris war nur noch entnervt; Iris schlief nicht mehr und mied jedes Zimmer, in dem Willow sich gerade aufhielt. Willow lief hinter ihr her, wann immer sie nur konnte. Aber es war eine völlig einseitige Beziehung, und Iris hatte die gnadenlose Aufmerksamkeit satt. So riefen wir denn den Wildhüter an und brachten Willow wieder zurück. Als ich die Heckklappe zuschlug, sah ich Willow durchs Fenster: Ihre eifrige Miene und diese himmlischen Augen. Ich fühlte mich miserabel; ich war traurig, sie wieder gehen zu sehen. Ich hatte das Gefühl, wieder mal versagt zu haben, und obendrein ein schlechtes Gewissen, Iris all das angetan zu haben. Wie hatte ich mich nur derart täuschen können? Ich konnte von Glück reden, dass Willow den Aufenthalt bei uns für einen Urlaub gehalten hatte und auf dem Bauernhof selig auf die anderen Hunde zusprang, während sich P-J bei dem Wildhüter entschuldigte und erklärte, warum es nicht geklappt hatte.

Ich habe schon immer ein Problem damit gehabt, wenn aus meinen Plänen nichts wird. Es schmerzte, all meine aufwändigen Szenarien jämmerlich scheitern zu sehen. Dann verbuchten wir wieder einen Erfolg, was mich zum nächsten Versuch animierte. Dieses Auf und Ab schlauchte manchmal – so sehr, dass ich am liebsten alles hingeschmissen hätte, aber als P-J meinte, dass wir das mit den Tieren erst mal vergessen sollten, wollte die sture Ader in mir davon nichts hören. »Wenn es uns bestimmt ist, klappt das auch. Weißt du noch, wie Meoska in unser Leben kam – und die Pferde in Venezuela?« Meine Formulierung irritierte mich. Ich glaubte längst nicht mehr an Vorbestimmung. Ich glaube daran, sich Gelegenheiten selbst zu erarbeiten.

Im Sommer vor Iris' drittem Geburtstag las ich viel über Kinder mit autistischen Störungen, und einige der Geschichten waren wirklich ergreifend. Besonders Rupert Isaacsons *The Horse Boy* rührte mich zu Tränen. Rowan, den Jungen in der Geschichte, der mir Iris sehr ähnlich zu sein schien, hatten seine

Liebe zu Pferden und ein langer Trek auf dem Pferderücken durch die Mongolei völlig verändert. Seine Eltern Rupert und Kristin brachten ihn zu Schamanen und konnten einen Umschlag in den autistischen Tendenzen ihres Jungen feststellen. Seine Nähe zu Pferden und die Offenheit seines Vaters, dessen Fähigkeit, das Leben durch die Augen seines Jungen zu sehen und sich anzupassen, brachten mich auf die Frage, ob vielleicht Pferde doch noch einmal eine große Rolle in unserem Leben spielen sollten. Ich fand unweit von uns einen Pferdetherapiehof, auf dem einige Leute arbeiteten, die bei Rupert gelernt hatten, und war sicher, Iris damit helfen zu können. Man war dort zwar auf einige Wochen ausgebucht, aber wir machten einige Termine fest, und ich konnte es kaum erwarten, mit Iris dort anzufangen.

Beim Durchblättern der Fotoalben von unseren Reitabenteuern in Venezuela dachte ich daran zurück, wie unglaublich treu unsere Pferde gewesen waren. Pferde sind hochsensible Wesen, und ich war mir sicher, sie würden ihre Wirkung auf Iris nicht verfehlen, und Iris würde dieselbe tiefe Verbundenheit mit ihnen spüren wie ich. Gut möglich, dass Pferde der Schlüssel waren, Iris mit sozialen Situationen vertraut zu machen, womöglich sogar der Schlüssel dazu, mehr durch Wörter zu kommunizieren. Ich warf einen Blick hinauf zu den Balken unseres Gartenzimmers, wo unsere venezolanischen Sättel ein Zuhause gefunden hatten. Die leuchtend bunten Satteldecken und die ledernen Satteltaschen zauberten mich in Gedanken auf der Stelle zurück nach Venezuela. Was für ein faszinierendes Land; seine Naturwunder ließen uns die Unruhen in den Großstädten vergessen. Cantenero, einem kleinen Pferd, verdanke ich meine Wendung hin zu sanfteren Methoden; ich vertraute und bewunderte ihn. Er hat mich gelehrt, niemals zu unterschätzen, wozu Pferde fähig sind.

Wir hatten unsere Pferde einem Hotelier abgekauft, der die

beiden Hengste bei einem Kartenspiel gewonnen hatte. Er selbst hatte keine Ahnung von Pferden, sodass sie furchtbar vernachlässigt waren: mager, massiv von Würmern befallen, beide psychisch total gebrochen. Ich konnte nicht anders, als dem Mann ein Angebot zu machen. Natürlich war mir klar, dass das nicht einfach werden würde, aber ich konnte sie nicht so einfach sterben lassen. Ich hatte keine Ahnung, wie ich mich um sie kümmern sollte in diesem schönen, aber merkwürdigen Land, kannte mich aber mit Pferden aus, und sie verstanden mich; der Rest würde sich schon finden. Einen Monat später sahen sie auch schon viel besser aus. Ich hatte einen Tierarzt aufgetrieben, der uns ein Wurmmittel gab; dann hatten wir einige Städte weiter im Süden abgeklappert, bis wir ein Geschäft fanden, das Hufeisen verkaufte, und das Beschlagen gelernt. Wir erforschten zu Pferd die tropischen Berge und Täler; jeden Tag machten wir lange Treks, bei denen wir neue Routen und Pfade entdeckten. Cantenero war eine treue Seele, mein bester Freund. Er war eine wilde schwarze Schönheit, aber derart misshandelt worden, dass ich eine Weile brauchte, um sein Vertrauen zu gewinnen. Während P-J Arbeit zu erledigen hatte, zog ich mit Cantenero auf Abenteuer aus, meine Kamera in der einen Satteltasche, Karte und Snacks in der anderen. Wir erstiegen steile Berghänge und durchwateten Flüsse, wenn ein Pfad von einem umgestürzten Baum blockiert war. Wie eine Bergziege fand er leichtfüßig seinen Weg. Zu meiner Überraschung kam er immer wieder ins Haus, als wollte er einfach mal sagen: »Na, wie geht's? Gibt's schon Tee?« Es war kein Partytrick; er dachte wirklich, er gehöre zu den Menschen.

Dann gerieten sich Cantenero und Bonito, das andere Pferd, in die Haare, und da wir noch keine geeignete Weide für die beiden gefunden hatten, sagte der junge Mann, der uns das Beschlagen beigebracht hatte, er würde Cantenero eine Weile zu sich nehmen, bis wir das geklärt hätten. Ich vertraute ihm, und er versicherte mir, es gehe alles in Ordnung.

Da wir nichts mehr von ihm hörten, statteten wir ihm etwa nach einer Woche einen Überraschungsbesuch ab. Während ich aus dem Toyota Land Cruiser stieg, sah ich P-Js Blick; er konnte nicht anders, er musste lachen – überhaupt brachten ihn meine Versuche, aus diesem Monster von einem Wagen zu klettern, immer zum Lächeln. Monster hin oder her, der Wagen mit dem höher gelegten Fahrwerk, dem riesigen Frontschutzbügel, den getönten Fenstern, dem hochgezogenen Auspuff und dem Dachzelt war eine imposante Erscheinung – man kam sich vor, als wäre man in einer Festung unterwegs, was gar nicht so schlecht ist in einem Land am Rande des Bürgerkriegs.

Ich hörte Cantenero wiehern und sah ihn an einen Zaun gebunden. Er scharrte mit dem Huf und versuchte dann herüberzukommen. Er hatte keinen Schatten, kein Futter, kein Wasser, jedenfalls konnte ich keines sehen, was mich furchtbar aufregte.

Wie sich herausstellte, war er auch mit den anderen Hengsten nicht zurechtgekommen, also hatte man ihn getrennt gehalten; nur hatte sich dann keiner mehr um ihn gekümmert. Mein Herz raste. Ich war für das Tier verantwortlich und liebte es, als wären wir seit Jahren befreundet.

»Pfeif den Typen bloß nicht an«, flüsterte mir P-J zu. »Das ist die Sache nicht wert. Mach Cantenero los und dann ab.« Er kannte das hitzige Temperament der einheimischen Männer. Die Atmosphäre hatte sich verändert seit unserer Ankunft in den Anden. Das Leben gestaltete sich zusehends schwieriger angesichts Benzinstreiks und schließender Läden; auch an Lebensmittel war immer schwieriger zu kommen, die Regale der Supermärkte leerten sich. Die an sich lockere Art der Einheimischen schlug langsam um; Studenten demonstrierten, setzten Reifen in Brand, blockierten die Straßen. Die Entfernung zwischen der Stadt und unserem sicheren Hafen schien zu schrumpfen. Als ich mein Pferd so dastehen sah, angebunden, staubig und hungrig, stand fest, was ich tun würde: Ich würde noch diesen Nachmittag mit ihm zurückreiten. P-J würde den Wagen nehmen; er konnte ja immer wieder auf uns warten, um sicherzugehen, dass uns nichts passiert war. Zum Glück hatte ich noch Sattel und Zaumzeug im Toyota von dem Tag, als wir ihn weggebracht hatten, also sagten wir den Leuten, wir würden ihn wieder mitnehmen. Mir stand ein langer Ritt bevor, und wir würden uns beeilen müssen, um vor Einbruch der Dunkelheit zu Hause zu sein. Wir könnten Cantenero im Garten unterbringen, bevor wir eine andere Weide fanden.

»Sei vorsichtig unterwegs. Sprich mit niemandem und halt dich nicht unnötig auf. Ich erwarte dich dann hier an der Hauptstraße.« P-J wies auf eine gewundene Linie auf der Karte.

Ich hatte Cantenero nie so schnell erlebt. Sein sonst eher kurzer, unbequemer Schritt war weiter geworden, und wir flogen nur so durch die tropischen Täler; aus jeder seiner Bewegungen sprach ein freudiger Schwung.

Als wir an Höhe gewannen, wurde es kühler, und wir legten an einem Bach eine Rast unter Bananenstauden ein. Cantenero trank von dem frischen Wasser; sein lautes Schlürfen scheuchte einige türkis-schwarz gemusterte Schmetterlinge auf. Direkt neben mir sah ich ein Insekt in Form eines Blattes, perfekt getarnt, und ich hörte das vertraute Summen von Kolibris auf der Suche nach ihren Lieblingsblüten. Hatten sie eine gefunden, tankten sie auf und flogen zur nächsten. Die Geräusche im Wald änderten sich, alles wurde lauter mit schwindendem Licht. Seltsame Geräusche ertönten um mich herum, die ich vorher nie gehört hatte. Wir flogen im Kanter das Tal hinauf in Richtung der Straße, wo ich mit P-J verabredet war.

»Du bist in null Komma nichts zu Hause. Keine Bange, es ist noch lange genug hell.« Sein unerschöpflicher Optimismus kann manchmal recht unrealistisch werden, also nahm ich eine Abkürzung durch eine Gegend mit bestellten Feldern und kleinen Höfen. Da das Licht nicht mehr lange halten würde und ich wusste, wie dunkel es dort so ganz ohne Lichtsmog wird, hob ich die Zügel in einer kurzen, jähen Bewegung an, damit Cantenero wusste, dass er wieder zulegen müsste. Der vertraute Duft der Grapefruitplantage in der Nähe unseres Hauses sagte mir, dass wir es bald geschafft hätten.

Doch mit einem Mal merkte ich, dass ich nicht allein auf dem Pfad war. Ich hörte Stimmen näher kommen und roch Tabak. Einige Gestalten kamen um die nächste Biegung, die kleinen glühenden Lichter ihrer Zigaretten vor dem Gesicht. Cantenero spürte den Druck meiner Schenkel, er hob den Kopf, warf den Hals zurück, trabte auf eine bedrohliche Art weiter; schnaubend stieß er die Hufe tief in den Boden. Wir waren zusammen in dieses Abenteuer geraten, und jetzt schlüpfte er in die Rolle des Beschützers. Er hatte gelernt, sich vor Menschen zu hüten: Einigen konnte man trauen, andere waren grausam. Seine Hufe donnerten über die harte Erde, das Getrappel warf ein Echo durchs Tal. Die Männer, an denen wir vorbeikamen, waren von dem Hengst eingeschüchtert und wichen uns aus. Ich hörte nicht ein Wort von ihnen, nicht einmal die üblichen Anzüglichkeiten, an die ich mich inzwischen gewöhnt hatte.

Ich war erleichtert, Distanz zwischen uns und die Männer zu bringen. Ich wusste, dass viele Einheimische Ausländer seltsam fanden, zumal wenn sie Pferde liebten, und dann war ich als junge blonde Engländerin, gerade mal zwanzig Jahre alt, ohnehin ein potenzielles Opfer. Jetzt jedoch wurde mir die Tragweite meiner Handlungsweise bewusst: So allein durch die Dämmerung zu reiten war wirklich leichtsinnig. Erst als ich meinen Lieblingsbaum auftauchen sah, atmete ich auf. Die Stränge des spanischen Mooses im Geäst bewegten sich wie Haare im Wind. Die Silhouetten dieser Bäume waren manchen Leuten unheimlich; für mich bedeuteten sie, dass ich wieder zu Hause war. P-J erwartete mich, und als ich die Flügel des riesigen Eisentores hinter mir zuschob, nahm ich erst wahr, wie schnell es finster geworden war. Cantenero schien müde, aber überglücklich; er hatte sich sofort beruhigt und begann im Garten zu grasen.

Auf einem Trek ins Tal kurz darauf sprach mich ein Student an, der in Merida, der uns am nächsten gelegenen Stadt, studierte. Er hatte über die Semesterferien seine Eltern auf dem Land besucht. Er war so überdreht, dass ich zuerst nicht recht verstand, was er mir auf Spanisch und in gebrochenem Englisch zu sagen versuchte, aber ich bekam schließlich genügend mit, um zu erfahren, wo unser treuer Cantenero herkam. Die Familie des jungen Mannes hatte ihn in den Hügeln dort großgezogen; schon als Fohlen hatte er mit ihnen unter dem Blechdach ihrer bescheidenen Hütte mit den gestampften Lehmböden gelebt. Da er mit der Familie und deren Hunden aufwuchs, wurde er wie sie und beschützte seine Herren. Sie trainierten ihn mit sanften Methoden, und so wurde auch Cantenero ein sanftes Pferd. Leider hatten sie ihn dann nach einer schlechten Ernte verkaufen müssen, aber sie hatten immer gehofft, er wäre in guten Händen.

Als ich so in Erinnerungen an unsere Abenteuer mit Pferden schwelgte und daran dachte, wie sehr sie mir geholfen hatten, schien es mir ein natürlicher nächster Schritt, auch Iris mit Pferden vertraut zu machen. Ich war zuversichtlich, dass sie Glück in ihr Leben bringen würden. Zunächst war unseren

Stunden auf dem mitten im Wald gelegenen Hof von Equine Assisted Therapy auch durchaus ein gewisser Erfolg beschieden. Iris hatte ihre Freude daran, vor mir im Westernsattel zu sitzen. Sie blickte hinauf zum Laubdach über uns und war in meinen Armen völlig entspannt, als man uns durch den Wald führte. Wir waren jeweils nur für kurze Zeit unterwegs, und mein Rücken schien die Ausflüge hinzunehmen; Iris glücklich zu sehen machte das bisschen Schmerzen wieder wett. Und dann hatte man bei den Ställen ein großes Trampolin, an dem sie Gefallen fand.

Im Lauf der folgenden Wochen freilich wurde klar, dass sie kein Interesse an Pferden an sich hatte; sie waren für sie nur ein Transportmittel, das sie durch den Wald trug, durch die Natur. Wenn ein Pferd nicht auf der Stelle »reisefertig« war, kam es vor, dass sie eine ihrer Krisen bekam und nicht mehr zu beruhigen war, sodass wir wieder gehen mussten. Sie wollte die Pferde auch nicht streicheln; der Kontakt mit ihnen interessierte sie nicht im Geringsten. Schweren Herzens musste ich mir eingestehen, dass ich wieder einmal gedacht hatte, wenn mir etwas guttut, dann müsste es auch ihr guttun. Meine eigene Liebe zu Pferden hatte mich zu diesem Therapieversuch motiviert. Ich sehnte mich derart nach dem großen Schritt nach vorn – sie sprechen zu hören, sie mit anderen spielen zu sehen –, dass ich wieder mal eine Idee durchgesetzt hatte, die nicht von ihr, sondern aus meinem Herzen gekommen war.

Es hört sich so einfach an: auf sein Kind hören, auf der Basis seiner Interessen seine Stärken entwickeln, um es zu einem sozialen Wesen zu erziehen. Aber die Wirklichkeit sieht ganz anders aus. Es ist ein ständiger Lernprozess, man muss beobachten, man darf nie von sich ausgehen, und man muss sich ganz darauf konzentrieren, was das Kind motiviert. Und man muss dabei

nicht nur auf Zack sein, sondern auch über seinen Tellerrand hinausschauen. Ich hatte so sehr daran geglaubt, Iris mit Willow und den Pferden helfen zu können, aber sie war einfach noch nicht so weit. Ich musste ihr Zeit lassen.

Für mich war es Zeit für einen Neuansatz. Ich musste mich auf das konzentrieren, was Iris interessierte; ich musste aufhören, etwas erzwingen zu wollen, sie von einer Therapie in die andere zu schleppen, ständig neue Methoden an ihr auszuprobieren. Es wäre hundertmal besser, mich auf das zu konzentrieren, was tatsächlich Wirkung zeigte. Aber vor allem brauchte ich Geduld. So ging ich denn mit Iris in die Natur. Wir besuchten Gärten, Wälder, Bäche, Flüsse, Seen, und überall versuchte ich sie spielerisch zum Sprechen zu bewegen. Die Ausflüge erwiesen sich für uns alle als willkommene Abwechslung von unserem isolierten Dasein. Wasser wurde ein wichtiger Bestandteil unseres Alltags und erwies sich als unglaublich nützlich bei ihrer Sprachtherapie.

Ende des Sommers sah ich ihrem ersten Tag in der Vorschule zuversichtlich entgegen, auch wenn ich ihn mir alles andere als einfach vorstellte. Ich war mir sicher, dass uns einige schlaflose Nächte bevorstanden, war aber voller Hoffnung, dass Iris sich eingewöhnen würde. Sie hätte dort jemanden, der sie unterstützte. Wir hatten die Frau bereits kennengelernt; sie war sehr nett und offen gewesen und hatte mir das Gefühl gegeben, bei ihr in guten Händen zu sein. Sie schien sich wirklich für Iris und ihr Leiden zu interessieren; sie würde in Kürze einen Kurs über Autismus besuchen und wollte allerhand von mir wissen, etwa wie ich mit Iris kommunizierte und Iris mit mir. Sie hatte wirklich die besten Absichten, beantwortete alle meine Fragen und versicherte mir, ich könnte bei Iris bleiben, solange es nötig wäre. Sorgen machte ich mir wegen des Lärmpegels, wenn die Kinder morgens eintrafen und wenn es wieder nach Hause ging, also sagte sie mir, wir könnten ja etwas später kommen und früher gehen. Außerdem wollte sie, dass Iris etwas später zur Klasse stieß als die anderen, damit sich die meisten Kinder eingewöhnt hätten, wenn Iris dazukam. Es sah wirklich vielversprechend aus, und auch die Flexibilität der Schule und der Wille, uns zu verstehen und uns zu helfen, trugen zu meiner Beruhigung bei.

Kurz vor ihrem dritten Geburtstag kam Iris allmählich aus ihrem Schneckenhaus heraus. Zum Geburtstag selbst gab es eine ganz kleine Party. Diesmal wickelte ich ihre Geschenke gar nicht erst ein; ich packte sie stattdessen in eine Rucksackeule, mit der sie zur Schule gehen sollte, und sie packte die einzelnen Sachen alle begeistert aus. Es waren alles kleine Spielsachen, die ihre Interessen berücksichtigten. Sie hatte einen Riesenspaß, und ich war mir sicher, von jetzt an alles richtig zu machen.

Iris, Liebstes,

wir sind so stolz auf dich. Dieses letzte Jahr über hast du mehr geschafft, als ich je für möglich gehalten hätte. Mein kostbares kleines Mädchen, du hast mir so viel beigebracht. Wir lernen miteinander, und jetzt geht unsere gemeinsame Reise weiter. Heute ist dein erster Tag in der Vorschule. Ich möchte nicht, dass du dich fürchtest. Ich werde bei jedem Schritt bei dir sein. Ich weiß, all das kann einem im ersten Augenblick Angst machen, aber vergiss nicht, wir sind alle da für dich. Ich verstehe, dass Veränderungen für dich nicht einfach sind, aber manchmal können Veränderungen auch Gutes bringen. Du erforschst doch so gern neue Fleckchen draußen in der Natur, und ich hoffe, dass du mit der Zeit auch gern mit anderen Kindern zusammen bist und mit ihnen neue Sachen entdeckst. Viel Glück, Beanie Deux, an diesem ganz besonderen Tag. Bussis.

Fünf

Zum ersten Mal sah ich sie in der Vorschule lächeln. Ihr blasses Gesicht war wie verwandelt: glückliche runde Bäckchen und schöne strahlende Augen mit langen Wimpern. Mit ihren drei Jahren wirkte sie ungewöhnlich hochaufgeschossen neben ihren Altersgenossen. Sie nahm mit der einen Hand einen Krug auf und füllte ihn mit Wasser. Die andere Hand umklammerte eine kleine grüne Holzscheibe, ein Teil eines Puzzles, das ihr ans Herz gewachsen war. Langsam goss sie Wasser über die halb untergetauchten Spielsachen. Tief über die Wasseroberfläche gebeugt achtete sie auf die Bewegungen des Wassers, jeden Kräusel, jeden Tropfen, ganz und gar fasziniert. Ich hörte sie stoßweise nach Luft schnappen, als die letzten Tropfen fielen. Dann legte sie eine leichte Hand auf die kühle Oberfläche, befühlte selig das Wasser und genoss den sanften Druck gegen ihre offene Hand. Ich ergriff die Gelegenheit, mich für ein Weilchen zurückzuziehen, und beobachtete sie in diesem seltenen Augenblick der Stille. Die anderen Kinder waren auf die andere Seite des Raums gegangen, um sich ihren Snacks zu widmen, nur Iris war am Wassertisch geblieben. Die Last des schlechten Gewissens, das mich die letzten Wochen über so bedrückt hatte, wurde spürbar leichter, als ich sie so beobachtete – vielleicht käme ja doch noch alles in

Ordnung. Wir würden das schaffen, Iris würde die Vorschule absolvieren.

Ein kleiner Junge, der mit seinem Snack fertig war, hatte seine Berufung gefunden: Er hatte sich einen Zug geschnappt und zog ihn, auf den Knien rutschend, mit sämtlichen Waggons von einer Seite des Raums auf die andere. Angesichts der kreischenden Plastikräder auf dem harten Parkett sah sich Iris sofort nach mir um. Sie wollte, dass ich zu ihr kam, aber noch bevor ich sie erreicht hatte, heulte sie los; der Lärm war einfach unerträglich für sie. Der Lärm des Zugs wischte alles vom Tisch, was wir an dem Vormittag erreicht hatten, und ich konnte ihren Schmerz geradezu spüren. Am ganzen Körper zitternd packte sie meinen Arm mit einer solchen Kraft, dass es auch mir weh tat. Ihr Herzschlag raste, und sie war merkwürdig blass geworden, jedenfalls im Vergleich zu meinen glühenden Wangen. Sie hing an mir wie eine der kleinen Napfschnecken an einem Fels in der Brandung, unmöglich, sie von mir zu lösen, während ich den Lehrerinnen erklärte, dass der Zug verschwinden müsste, damit Iris sich beruhigen könnte. Sie verstanden das nicht. Wie sollten sie auch? Iris' Leiden ist dermaßen komplex, von Augenblick zu Augenblick bewegt sie sich über das gesamte Spektrum unterschiedlichster Empfindlichkeiten und autistischer Züge. Manchmal sind sie absehbar, aber manchmal muss man einfach denken wie sie, um sie zu verstehen. Sie nimmt die Welt nun mal anders wahr, und ihre Kommunikations- und sozialen Kompetenzen sind unterentwickelt; sie zieht sich zurück, wenn andere in der Nähe sind. Da man keine Erfahrungen mit Autisten und keine Ahnung hatte, dass bestimmte Geräusche die Hölle für Autismus-Spektrum-Kinder sind, kam meine Forderung nicht gut an – ihrer Ansicht nach war es unfair allen anderen gegenüber, ein Spielzeug aus dem Verkehr zu ziehen. Ich wollte mich auf die Hinterbeine stellen und für meine Rechte eintreten, mich für mein Kind einsetzen, das nicht für sich selbst sprechen konnte, aber mir war die Energie ausgegangen, und ich konnte sehen, dass es keinen Sinn hatte. Der Lärm, das Chaos des ungezwungenen Spiels, das ganze Tohuwabohu wurde einfach zu viel. Die seltenen Augenblicke des Glücks waren flüchtig. Schon die Beleuchtung irritierte sie, das flackernde Licht der Röhren wirkte verheerend auf ihren inneren Frieden, ganz zu schweigen von dem Zug mit all seinen vielen Waggons, den der Kleine übers Parkett zog, schob, drosch. Ich brachte Iris hinaus auf den Spielplatz und saugte die kühle Luft in mich ein auf der Suche nach der Kraft, diesen Vormittag zu überstehen. Was konnte ich tun, damit das funktionierte? Wie sollten die Leute dort das verstehen, wenn es noch nicht mal klare Antworten gab, keine festen Regeln, wie man mit diesem komplexen Leiden umging?

Ich spürte, dass meine Anwesenheit in der Vorschulklasse nicht mehr erwünscht war. Ich war bereits seit drei Wochen dort, um Iris beim Eingewöhnen in eine Klasse voll anderer Kinder zu helfen. Es ging einfach nicht. Wann immer sie sich absonderte, um einen stillen Fleck zu finden, kamen die anderen nach; sie erwies sich als eine Art Magnet. So wie Willow ihr für ihr Leben gern hinterhergelaufen war, so ging es auch den anderen Kindern. Die Intensität, mit der sie mit den Spielsachen umging, wirkte unwiderstehlich auf sie, ihr Interesse an Oberflächen, wie sie sich auf ihrer Haut anfühlten, wie das Ausgießen von Wasser zur Kunstform werden konnte – die anderen Kinder kamen neben sie, um mit ihr zu spielen. Nur wurde Iris' persönlicher Raum so von Augenblick zu Augenblick kleiner und damit ihr zartes Wesen bis an die Grenzen der Belastbarkeit strapaziert. Solange sie auf Armeslänge blieben, konnte sie sie ertragen, aber kaum kamen sie noch näher, gab es Ärger. Sie brach entweder in Tränen aus und war dann eine ganze Weile nicht mehr zu beruhigen, oder sie stieß das Kind aus ihrem persönlichen Raum. Da half dann nur, dass ich oder die Betreuerin mit einem Farbstift immer wieder dieselben Muster auf ein Blatt Papier malte. Dann folgte sie interessiert unseren Zickzacklinien und Schnörkeln und hüpfte dabei vor Aufregung auf den Fußballen. Wir benutzten diese Übung, um Blickkontakt mit ihr zu bekommen und sie zum Reden zu bringen. Zuerst führte sie unsere Hände, damit sie ihr noch mehr Muster malten. Aber erst wenn sie den Blick hob, um uns anzusehen, fühlten wir uns angesprochen und begannen zu malen. Schließlich sagten wir »weiter« und hielten inne in Erwartung, dass sie sich an diesem Wort versuchte. Wenn wir dann auch nur ein »w« hörten, machten wir weiter und füllten zum Lohn für ihre Mühe das Blatt mit Mustern. Ich war sehr dankbar für diese speziellen kleinen Interessen, die uns eine gewisse Annäherung erlaubten. Solche Aktivitäten stellten einen schützenden Winkel dar, in den sie sich zurückziehen konnte. Nur eben nicht für lange; ehe man sich's versah, hatte die Beschäftigung in einem Maße von ihr Besitz ergriffen, dass es ihr schier unmöglich war, sich wieder davon zu lösen; anders gesagt, wir saßen auf unseren Schnörkeln fest. Sie klammerte sich an diese vorhersehbaren Gebilde und hielt daran fest, bis unsere Zeit dort vorbei war und wir uns auf den Heimweg machen mussten, bevor die anderen Mütter kamen, um dem unvermeidlichen Tohuwabohu aus dem Weg zu gehen.

Iris zu etwas mehr Spaß auf dem Spielplatz zu verhelfen war eine Herausforderung für sich. Während die anderen spielten, folgte sie der weißen Linie um den Platz bis zu einem Baum auf der anderen Seite, ein gutes Stück abseits der anderen Kinder. Dort saß sie dann allein und inspizierte ein rissiges Fleckchen Erde vor ihren Füßen. Sie brauchte diese Einsamkeit; ihre Augen bekamen dabei einen fernen, glasigen Blick, und ich wusste, sie wäre am liebsten zu Hause in dem Hängestuhl in unserem Garten gewesen. Ich konnte sehen, dass sie einen gewissen Frieden dabei fand, ihre Gedanken schweifen zu lassen, aber sie reagierte nicht auf die Außenwelt. Sie wandte sich nicht um, wenn wir sie riefen, sah uns noch nicht einmal an, wenn wir uns näherten. Sie mied jeden frontalen Kontakt, und bei der Hand nehmen ließ sie sich schon gar nicht. Wir schienen uns rückwärtszubewegen, und das nicht etwa in kleinen Schritten, sondern in Riesensätzen. Zu Hause war sie bei mir, selbst wenn sie ihren persönlichen Freiraum brauchte; sie lebte im jeweiligen Augenblick und hatte ihre Freude am Leben. Sie war aufgeschlossener denn je. Aber in der Vorschule hatte ich den Eindruck, sie wieder so zu sehen wie im Vorjahr. Und je mehr sie mir entglitt, desto mehr brach es mir das Herz. All diese Arbeit, um zusehen zu müssen, wie sie mir wie Sand zwischen den Fingern in eine Phase entglitt, die längst überwunden schien?

Jedes Mal, wenn ich sie wieder reinholte, graute mir vor dem Weg den Korridor zwischen den Gebäuden entlang zu ihrem Klassenzimmer. Als ich sie vor mir her trug, spreizte Iris Arme und Beine, so weit es nur gehen wollte, in dem verzweifelten Versuch, nach etwas zu greifen, woran sie sich festhalten konnte. Nur um nicht wieder in diesen Raum zu müssen. Es war wie seinerzeit während unseres Urlaubs in Cornwall, als ich sie in einen Laden zu bekommen versuchte. Sie brachte ihre Gefühle zum Ausdruck, und ich ignorierte sie, was mir zugleich furchtbar falsch vorkam. Ich hatte schließlich versprochen, ihr zuzuhören, mich besser um sie zu kümmern, mehr Rücksicht auf sie zu nehmen, und jetzt brach ich diese Versprechen. Kaum waren wir durch die Tür, wollte sie nach Hause. Ich hasste mich dafür, ihr das anzutun, aber es schien mir nun mal unsere einzige

Option. Man hatte uns dazu geraten, um sie auf den nächsten Schritt vorzubereiten: die Fünf-Tage-Schule. Unsere Möglichkeiten waren ziemlich begrenzt. Alle anderen Vorschulen waren noch größer, auch die Klassen. Bei den privaten Schulen war sofort von geschlossenen Wartelisten die Rede, kaum dass das Wort »Autismus« fiel; spezielle Schulen und Kindergärten waren zu weit weg.

Unser Ziel, Iris glücklich durch die Vorschule und anschließend durch die Schule zu bringen, verblasste, und ohne Modell, dem wir hätten folgen können, hatte ich das Gefühl, dass die Situation langsam, aber sicher außer Kontrolle geriet. Ein Blick in ihr Gesicht sagte mir, dass wir so nicht weitermachen konnten. Ihre Lippen waren rissig und bluteten, da sie ständig daran herumzupfte vor lauter Unruhe. Sie hatte auch abgenommen, weil sie nicht richtig aß, und tief eingegrabene dunkle Ringe um die Augen. Ihr Schlafrhythmus war seit Beginn der Vorschule völlig abhandengekommen. Vorher war er schon unberechenbar gewesen, aber mit Tendenz zur Besserung. Und ich begann schließlich ebenfalls darunter zu leiden. P-J versuchte Iris zu helfen, aber sie ertrug nur mich. Es war schwierig mitanzusehen, wie sie ihn ständig abwies, und unser aller Nervenkostüm war über Gebühr strapaziert. Seine Beziehung zu Iris ging langsam, aber sicher kaputt, und sie wollte kaum noch etwas mit ihm zu tun haben; noch nicht einmal Musik half den beiden. Ich konnte sagen und tun, was ich wollte, nichts zeigte auch nur die geringste Wirkung. Sie schob ihn wieder weg, was ein deutlicher Rückschritt war, und bald wollte sie nicht einmal mehr mit mir spielen. Sie umarmte mich noch, aber eher aus Verzweiflung: Sie klammerte sich an mich, hielt sich krampfhaft an mir fest. Die Beziehung zwischen P-J und Iris hatte den Sommer über so große Fortschritte gemacht, und jetzt machte sie zu. Alles, was wir uns so hart erarbeitet hatten seit ihrer Diagnose, glitt uns wieder durch die Finger. Uns blieb nur frustrierende, angsterfüllte Monotonie.

Ihre autistischen Züge bestimmten einfach alles: unsere Beziehungen, unser Leben, unsere Arbeit, unsere Gesundheit. Es herrschte keine Harmonie mehr zwischen ihren Sinnen, ihren Empfindungen, ihren Gefühlen; sie lagen ständig im Zwist miteinander, was für Iris verheerend war. Ihr obsessives und dominantes Wesen trieb uns alle hart an die Grenzen. Ständig wollte sie etwas anders haben; P-J kam einfach nicht mehr mit. So hatte man ihr das Essen oder den Wasserbecher immer von derselben Seite her und auf haargenau dieselbe Art und Weise zu geben. Außerdem wollte sie auf eine ganz bestimmte Art ins Auto gesetzt und zu Bett gebracht werden. Wenn sie zu Hause war, verbiss sie sich in bestimmte Szenen ihrer Zeichentrickfilme und wollte sie immer wieder sehen. Sie wollte ein ganz bestimmtes Buch auf einer ganz bestimmten Seite geöffnet haben, und die wollte sie dann immer und immer wieder hören. Aus dem einen Gegenstand, den sie immer in der linken Hand halten musste, war eine ganze Sammlung geworden. Das führte zu enormen Frustrationen: Es waren einfach zu viele Gegenstände, um sie ständig alle mit sich herumzutragen. Ihre Hand glich schließlich der von Edward mit den Scherenhänden; sie hatte Gegenstände zwischen sämtlichen Fingern und noch ein paar in der Faust. Jeder Aspekt unseres Tagesablaufs wurde von einer festgelegten Routine nach ihren Bedingungen beherrscht. Und wenn die Kommunikation völlig zusammenbrach und sie uns kaum noch ansah, wurde der Umgang besonders schwierig. Das Einzige, woran sich erkennen ließ, dass wir etwas richtig machten, war, dass sie nicht heulte. Und wenn wir etwas falsch machten, bekam sie im Handumdrehen eine ihrer Krisen. Es war ein ständiges Herumprobieren, mit dem wir dahinterzukommen versuchten, wonach ihr war.

Als ich an diesem Tag vom Schulgelände fuhr, mit einer völlig am Boden zerstörten Tochter im Kindersitz, ließ ich die Kupplung springen, der Wagen tat einen Satz und blieb stehen. Ich war völlig ausgelaugt. Ich blickte in den Rückspiegel und sah die anderen Mütter, die plaudernd am Tor beisammenstanden. Ich konnte den Blick nicht abwenden, ihr sorgloses Glück zog mich an. Erst war ich furchtbar neidisch, dann packte mich die Wut. Auf was oder wen? Ich habe keine Ahnung. Ich wollte Iris nicht die Schuld geben, sie konnte ja nichts dafür, und mit Sicherheit konnte ich die anderen Mütter nicht dafür verantwortlich machen, dass sie sich leichtertaten als ich. Ich stellte mir vor, wie ihr Leben wohl sein mochte: Sie brachten die Kinder zur Schule, dann hatten sie etwas Zeit für sich – und auch wenn es nur ein paar Stunden waren, wie erholsam musste das sein? Ich stoppte mich: Es hatte doch keinen Sinn, unser Leben zu vergleichen. Ich hatte das meine, sie das ihre. Und wenn mir ihr Leben im Augenblick zehnmal der Inbegriff der Vollkommenheit schien mit ihren frisch gebügelten Sachen und den perfekten Frisuren, auch hinter ihrem Lächeln und dem sorglosen Geplauder versteckte sich ein Problem, wie überall. Jeder hat sein Päckchen zu tragen. Selbstmitleid half mir nicht weiter.

Auf der Heimfahrt hatte ich das Gefühl auszubrechen; wir sausten den Hügel hinab und dann die Landstraße entlang – es war eine ungeheure Erleichterung für uns beide.

Zu gern hätte ich mir dieses Gefühl für immer bewahrt: die Freiheit, diese herrliche Freiheit. Eh ich mich's versah, hatte ich Iris hoch und heilig versprochen, sie müsse nicht mehr in die Schule zurück. Ich konnte im Rückspiegel ihre Reaktion darauf sehen: Sie war glücklich. Das gab mir den Mut, den ich brauchte, um das auch tatsächlich durchzuziehen. Die Entscheidung, Iris in die Vorschule zu schicken, war allein unsere gewesen; es war nicht so, dass das gesetzlich vorgeschrieben gewesen wäre. Ich hatte also das ganze nächste Jahr über Zeit, sie auf die richtige Schule vorzubereiten. Wir hatten einfach zu früh zu viel verlangt – wir hatten Iris ins Schwimmbecken geschubst, und das obendrein zu Leuten, die ihr Leiden nicht wirklich verstanden. Als ich in der Auffahrt vor unserem Haus parkte und Iris aus ihrem Sitz befreite, umarmte sie mich. Es war eine wunderschöne Umarmung, lieb und ausgeglichen, ihr Gesicht an meinem Hals, und ich spürte ihren ruhigen Atem auf meiner Haut. Ich weiß nicht, ob sie verstand, als ich ihr sagte, dass sie nicht mehr zur Schule müsste, oder ob sie einfach meine Erleichterung spürte, aber diese Umarmung bestätigte mich in meiner Entscheidung. Es machte all meinen negativen Gedanken ein Ende und polte sie schlagartig ins Positive um. Von Leuten umgeben, die unser Problem nicht verstanden, hatte ich mich in der Vorschule schrecklich allein gefühlt, aber als ich an diesem Tag nach Hause kam, war die Einsamkeit wie weggeblasen.

Ich nahm mir vor, Iris das nächste Jahr über zu Hause zu unterrichten, und konnte nur hoffen, wieder hinzubekommen, was wir verloren hatten. Von der Hoffnung getrieben, an die ich mich klammern musste, hatte ich den Kopf im Nu voller Ideen. Allen Ratschlägen zum Trotz schlug ich meinen eigenen Weg ein. Ich wusste P-J hinter mir, so viel stand fest, aber unsere Eltern machten mir Sorgen. Wann immer wir miteinander sprachen, sei es am Telefon oder persönlich, waren sie ganz begierig, etwas über Iris' Fortschritte in der Vorschule zu erfahren. Aus ihren hoffnungsvollen Stimmen und Mienen ging deutlich hervor, was sie hören wollten: dass sie sich prima eingewöhnte, dass wir das Schlimmste überwunden hätten, dass alles in Ordnung sei.

Die Enttäuschung, die meine Antworten hervorriefen, ihre aufmunternden Umarmungen rührten mich zutiefst. Ich war sehr erleichtert über den Zuspruch meiner Mutter, als ich ihr sagte, wir würden nicht mehr zur Vorschule gehen. Sie ertrug es so wenig wie ich, Iris so zu sehen. Und sie schlug vor, es mit einem privaten Therapeuten zu versuchen.

Der Winter stand vor der Tür, als ich mich auf die Suche nach Fachleuten in den vier Bereichen machte, in denen ich Hilfe brauchte. Ein Beschäftigungstherapeut sollte mir bei Iris' sensorischen Bedürfnissen und einigen ihrer Verhaltensweisen zur Seite stehen, etwa ihrer Schwierigkeit, von einer Beschäftigung zur anderen überzugehen, ihren spielerischen Kompetenzen, ihren Reaktionen auf bestimmte Reize und ihrer Fähigkeit zur Selbststeuerung. Ein Sprachtherapeut und ein Musiktherapeut sollten ihre Mitteilungsfreudigkeit fördern, und ein Ernährungsberater sollte mir helfen zu sehen, ob wir da nicht was besser machen könnten; vielleicht hatten ihr Verhalten und ihre Schlafstörungen ja auch damit zu tun.

Es gibt da eine Zeichentrickserie, die Iris besonders mochte, bei der eine gezeichnete Linie der Figur endlose Abenteuer bescherte: *Dipdap*. Der kleine Dipdap sieht fast wie ein Alien aus mit den beiden riesigen Augen in seinem sonst völlig leeren Gesicht, er ist sehr einfach gehalten. Ich konnte sehen, was sie daran so anzog; die Serie erinnerte sie an eines unserer Spiele, bei der ich Geschichten zeichnete, und das schlichte Gesicht der Zeichentrickfigur hatte nichts Verwirrendes, es gab nichts zu enträtseln. So hielt ich mich denn die nächsten Wochen über an dieses Prinzip: Ich vereinfachte unser Leben und sorgte für Räume, in denen Iris aufatmen konnte. Bei all der Aufregung um die Vorschule im Monat zuvor war unser Haus zunehmend in Unordnung geraten, ich hatte wirklich alle Hände voll zu tun gehabt. Jetzt räumte ich ihr Spielzimmer auf, schaffte Ordnung, hübschte alles etwas auf, um Iris einen kreativen Raum zu schaffen, in dem sie Spaß haben konnte. Ich malte mit ihren Malstiften einen Baum an die Wand mit zwei Eulen und Blüten an den Zweigen. Ihre Bücher kamen auf ein Regal, und schließlich kaufte ich noch einige Möbel, auf denen ihre Spielsachen schön zu sehen waren. Ihr Spielzimmer war damit nicht mehr so chaotisch; alles hatte seine Ordnung.

Ich denke, der Prozess war für uns beide therapeutisch. Ich brauchte das Gefühl, wieder etwas Kontrolle über mein Leben zu haben, das Gefühl, dass wir auf eine positive Zukunft hinarbeiteten und dass Iris Frieden in der Ordnung fand. Sie reihte ihre Spielsachen aneinander und nahm ihr Spielzeugobst aus der Schale, um es vor dem Sofa in eine Reihe zu legen. Das wiederholte sie mit ihren Kieseln; sie brachte sie einzeln von unserer Auffahrt ins Haus und reihte sie auf dem Fensterbrett auf. Je mehr Ordnung ich in ihr Leben brachte, desto besser ging es mir. Und ich sah, dass sie das spürte, weil sich ihre Hand leerte, bis nur noch ein rosa Löffel übrig war. Meine Mutter schlug vor, wir sollten unter der Woche zum Mittagessen kommen, damit Iris sich wieder eingewöhnen könnte; sie war ja wieder viel verschlossener geworden. Wir entschieden uns für den Freitag und beschlossen, dabei zu bleiben, so gut es nur ging, um Iris Gelegenheit zu geben, sich daran zu gewöhnen. Zur Interaktion kam es nach wie vor fast nur mit mir, aber die Mahlzeiten boten ihr dazu die Gelegenheit in einer sicheren Umgebung. Manchmal passte sie sich problemlos ein, erforschte nach dem Essen den Garten und ging dann nach oben. Meine Mutter und ich folgten ihr und ließen sie alle möglichen Schätze in anderen Zimmern erforschen. Einige Schnörkel an der Frisierkommode meiner Mutter oder Flakons darauf hatten es ihr besonders angetan, entsprechend gehörten sie schnell zum Programm. Gleich nach unserer Ankunft holte Iris die Flakons von der Kommode und brachte sie mit runter, um sie bei sich zu haben. Meine Mutter achtete darauf, sie näher an die Kante zu stellen, damit sie besser zu erreichen waren. Diese Dinge dienten ihr in ihrer Welt als Anker und halfen ihr dabei, sich bei meinen Eltern zu Hause zu fühlen.

Die Vorbereitungen für Iris' Unterricht zu Hause waren in vollem Gange. Wir wollten ihr zum einen keine der Möglichkeiten nehmen, die sie in der Vorschule gehabt hätte, zum anderen wollten wir sie auf die Grundschule vorbereiten. Ich erkundigte mich also nach all den Aktivitäten, die auf dem Lehrplan standen. Demnach müsste ich ihr die Zahlen bis zwanzig beibringen, das Alphabet, einige Grundlagen des Lautierens, Farben, Formen und eine ganze Menge mehr. Und natürlich wollte ich sie endlich zum Sprechen bringen. Finanziell machte uns die Vorstellung, Woche für Woche das Geld für private Therapeuten aufzubringen, natürlich Sorgen: Ich wusste nicht, ob wir uns das würden leisten können. Nie werde ich die Großzügigkeit meiner Tante Celeste vergessen, die uns diese Last schultern half. Vor allem ihretwegen brauchten wir die Suche nach geeigneten Therapeuten nicht aufzugeben; außerdem musste ich nicht mehr so viele Hochzeiten fotografieren, was mir mehr Zeit für unsere Tochter gab. Und Celeste war nicht nur für Iris da, sondern auch für mich. Sie riet mir, mich selbst bei alldem nicht ganz zu vergessen, und dass sie jederzeit für mich da wäre; ich sollte mich nicht genieren, sie um Hilfe anzugehen. Das war genau das, was ich brauchte – das bloße Wissen, dass sie an mich dachte, half mir dabei, mich nicht so allein zu fühlen.

Ende Oktober fand ich dann eine großartige Beschäftigungstherapeutin ganz in der Nähe. Becky war genau das, was Iris und ich brauchten: stark, sachkundig, positiv und realistisch zugleich. Dabei verbarg sich hinter der Stärke eine Feinfühligkeit, die ihresgleichen suchte, und sie wusste genau, wie man mit Iris umzugehen hatte, wie man sie hielt, welche Bewegung oder welchen Druck es brauchte, um sie zu beruhigen. Als Expertin der Sinne brachte sie mir eine ganze Menge darüber bei, wie ich Iris bei der Regulierung ihres Systems helfen kann. Es geht dabei um die effektive Nutzung nicht nur der Informationen, die ihr Blick, Tastsinn, Gehör, Geschmack und Geruch liefern, sondern auch der Signale ihres Körpers, ihre Bewegungen, ihr eigenes Körperbewusstsein. Manchmal gerät das eben alles durcheinander, und das wirkt verwirrend und desorientierend auf sie. All der Input muss von den Sinnesorganen registriert und vom Gehirn verarbeitet werden, um eine Reaktion auszulösen. Manchmal konnten wir jedoch geradezu sehen, dass es dazu nicht kam und wie übermächtig und frustrierend das für sie war. Sie litt sowohl an Unter- als auch an Überempfindlichkeit. Wir hatten uns zum Ziel gesetzt, ihrem System die Möglichkeit zu geben, seine Reaktion so anzupassen, dass sie sich nicht unter Stress gesetzt sah. Mit Beckys Hilfe entwickelten wir unter dem Begriff »Sinnendiät« eine Reihe von Übungen, die Iris zu verschiedenen Tageszeiten über diverse Probleme hinweghelfen sollte. Manchmal musste sie dazu auf dem Trampolin oder ihrem Therapieball herumhüpfen, dann wiederum halfen Tiefdruckreize durch kräftige Umarmungen, Massagen, Gelenkkompressionen, Bürsten, Rollen; auch einen großen Knautschsack besorgten wir, in den sie sich vergraben oder unter den sie kriechen konnte. All das hatte eine sehr beruhigende Wirkung auf sie. Becky brachte mir den gezielten Einsatz dieser Übungen bei. Und sie zeigte mir zahlreiche Möglichkeiten auf Sinnesreize gebauten Spiels mit Reis, Pasta, Wasser und Seifenblasen, das Iris über ihre Empfindlichkeiten hinweghelfen sollte. Sie zeigte uns Methoden zur Desensibilisierung gegenüber Geräuschen, die lauter als erwartet ausfielen, sowie Spiele, die die »gemeinsame Aufmerksamkeit« förderten. Außerdem arbeiteten wir an den Übergängen zwischen den Aktivitäten. Wir belohnten Iris für positives Verhalten und ignorierten sie, wenn sie garstig war.

Becky und ich erarbeiteten ein Programm, das Iris nach und nach in die Lage versetzen sollte, meinen Wünschen Folge zu leisten sowie flexibler auf Aufgaben und Übergänge zu reagieren. Ihre Verhaltensweisen waren so festgefahren, dass sie völlig die Kontrolle darüber zu verlieren drohte. Woche für Woche übte Becky mit ihr den Übergang von einer Beschäftigung zur anderen, versuchte mit einfachen sprachtherapeutischen Techniken ihre sprachliche Entwicklung anzuregen; vor allem ermutigte sie sie dazu, nach »mehr« zu verlangen und beim Spielen mitzuzählen. Iris übte sich darin, durch einen Strohhalm Wasserblasen zu bilden, sodass sie mehr Kontrolle über ihre Atmung bekam. Iris hat keine Schwierigkeiten mit ihrer Feinmotorik, es ging also bei einigen Spielen weniger um Geschicklichkeit als um Probleme wie etwa Lärm. Becky brachte Iris »laute« Spielsachen mit und belohnte sie, wenn sie mit ihnen spielte. Das Ziel war immer dasselbe: ihr zu mehr Flexibilität im Alltag zu verhelfen. Im Verlauf dieser Übungen beruhigten sich ihre Sinne allmählich, und mit der Zeit begann sie ihr System selbst zu regulieren. Zunächst schenkte Iris Becky während dieser Sitzungen ihre Aufmerksamkeit nur häppchenweise, in kleinen, spontan zugewiesenen Portionen sozusagen, bevor sie sie wieder wegstieß, weil sie ihren persönlichen Raum verletzt sah. In diesen Pausen erklärte Becky mir Techniken und ließ sich von mir mehr über das bisherige Verhalten meiner Tochter erzählen, vor allem wie es Iris die Woche über ergangen war. Becky war bestens eingestimmt auf Iris und ihre gegenwärtige Situation, was für mich unglaublich erfrischend war. Ich hatte das Gefühl, mit ihr im selben Boot zu sitzen, wir hatten dasselbe Ziel. Und wenn Iris dann wieder so weit war, setzte Becky ihre Arbeit fort. Ich war nicht länger allein. Ich hatte monatelang nicht verstanden, warum Iris so überempfindlich war oder wie ich ihr helfen könnte; dass sie also jetzt Hilfe bekam, war ein wunderbares Gefühl.

Becky hatte durchaus eine toughe Seite, eine realistische Einstellung zum Leben, mit der ich mich auseinandersetzen musste. Sie machte mir klar, dass Iris in der Welt draußen würde zurechtkommen müssen und dass ich sie darauf vorzubereiten hätte, was wiederum bedeutete, dass wir beide mehr rausgingen, damit sie zu einer gewissen Unabhängigkeit fand. Das war genau die Erinnerung, die ich brauchte. Wenn man Tag für Tag in einer solchen Situation lebt, steckt man so tief drin, ist so sehr von ihr vereinnahmt, dass man jede Perspektive verliert. Und passt man mal nicht auf, kapselt man sich sofort wieder ab. Ich war mit Iris kaum noch unter die Leute gegangen, nachdem sie wieder schwieriger geworden war. Wir verbrachten unsere Wochen hauptsächlich zu Hause oder bei meinen Eltern, und mir begann langsam die Decke auf den Kopf zu fallen. Iris war so herrisch geworden, dass wir sie ihren Tagesablauf praktisch selbst bestimmen ließen: was im Fernsehen lief, mit welchen Spielsachen sie spielte, überhaupt womit sie sich beschäftigte. Ich musste das Steuer dringend herumreißen, um wieder etwas Balance in unser Leben zu bringen. Uns nach Iris' Interessen zu richten und auf ihre Stärken zu bauen war die eine Sache, aber wir waren in ein ungesundes Verhaltensmuster geraten, das weder für Iris noch für uns gut war. All die kurzfristigen Lösungen waren zur Gewohnheit erstarrt: sie immer wieder dieselben Zeichentrickfilme gucken, dieselbe Musik hören zu lassen, ihr zwanghaftes Bestehen auf eine bestimmte Anordnung bestimmter Gegenstände. All das würde nur zu weit größeren Problemen führen, wenn wir nicht gegensteuerten und ihr zu mehr Flexibilität verhalfen. Wir mussten uns weiterentwickeln, bei allen Härten, die das für uns bedeuten würde. Wenn wir ihre Verhaltensweisen nicht in den Griff bekamen, würde es unser Leben noch völlig bestimmen.

Iris' Reaktion auf Musik innerhalb ihrer therapeutischen Sitzungen veränderte sich im Lauf der Wochen. Anfangs lauschte sie wie gebannt, wenn ihr unsere talentierte Therapeutin etwas vorspielte; Elizabeth fühlte sich dabei in Iris' Stimmungen ein, ahmte ihre Laute nach und versuchte Iris zu einer Reaktion zu animieren. Es war gerade so, als gehe sie in der Musik auf; ihre

Finger ertasteten sie wie draußen den Wind. Allmählich reagierte sie aufgeschlossener, ahmte eine Melodie nach oder schloss sich Elizabeth an, wenn diese aus der Interaktion ein Spiel machte und Iris dazu ermunterte, zu einem der Perkussionsinstrumente zu greifen, die sie in einer Tasche auf dem Sofa hatte. Die eine oder andere Woche hatte Iris das Bedürfnis zu weinen, und Elizabeth benutzte die Musik als emotionales Ventil; sie reagierte auf Iris mit ihrer Geige oder dem Klavier, um Iris wissen zu lassen, dass sie ihre Gefühle verstand und dass es okay war, sie rauszulassen. Dann jedoch wurde die Melodie nach und nach lebhafter und witziger, und Iris' Stimmung folgte ihr. Es war interessant zu sehen, wie stark Musik wirkte und wie schnell Iris reagierte. Sie summte dazu, und nach einer Weile kamen sogar Laute und Wörter, die man dann in das Lied übernahm. Wenn Iris zum Beispiel »Biene« oder »Hummel« sagte, wiederholte Elizabeth die Wörter und schuf musikalisch eine Geschichte um sie herum.

Anfangs wollte Iris nicht, dass ich sie allein ließ, also saß ich schweigend in einer Ecke des Sofas, während Iris am anderen, dem Klavier zugewandten Ende saß. Ich tat mich schwer, nicht gleich mitzumachen, als sie einige Wörter zu sagen begann; zu gern hätte ich sie an mich gedrückt, ihr ein Küsschen gegeben, aber Elizabeth wollte das nicht: Ich sollte mich raushalten, um Iris nicht abzulenken. Also schwieg ich, als ich die Wörter aus ihrem Mund hörte, obwohl ich vor Stolz schier platzen wollte. Zuerst waren es nur eine Handvoll, aber im Lauf der folgenden Wochen bekamen wir dann weitere zu hören. Sie schienen immer dann zu kommen, wenn Iris entspannt und völlig hingerissen in die Musik vertieft war. Es war wie eine Unterhaltung, nur eben mit Instrumenten, Gesang und Wörtern, ohne den Druck einer normalen Interaktion im direkten Gegenüber. Es gab kein *Richtig* oder *Falsch,* und Elizabeth merkte schnell, ob Iris einfach nur Zeit zum Zuhören brauchte oder ob es okay war, sich ihr zu nähern und sie zu ermutigen, selbst etwas zu sagen, sich zu bewegen, Musik zu machen. Sie vermochte Iris am Ende einer langen Woche aus den finstersten Winkeln ihrer Seele zu holen, und es gab Momente, da tanzte Iris vor Freude zu den Klängen ihrer Geige. Der Effekt jedoch war immer derselbe: Ihre Stimmung besserte sich, die Arbeit mit ihr wurde leichter. Abgesehen davon, dass ich selbst Freude an der Musik hatte.

Im Dezember fand ich eine Ernährungsberaterin, von der ich eine ganze Menge lernte: was für Iris geeignet wäre und wie sich auf ihre Blutzuckerwerte achten ließe. Ich hatte Iris in der zweiten Tageshälfte zu viel Weizen und Obst gegeben, abends sogar noch eine Banane, was beim Schlafengehen natürlich nicht geholfen hatte, so aufgekratzt wie sie danach war. Nicht dass ich sie ungesund ernährt hätte, aber ich musste ihr unbedingt mehr Gemüse geben, auf jeden Fall weiterhin selbst kochen und besser darauf achten, wie ich ihr Essen tagsüber bereitstellte, um erwünschtes Verhalten zu fördern. Wir gaben ihr mehr Fisch, da sie möglicherweise nicht genügend Fettsäuren bekam, was ihre trockene Kopfhaut erklärte, ihre Hyperaktivität und ihre mangelnde Kommunikationsfreude. Außerdem kauften wir biologisch gezogenes Gemüse, soweit es möglich war. Ich schraubte ihren Weizenkonsum zurück und mied Zucker, soweit es irgendwie ging. Iris trank nur Milch oder Wasser, sodass das weiter kein Problem war, nur gab ich ihr zu viele Kekse, und so stieg ich, was Snacks anging, auf gesündere Alternativen um. Sie war daraufhin nicht mehr ganz so unberechenbar und schlief etwas besser, was sich meiner Ansicht nach auch positiv auf alle anderen Therapien auswirkte. Sie war ansprechbarer und es war leichter, mit ihr auszukommen, wenn sie ausgeschlafen war und richtig aß.

Wir gingen nach wie vor mit ihr viel hinaus in die Natur, und nach und nach bekamen wir unser kleines Mädchen wieder zu sehen. Sie war immer noch labil genug, um plötzlich vom Sofa zu springen und an ihren Lippen zu zupfen, so wie sie noch immer Probleme hatte, ihre Liebe für P-J und den Rest der Familie zu zeigen. Noch schien sie zu oft andere wegzustoßen, um ihren persönlichen Raum zu schützen. Sie umarmte mich, aber im Allgemeinen nur, wenn ihr etwas Angst machte oder wenn sie sehr müde war. Sie würde Zeit brauchen, um wieder Vertrauen zu entwickeln und ihr Selbstvertrauen zurückzugewinnen.

Es gab jedoch ein neues Problem, das so plötzlich auftauchte, dass ich es erst nur für eine Phase hielt, die sich wieder geben würde. Iris weigerte sich plötzlich, am Oberkörper Kleidung zu tragen; sie war lieber von der Taille aufwärts nackt. Zu unserer Erleichterung zog sie sich etwas über, wenn sie rausging, aber kaum waren wir wieder im Haus, riss sie sich alles vom Leib. Es spielte keine Rolle, wie oft wir ihr die Sachen anzogen, sie zog sie sofort wieder aus. Zusammen mit der Beschäftigungstherapeutin versuchte ich, Iris bei ihren sensorischen Problemen hinsichtlich ihrer Kleidung zu helfen. Eine der Techniken, die dabei zum Einsatz kamen, war die »Bürstentherapie« bzw. Summationstechnik nach Wilbarger. Dabei bürsteten wir Iris fest mit einer weichen Bürste, gefolgt von Zug und Druck auf die Gelenke, eine Prozedur, die wir alle zwei Stunden wiederholten. Es half hinsichtlich ihrer Abneigung gegen Kleidung am Oberkörper, die Erfolge hielten aber leider nicht an; Iris zog sie umgehend wieder aus. Da sie sich in jeder anderen Beziehung zu beruhigen schien, machte ich mir aber keine allzu großen Gedanken.

Zu Weihnachten schaffte ich es, mein Versprechen vom Vorjahr einzulösen. Wir machten ihr alles leichter: Wir verzichteten auf Geschenkpapier und verwendeten stattdessen Stoff und weiche Bänder. Ich nahm mir mehrere Wochen Zeit, das Haus festlich zu schmücken, wobei ich einige Zimmer ausließ, um Iris Freiräume zu lassen, falls ihr alles zu viel werden sollte. Außerdem konzentrierte ich mich auf einige wesentliche Elemente wie einen schönen Weihnachtsbaum, den wir gemeinsam schmückten. Ich kaufte einen ganzen Schwung Weihnachtsbücher, damit sie verstand, worum es ging. Am Weihnachtstag saß sie unter dem riesigen Baum, spielte mit ihren Geschenken und schaute dabei hinaus in den Garten und zu ihrem alten Freund, dem Baumstumpf. Wir legten Musik auf und gingen den Tag im Pyjama an. Wir machten Feuer im Kamin und kuschelten uns in Bettdecken auf das Sofa, während Iris uns zeigte, was ihr der Weihnachtmann gebracht hatte. Ich stand diesmal nicht unter Druck, da ich niemanden eingeladen hatte; ich brauchte also schon mal nicht zu kochen. Kurz gesagt, es fehlte die ganze leidige Liste von Desastern, mit denen ich mich im Jahr zuvor hatte abmühen müssen. Wir hatten unseren Spaß, und ich sah mich dafür mit dem kostbarsten aller Geschenke belohnt: Wir waren alle drei zusammen, kuschelten uns kichernd und lachend aneinander. Wir fuhren zwar zum Mittagessen rüber zu meinen Eltern, blieben aber nicht allzu lange und hatten dabei in erster Linie Iris' Gefühle im Auge. Wenn sie Distanz und Ruhe brauchte, bekam sie die auch. Weil wir uns die Zeit zur Vorbereitung genommen hatten, gelang uns ein zauberhafter Feiertag.

Das neue Jahr war angebrochen; unser Hindernisparcours, der noch immer Flure und Gartenzimmer dominierte, brachte Licht in die kalten feuchten Tage vor Frühlingsbeginn. Auf jeder

Oberfläche, die für Iris erreichbar war, lagen Papier, Buntstift und Wachsmalkreiden aus, damit sie nur loszulegen brauchte. Wenn sie sich noch nicht durch Sprache ausdrücken konnte, dann sollte sie das eben durch Malen und Zeichnen tun. So sahen wir Iris von Tag zu Tag spielerischer, interessierter werden, nur ihr sprachlicher Ausdruck wollte sich nicht bessern, all unseren Hoffnungen und meinen verzweifelten Versuchen zum Trotz. Die Zeit verging und der Rückstand in ihrer sprachlichen Entwicklung wurde für eine Dreijährige allmählich besorgniserregend. Sie hatte einige Fortschritte bei der Musiktherapie gemacht, wo hin und wieder ein Wort fiel, das wir dann gebührend feierten, aber die ungeduldige Seite in uns ließ sich nicht länger zügeln. Ihre Sprache war unzuverlässig. Manchmal gab sie einige Laute von sich und reagierte mit einem Wort, aber in der Regel blieb sie, vom Summen abgesehen, stumm. Sie kommunizierte mit uns durch Körpersprache und indem sie mit dem Finger auf das deutete, was sie wollte. Und selbst diese Fertigkeiten setzte sie nur bei Leuten ein, die sie kannte; auf neue Gesichter reagierte sie gar nicht gut. Wenn wir ihr besonders gut zuredeten, bekam Becky vielleicht ein »mehr« beim Seifenblasenmachen zu hören, Iris zählte auch bis drei, wenn ich sie die Matratzenrutsche hinunterzog, aber im Vergleich zu ihren Altersgenossen machte sie nur sehr bescheidene Fortschritte. Die meisten Kinder kennen mit drei Jahren schon bis zu tausend Wörter und können Kinderverse hersagen oder einfache Geschichten erzählen … Iris konnte etwa zwanzig Wörter sagen und auch diese nicht auf Kommando. Wir alle, Iris inklusive, mussten hart arbeiten, um eines davon zu hören. Es war wirklich frustrierend, schließlich konnte ich sehen, dass sie alle da waren; sie waren irgendwo in ihr eingesperrt, warteten nur darauf, dass sie sie herausließ. Aber sie waren irgendwie blockiert, irgendetwas lag quer, irgendwas … Wir wussten nur nicht, was es war, und niemand konnte es uns sagen. Wir gingen noch zu einigen anderen Sprachtherapeuten, aber alle schlugen sie genau die Techniken vor, die wir längst einsetzten, also machten wir weiter, konzentrierten uns auf ihr Spiel und die Aktivitäten auf dem Lehrplan.

Wir hatten einen wirklich erfolgreichen Tag am Sandtisch hinter uns, als ich Buchstaben zu zeichnen begann, die Iris dann laut vor sich hin sagte. Als Nächstes war Malen dran, also stellte ich die Staffelei auf, die sie von ihren Großeltern zu Weihnachten bekommen hatte. Es war eine Beschäftigung, in die ich große Hoffnungen setzte; sie hatte solchen Spaß mit den Wachsmalkreiden und den Geschichten gehabt, die ich mit meinen Zeichnungen erzählt hatte, dass ich mir sicher war, sie hätte auch daran ihre Freude und dass sich daraus zahlreiche Gelegenheiten ergeben würden, etwas Sprachtherapie einzuflechten.

Während ich in den kleinen Plastiktöpfchen für Kinder die Farben anmischte, geriet Iris in helle Aufregung. Sie hüpfte auf dem Trampolin im Gartenzimmer herum und sauste zwischen Trampolin und Staffelei hin und her. Besonders fasziniert war sie von der Rolle Papier, die mit der Staffelei gekommen war, weil sie anders war als die, die ich zum Bespannen des Tisches benutzte. Wie das Hundebaby aus der Toilettenpapierwerbung zogen wir natürlich auch an der Rolle, wodurch sich das Papier abwickelte, sodass ich es wieder aufrollen musste. Dann zeigte ich ihr, wie man einen Pinsel in die Farbe tauchte und mit langen Strichen über das Papier vor uns zog. Sie stand geduldig neben mir und versuchte es dann selbst. Kaum begann die Farbe übers Papier zu laufen, wurde sie wütend – das dünne Kinderpapier wellte und verzog sich unter den Wasserfarben. Sie begann zu heulen und warf sich, den Pinsel noch in der Hand, zu Boden. Die blaue Farbe spritzte über den Boden und auf ihren Arm. Das war das Schlimmste überhaupt – sie wollte die Farbe auf der Stelle loswerden, sie ertrug sie einfach nicht auf der Haut! Also lief ich in die Küche, um ein Geschirrtuch zu holen, und als ich wieder zurückkam, war sie drüben an der Fensterfront und versuchte, die Terrassentür zu öffnen. Sie wollte raus, sie wollte fliehen, und ich fühlte mich entsetzlich. Es hätte eine Lernerfahrung werden sollen, an der sie Freude hatte, keine komplizierte Geschichte, die sie nur unnötig aufregte. Ich tat mein Bestes, ihr die Farbe abzuwischen, bevor ich ihr die Tür öffnete, worauf sie hinaus in die Kälte floh. Ich sah, dass sie auch das rote Farbtöpfchen umgestoßen hatte. Diese blöden Töpfchen, sie waren viel zu leicht! Entmutigt räumte ich Staffelei und Farben weg. Während ich die Farbflecken aufwischte, die auf dem Holzboden gelandet waren, dachte ich zurück an das, was bereits funktioniert hatte – die großen Blätter aus Untertapete, die ich im Spielzimmer über den Couchtisch geklebt hatte, um mit Wachsmalkreiden darauf zu malen. Das hatte ihr gefallen! Was hatten wir für glückliche Stunden zusammen an diesem Tisch verbracht! Ich war sicher, dass sich die Tapete unter dem Gewicht der Wasserfarben nicht so wellen würde. Und wenn das Blatt flach auflag, hätte Iris mehr Kontrolle über die Farbe, sie würde nicht über das Blatt laufen. So beschloss ich denn, nur ein Element der Aktivität zu verändern, das Medium, von Wachsmalkreiden zu Wasserfarben, und ansonsten alles beim Alten zu lassen – vom Tisch im Spielzimmer bis zur Untertapete, die mit Klebstreifen fixiert war, damit nichts passieren konnte. Die Staffelei und die Plastiktöpfchen müssten wieder verschwinden; ich würde stattdessen Porzellanbecher benutzen, die waren stabiler, und sie waren Iris vertraut.

Das nächste Mal war das Spielzimmer ordentlich mit alten Laken abgedeckt, um die Möbel zu schützen; ich stellte einige schwere Becher mit Farben auf und überließ Iris die Entscheidung, wann sie an den Tisch kommen wollte. Ich brauchte nicht lange zu warten, und das Papier vor uns füllte sich mit Farben. Ihre Art zu malen schien ungeheuer präzise, eine eigenwillige Mischung von frei und bedacht. Sie bediente sich einer ganzen Reihe von Techniken – farbigen Schnörkeln, Zickzacklinien, Klecksen und Punkten –, um ihre Zeichen zu machen, und ich war überrascht, wie wenig Farbe dabei auf dem Boden landete – und nicht ein Klecks auf ihrer Haut. Die Farben waren sauber voneinander getrennt und verliefen nicht ineinander. Während ihr Gemälde in meinem Büro trocknete, kam mir der Gedanke, wie schön es doch war für einen ersten Versuch, und so machte ich ein Foto, das mich an den Spaß erinnern sollte, den wir an dieser neuen Beschäftigung hatten.

Die nächsten paar Tage verliefen nach ähnlichem Muster. Ihr Interesse am Malen nahm zu, und dasselbe galt für die Zeit, die sie damit verbrachte. Die Faszination der neuen Beschäftigung öffnete allerhand Möglichkeiten, mit ihr zu interagieren, und sie war so glücklich damit. Die Unsicherheit, die Überempfindlichkeit in sozialen Situationen war wie weggewischt, wenn sie einen Pinsel in der Hand hielt. Sie hüpfte vor Begeisterung, hörte mir zu, während ich ihr von den Nuancen und Formen erzählte, die mit Wasserfarben zu erzielen waren. Ihre Cartoons, ihre Bücher, mit einem Mal wollte sie nichts mehr davon wissen. Es war, als hätte ich einen weiteren Schlüssel zur Welt unseres kleinen Mädchens gefunden. Wir hatten wunderbare Fortschritte gemacht, aber dieser neue ließ sich damit nicht vergleichen. Motiviert wie seit Langem nicht mehr, entschloss ich mich, sie so oft malen zu lassen, wie sie nur wollte, sie diese neue Ausdrucksmöglichkeit erforschen zu lassen. Ich stellte die Möbel in der Küche um und machte Platz für einen zusätzlichen Tisch.

Gegen Ende der Woche hopste Iris vor Vorfreude in der Küche herum, als ich eine neue Bahn unserer Untertapete über den Tisch spannte. Während ich das Blatt mit Klebstreifen fixierte, verschwand sie im Gartenzimmer, sie konnte das Geräusch nicht leiden. Sie wartete, bis das letzte Stück Klebstreifen abgerissen war, dann stand sie wieder neben mir. Mit ihrer kleinen Hand in der meinen führte sie mich an die Küchenspüle. Mit einem gestreckten Finger wies sie auf den blauen Farbtopf, also rührte ich etwas Blau an, ganz wässrig diesmal, da sie meine Hand immer und immer wieder zum Hahn führte.

Als ihr Gemälde getrocknet war, stieg ich auf einen Stuhl und beugte mich darüber, so weit ich mich nur traute, um es zu fotografieren. Was ich da vor mir hatte, ließ mein Herz schneller schlagen: zahllose Formen aus Blau- und Grüntönen, Schicht auf Schicht, das Ganze mit Gelb übertüncht. Sie schuf Gemälde, wie ich sie von einer Dreijährigen nicht erwartet hätte.

»Hast du das neueste schon gesehen?«, fragte P-J mit einer Geste auf das Gemälde. »Es ist großartig, im Ernst, komm, schau's dir an.«

»Ich weiß, das habe ich mir auch gedacht. Ich habe ein Foto davon gemacht. Sollen wir es zum Rahmen geben?«

»Unbedingt.«

»Sie scheint so …«

»… erwachsen.«

»Ja, irgendwie anders als bisher. Also, damit mache ich weiter. Ich weiß, ich habe meine Liste, aber das hier läuft so was von gut!«

»Vergiss deine Listen! Mach mit dem weiter, was funktioniert. Im Augenblick sind das ihre Gemälde. Weißt du, dass sie mich heute Morgen sogar umarmt hat? Kommt einfach auf mich zu, mit einem Mordslächeln auf dem Gesicht, und umarmt mich!«

P-J sah unglaublich glücklich aus. Ich wusste, was diese Umarmung für ihn bedeutete und wie lange er darauf gewartet hatte, dass sie gelöst genug wäre, um ihre Zuneigung auf diese Weise zu zeigen. Es war eine spontane, aufrichtige Geste gewesen. Und unbeschreiblich schön. Aufregung lag in der Luft. Die positive Energie um den schlichten kleinen Fichtentisch hatte eine ungeheure Wirkung.

Als ich sie so vor sich hin malen sah, in ihrem ureigenen Stil, wurde mir klar, dass ich in besseres Papier investieren müsste, da immer noch Wasser vom Tisch auf den Boden lief. Zum Glück sah sie das nicht, weil sie auf der anderen Seite stand, aber ich musste etwas tun. So kaufte ich denn das beste Aquarellpapier, das ich in der Größe unseres Tisches auftreiben konnte. Da sie Veränderungen nicht leiden konnte, machte ich mir Sorgen, dass ihr das neue Papier mit seiner raueren Oberfläche nicht zusagen würde. Doch sie studierte es wie ein Experiment: Erst tätschelte sie es sachte mit der offenen Hand, dann sah sie es sich aus großer Nähe an, sodass sie es fast mit der Nase berührte. Es sah beinahe so aus, als küsste sie das Papier, aber ich sah, dass sie in Wirklichkeit mit ihrer Oberlippe die Textur zu erspüren versuchte. Schließlich neigte sie den Kopf, legte eine Wange auf das Papier und sah mich direkt und mit einem strahlenden Lächeln an. Dieser seltene Blickkontakt war ein auffälliger Wendepunkt in ihrem Verhalten. Ich reichte ihr ihren Lieblingspinsel. Mit flinken Bewegungen füllte sich das Blatt mit Farbexplosionen, und das Baumwollpapier saugte Iris' wässriges Werk mit Freuden auf. Nachdem die Farben getrocknet waren, fügte sie noch eine Schicht Weiß hinzu, ohne weitere Zugabe von Wasser. In Wellenlinien zog sie die Borsten eines längeren Pinsels über das Papier, bis ein Muster entstand, dann ging sie um den Tisch herum und sorgte mit knappen Bewegungen für weiße Tupfen. Ich schob ihren Maltisch unter den Küchentisch, um das Gemälde trocknen zu lassen, und wischte den Boden auf. Diese Sitzung war besonders lebhaft gewesen, sodass alles rundum voll feiner Spitzer war. Dann hörte ich das Gartentor; P-J kam von seiner Reise nach London zurück, und als er in die Küche kam, begrüßte ihn Iris, strahlte ihn an, nahm ihn bei der Hand und führte ihn an ihren Tisch.

»Na, Iris, was treibst du?«

»Hier, schau mal her.« Ich zog den Tisch zurück an seinen Platz, und Iris zeigte ihrem Vater ihre Lieblingsstellen. Es dauerte eine Weile, bis sie ihm alle Tupfen und Kringel gezeigt hatte.

Während ich das Essen zubereitete, unterhielten wir uns. Iris war in ihr Spielzimmer gegangen, und ich hörte, wie sie Bücher aus dem Regal zog.

P-J war sowas von stolz. »Die sind wirklich toll, findest du nicht?«

»Ja, aber das denkt wohl jeder, wenn es um die Gemälde der eigenen Kinder geht, meinst du nicht? Ich bin ganz deiner Meinung, sie haben was Besonderes, aber vielleicht sehen nur wir das so. Ich meine, vielleicht sind sie in unseren Augen was Besonderes, weil sie beim Malen so anders ist und weil es sie so aufgeschlossen macht.«

Wir unterhielten uns den ganzen Abend über ihre Malerei: Warum sie so gern malte, wie ansprechbar sie war, wenn sie malte, wie sehr sie das Malen veränderte. Je mehr Wein wir intus hatten, desto begeisterter waren wir. Es machte einfach

Spaß, sich auf etwas Positives zu konzentrieren, anstatt ständig nur Probleme durchzukauen. Was mir an der Entwicklung besonders gefiel, war, dass sie ohne unser Zutun geschah. Iris malte, wenn ihr danach war; es lag allein an ihr, und es kam von ihr. Ich brauchte nur einen Schritt zurückzutreten und auf eine Gelegenheit zur Interaktion mit ihr zu warten, um mich als persönliche Assistentin der Malerin nützlich zu machen. Es war, als hätte man mir eine Last von der Brust genommen, als bekäme ich erst jetzt wieder so richtig Luft.

Im Gegensatz zu den meisten anderen ihrer Beschäftigungen, bei denen sie mich früher oder später wegstieß, wollte sie mich jetzt bei sich in der Küche haben. Ich war ein Bestandteil ihres Arbeitsprozesses geworden; ich hatte die Farben anzurühren, nach denen ihr war. Ich nutzte die Chance zum Einsatz weiterer Wörter, und sie reagierte darauf so positiv, dass ich schon fieberhaft überlegte, wie sich dieses jüngste ihrer Interessen am besten einspannen ließ. Als Erstes kam ich zu dem Schluss, dass ich künftig auf eine saubere Küche würde verzichten müssen. Bis dahin war es mein persönlicher Raum gewesen, ein Raum für Erwachsene, der eine Raum, den unsere täglichen Vorschulaktivitäten noch nicht mit Beschlag belegt hatten. Wir saßen dort morgens still beisammen, wir bereiteten dort die Mahlzeiten zu, unterhielten uns wie Erwachsene und bewirteten sogar gelegentlich Freunde, aber diese jüngste Entwicklung war einfach zu wichtig. Wir ließen den Couchtisch stehen, er war praktisch zu ihrer Staffelei geworden; so konnte sie malen, wann immer ihr danach war, selbst frühmorgens oder spätabends. Es sollte ihr Raum werden, der ganz zu ihrer Verfügung stand. Wir rückten den Küchentisch neben den Rayburn-Herd, wo er fast eingeschnappt wirkte – und auch P-J brummte hier und da, wenn er sich der Umstellung wegen wieder mal das Schienbein anstieß.

Ich trug mehr Material – Schwämme, Pinsel, Farben – zusammen, mit dem sich experimentieren ließ. Die Aufregung über den neuen, positiven Plan wischte meine Müdigkeit praktisch vom Tisch. Ich stand unter Strom, ich hatte plötzlich das Gefühl, alles schaffen zu können, und übertrug dieses Gefühl auf Iris. P-J sah von der Tür aus zu, wenn Iris hin und her sauste, Farben auswählte, innehielt, einen Schritt zurücktrat, um ihr Werk zu begutachten, und sich dann wieder in die Arbeit stürzte. Er konnte kaum glauben, mit welcher Entschlossenheit und Überlegung sie diese Bilder anging.

Am nächsten Vormittag kam meine Mutter mit weiterem Material und einer Vase für den Küchentisch vorbei. P-J hatte das Gartentor gehört und kam zum Vormittagstee in die Küche. Wir sahen uns an, alle drei, und mussten lächeln. Iris war an ihrem Tisch beschäftigt, wo eben zwischen rosa und lila Flecken eine blaue Schicht mit einer roten verlief. Sie sagte »Ball«, wir hörten es ganz deutlich, als sie ihren Pinsel in das weiße Töpfchen tunkte, bevor sie ihn auf das Papier setzte. Den Pinsel wie einen Kochlöffel rührend, schuf sie eine Kugel in der rechten oberen Ecke und dann eine näher zur Bildmitte hin; dann sorgte sie mit einer jähen Bewegung für einen weißen Schweif. Das Gemälde erstreckte sich schließlich über den ganzen Tisch, und der Tisch war immerhin einen Meter zwanzig breit. Während wir Tee tranken, beschäftigte sich meine Mutter mit Iris an ihrem Maltisch. Iris schob niemanden weg; sie war zufrieden, ja stolz auf ihre Arbeit, als sie mitbekam, dass wir uns darüber unterhielten. Als P-J und ich sie so sahen, konnten wir kaum glauben, dass das unsere Iris war. Sie war so voller Selbstvertrauen, so bestimmt, ihrer selbst so sicher, sowohl was ihre Wünsche anging als auch in der Art, wie sie uns diese zu verstehen gab.

Iris und ich fanden uns rasch in die neue Routine. Ich sah,

wenn sie ein neues Blatt wollte: Sie begann dann an der Kante des Bildes zu zupfen, damit ich es wegnahm. Ich lief dann los, um einen weiteren unserer überdimensionalen Lappen aus dem Büro zu holen, half beim Aufstellen der schweren Becher, rührte mit ihr die Farben an. Wenn das erledigt war, widmete ich mich in der Küche der Hausarbeit, achtete aber darauf, sofort erreichbar zu sein für den Fall, dass ich gebraucht wurde oder eine Möglichkeit für etwas Sprachtherapie bestand. Iris begutachtete die Primärfarben, die ich ihr auf den Tisch gestellt hatte, zog jede einzelne in Betracht, spähte in die blau und weiß gestreiften Cornishware-Becher, um nach den Farben zu sehen. Vorsichtig nahm sie den Pinsel zur Hand und tunkte ihn ins Blau, rührte um, sah ihn sich an, probierte die Farbe aus. Sie schob mir den Becher zu und nahm mich bei der Hand, um mich zur Spüle zu führen; mit einer Geste auf die Wasserhähne gab sie mir zu verstehen, dass sie die Farbe verdünnt haben wollte, also ließ ich ein bisschen Wasser reintröpfeln und reichte ihr den Becher zurück, den sie, abseits von den anderen, auf die entgegengesetzte Seite des Tisches stellte, getrennt durch die große weiße Fläche des noch unberührten Papiers. Dann rührte sie das Blau um – es stimmte noch nicht ganz – und ging, den Pinsel in der Hand, den Tisch entlang, tauchte den Pinsel ins Grün und kam dann zurück zu dem blauen Becher, ohne auch nur eine Spur auf dem Papier zu hinterlassen. Wieder rührte sie die Farbe um, hatte ihre Freude an den grünen Schlieren im blauen Becher und an der neuen Nuance, die die Mischung ergab. Sie nickte kurz, hob den Pinsel und warf dann mit kurzen ruckartigen Bewegungen Farbtropfen auf das Papier. Ihre Bewegungen beschleunigten sich, gerieten aber nie außer Kontrolle, bis sie vor einem Meer von Sprenkeln stand. Sie hielt inne, begutachtete die farbigen Wasserflecken auf dem Papier, wählte einen anderen Pinsel, ging zum Becher mit dem Gelb, strich dabei mit dem Finger versonnen das Meer von Farbtupfern entlang. Ihre Art zu malen entwickelte sich von Tag zu Tag, vor allem als sie mit anderen Materialien, etwa diversen Haushaltsgegenständen, zu experimentieren begann. Sie mischte sich ihre eigenen Farben, indem sie die Pinsel von einem Becher zum anderen austauschte. Ständig auf der Suche nach neuen Lösungen, tastete sie sich vorwärts. Manchmal hätten wir unmöglich sagen können, wo bei den Gemälden oben und unten war, weil sie von allen vier Seiten des Tisches aus malte. Am Ende brachten wir sie dazu, sich auf einen Stuhl zu setzen. Ich hielt das Gemälde hoch, und P-J sagte: »Bist du sicher, dass das richtig rum ist?« Also stellte ich es auf den Kopf. »So rum?« Iris reagierte darauf entweder mit einer gerunzelten Stirn oder einem Tänzchen – es war eine effektive Methode, die wir immer wieder einsetzten. Hatte sie sich früher mit ihren Büchern auf dem Sofa verkrochen, tanzte Iris jetzt in der Küche herum – im Herzen unseres Hauses, und das inmitten von Farben.

»Ich sah ein Seepferdchen tief, tief in den Tiefen des Meeres versteckt …« So beginnt eines von Iris' Lieblingsbüchern. Bevor ihre Hände so recht umblättern konnten, erledigte sie das mit ihren kleinen Füßchen. Sie blätterte immer wieder hin und her, um sich die Bilder anzusehen. Das Buch war voller Farben, Texturen und Spaß. Es gab geheimnisvolle Szenen in Korallenriffs: paillettenbestickte Fische mit Perlen und Knöpfen als Augen, auf der Suche nach Tang. Es überraschte mich also nicht wirklich, als ich ein rosa Seepferdchen auf dem Gemälde entdeckte, das da auf dem kleinen Tisch in der Küche zum Trocknen auslag. Es schwamm in einem Meer aus grünen und blauen Bläschen unter einer funkelnden Oberfläche, über der eine strahlende Sonne schien. Eine rührende Erinnerung an die glücklichen Stunden, die wir bei der gemeinsamen Lektüre des Buches hatten, sodass das Gemälde den Namen »Das versteckte Seepferdchen« bekam.

Sechs

Glas Wein?« Ich hätte nicht sagen können, warum er mich überhaupt noch fragte; unsere Freitagabende folgten seit Langem immer demselben Muster: eine Unterhaltung bei einem Schluck Wein in der Küche, während Iris nebenan mit ihren Büchern beschäftigt war.

»Ja, bitte.«

P-J neigte die Flasche über meinem Glas, bis es halb voll war. »Ich hätte was mit dir zu besprechen, mir geht da nämlich was durch den Kopf.«

Ich hatte sofort ein ungutes Gefühl. Ich wusste, was kommen würde, irgendeine Idee, irgendein Abenteuer, und ich wusste beim besten Willen nicht, wie ich etwas Neues verkraften sollte. Unser Leben hatte zum ersten Mal seit Langem wieder so etwas wie Perspektive bekommen, das Selbstvertrauen unserer Tochter nahm von Tag zu Tag zu. Wir hatten uns endlich von dem Desaster mit der Vorschule erholt. Fast hätte man meinen können, ich wollte mich nicht bewegen, um den Zauber nicht zu stören, der sich jeden Tag in unserer Küche abspielte.

»Und was?«, fragte ich müde.

»Du weißt doch, wie sehr den Leuten Iris' Bilder gefallen und wie toll unsere Freunde sie fanden, als du sie auf Facebook eingestellt hast?«

»Ja, schon, aber du sprichst hier von Freunden und Familie. Natürlich sagen die was Nettes über sie.«

»Also ich finde, dass sie mehr haben. Meiner Ansicht nach sind sie ausgezeichnet, und das neueste hier … Ich meine, schau's dir doch an.«

Ich guckte hin, obwohl es eigentlich nicht nötig gewesen wäre; ich hätte mir die vielen nuancierten weichen Pastelltöne auch mit geschlossenen Augen vorstellen können. Es war eine Mischung aus stürmischer See und Waldlandschaft mit Hyazinthen, märchenhaft und doch von unbändiger Kraft. Dabei war es gleichzeitig subtil mit all den filigranen Details und den etwas vage gehaltenen Stellen rundherum. Mit all seinen Farben und Schichten war es eines der komplexesten Bilder, die Iris bis dahin gemalt hatte. Sie hatte gelernt, dass man Farbe auch erst trocknen lassen konnte, um sie dann später zu übermalen, dass ein Bild viele Schichten vertrug und dass man darauf so viel Zeit verwenden und so viele Details und Farben hinzufügen kann, wie man nur will. Auf eines kam sie im Verlauf von zwei Tagen immer wieder zurück; sie arbeitete insgesamt gut sechs Stunden daran. Sie benutzte verschiedene Pinsel, gemusterte Rollen, winzige Sternenstempel, dazu spritzte, kleckste und tupfte sie nach Herzenslust. Als sie fertig war, lächelte sie und legte den Pinsel weg, obwohl noch Farbe im Becher war. Dann machte sie Jazz-Hände, ich weiß nicht, wie ich es sonst nennen sollte. Und schließlich sauste sie los und sah das Bild nicht mehr an. Ich gab ihm den Namen *Patience* – »Geduld« – zur Erinnerung daran, wie viel sie Schicht für Schicht dazugelernt hatte. So bekam jedes Bild einen Namen mit Bezug auf den Zeitpunkt seiner Entstehung – wir überlegten, wonach es aussah oder welches Gefühl es in Iris auslöste. Ich hegte dabei die Hoffnung, sie würde sie eines Tag selbst benennen, aber bis es so weit wäre, würde ich das übernehmen, und ich hatte eine Riesenfreude daran.

Ich war jetzt doch gespannt auf P-Js Idee. »Was hast du dir denn überlegt?«

»Mach doch eine Website *und* eine Seite auf Facebook, eine Beanie-Galerie sozusagen, aber eben online – um den Leuten das Problem Autismus nahezubringen. Wir könnten sogar einige ihrer Sachen drucken lassen, um Geld für ihre Therapie aufzutreiben. Die Website könntest du ja selbst übernehmen – so klasse wie dein Hochzeits-Blog geworden ist. Was meinst du?«

Meine Gedanken überschlugen sich. Er hatte recht. Was für eine schöne Website würde das werden! Sie könnte anderen Eltern Mut machen – sie dazu inspirieren, den Autismus ihrer Kinder in einem anderen Licht zu sehen. Ich dachte an die Zeit zurück, als uns klar wurde, dass Iris ein autistisches Kind ist: Was für Sorgen hatte ich mir damals gemacht, und wie finster mutete mich jedes Wort an, das ich über Autismus las. Und dann fiel mir der Tag der Diagnose ein und das Verhalten des Arztes. Wie sehr hätte ich damals eine positive Geschichte gebraucht, hätte gern andere Eltern kennengelernt, die eine Möglichkeit der Kontaktaufnahme mit ihren Kindern gefunden hatten. Es wäre großartig, andere darauf aufmerksam machen zu können, welche Wirkung es haben konnte, die Interessen eines Kindes einzusetzen, und dass es sanftere Methoden gab, die auf seine Stärken bauten.

Einen Haken freilich hatte das Ganze, ein Problem, das sich deutlich von allen anderen abhob. Was mir wirklich zu schaffen machte, war, dass ich bis dahin genau genommen kaum jemandem gesagt hatte, dass Iris autistisch ist. Wir gingen ja kaum noch unter die Leute, und meine Freunde und Bekannten schien ich nur noch auf der einen oder anderen Hochzeit oder

Party zu sehen, wo es mir eher unangebracht vorkam, ihnen davon zu erzählen. Ich hatte mein Leben strikt eingeteilt und mich ziemlich abgesondert, weil es so am einfachsten war. Ich wollte nicht über Autismus reden; ich setzte mich ja selbst erst richtig damit auseinander, und ich hatte damit viel zu viel um die Ohren. Schon gar nicht wollte ich darüber reden, wenn Iris in der Nähe war; es schien mir einfach nicht richtig. Natürlich würden wir irgendwann mit ihr sprechen müssen, aber noch war sie zu jung, um so etwas zu verstehen. Wie leicht könnte sie meine Erklärung falsch auffassen. Sie hätte mir ja noch nicht einmal eine Frage dazu stellen können!

Instinktiv, fast noch bevor ich es ansprach, hatte P-J meine Sorge erahnt. Als wir näher darauf eingingen, wurde uns klar, dass das sogar eine gute Möglichkeit sein könnte, es alle wissen zu lassen. Wir könnten eine Seite über Autismus einbauen, auf der sich jeder informieren könnte – so musste man uns nicht unnötig Fragen stellen, auf die wir selbst kaum eine Antwort hatten.

»Es wäre doch fantastisch, wenn Freunde und Familie ein bisschen was darüber wüssten«, sagte P-J, während er mir noch ein Glas Wein einschenkte. »Dann müssen wir's nicht jedem Einzelnen erklären.«

Ich musste lächeln. »Okay, machen wir's.« Ich stand auf, um den Computer in meinem Büro hochzufahren.

»Jetzt gleich?«

»Warum nicht? Ist doch keine große Sache; die Fotos habe ich ja. Ich brauche nur noch etwas Text. Keine Bange, ich werde es nicht gleich heute Abend ins Web stellen. Ich würde nur gern gleich damit anfangen.«

P-J sagte nichts weiter. Er stand einfach auf, holte Snacks aus dem Küchenschrank und sorgte für Nachschub, während wir uns zusammen an die Arbeit machten. Gerade das mag ich an ihm so sehr, deshalb passen wir so gut zusammen. Meine Tendenz, mich Hals über Kopf in ein neues Abenteuer zu stürzen, macht ihm keine Angst, im Gegenteil, er unterstützt mich darin, ja, er ermutigt mich dazu. Die meisten meiner Bekannten sähen mich lieber erst alles gründlich durchdenken, aber er weiß, dass ich mir dann nur den Kopf zerbrechen würde und dass es am besten ist, mich machen zu lassen. Er weiß, er braucht nur eine Saat auszubringen, schon möchte ich die Pflänzchen zum Wachsen bringen.

Tags darauf war die Website dann auch schon fertig.

»Okay, dann veröffentlich sie mal, drück!«, forderte P-J mich grinsend auf.

»Wirklich? Ich bin mir plötzlich nicht mehr so sicher. Ich weiß, es ist albern. Ich meine, wahrscheinlich interessiert es eh niemanden, ich kann mir kaum vorstellen, dass wir viele Besucher kriegen, aber immerhin kann's dann jeder sehen.«

Ich wusste aber, dass ich damit anderen Familien helfen konnte und wie es mich inspiriert hätte, eine Website wie die meine zu finden, die Licht auf das Problem des Autismus warf. Trotzdem konnte ich den Button nicht so einfach anklicken. Irgendetwas in mir hielt mich zurück. Hatte ich mich am Abend zuvor zu etwas hinreißen lassen? Was würden die Leute denken? Warum machte mir das derart zu schaffen? Wen interessiert schon, was die Leute denken? Nun, offensichtlich mich, oder wenigstens den Teil von mir, der noch immer von einem normalen Leben träumte. Aber dann ging ich meine Galerie durch, klickte mich von einem Bild zum anderen. Die Bilder waren fesselnd, die Farben zogen einen in ihren Bann, sicher, aber alles in allem verströmte die Website eine gewisse Ruhe. Sie wirkte beruhigend auf mich; ich spürte, wie ich mich entspannte.

»Nun klick schon an. Ich weiß doch, dass du's willst.«

Und jetzt klickte ich den Button und schickte unsere Geschichte hinaus in die Welt. Es tat mir überraschend gut; es war aufregend und befreiend zugleich. Die nächste Phase unseres Plans sah vor, eine Druckerei zu finden, die die Gemälde professional scannte und großformatige Drucke anfertigen konnte. Um keine Lagerkosten zu haben, wollte ich unbedingt eine Print-on-demand-Lösung; ich wusste ja nicht, ob die Drucke überhaupt jemand haben wollte. Ganz zufällig haben wir eine großartige Druckerei nur fünf Minuten von uns die Straße rauf. Zusammen mit den Leuten dort erarbeiteten wir eine Reihe von Formaten, in denen die Drucke zu kaufen sein sollten. Zuerst fand man meinen Wunsch eher amüsant, aber als ich im Lauf der nächsten Wochen mehr von Iris' Bildern vorbeibrachte und man eine Entwicklung in ihrem Stil sah, kam man zu der Ansicht, es sei nur eine Frage der Zeit – die Bilder müssten einfach jemanden interessieren.

Eines Tages bekam ich eine E-Mail von einer Freundin, die bei einer karitativen Yoga-Initiative in London arbeitete. Man bot dort spezielle Yoga-Kurse für autistische Kinder an, und meine Freundin wollte wissen, ob wir einen unserer Drucke fertig gerahmt für eine bevorstehende Auktion spenden wollten, die Geld für die Initiative einbringen sollte. Ich hielt das für eine fantastische Idee und war auf der Stelle Feuer und Flamme. Wir entschlossen uns für einen Druck von *Patience*.

Am Abend der Auktion, unserem großen Tag mit anderen Worten, fuhren P-J und mein Bruder nach London, während ich mit Iris zu Hause blieb. Es gab einen Empfang mit Drinks, und P-J bekam einige der Kommentare der Leute mit, die sich zu Iris' Gemälde äußerten, als sie es sahen. Sie waren völlig hin und weg! Das Interesse war groß, und das Bild brachte weit mehr ein, als sich irgendeiner von uns je hätte träumen lassen. Iris brachte der Initiative an dem Abend achthundertdreißig Pfund ein. Wir waren unglaublich stolz auf sie, und die Begeisterung der Leute gab mir mehr denn je die Zuversicht, ihre Geschichte anderen zugänglich machen zu können.

Während der nächsten Wochen verkauften wir ein paar von ihren Originalen, einige an Freunde, einige an Fremde, die im Internet auf uns gestoßen waren. Ich wusste erst nicht so recht, ob ich sie tatsächlich verkaufen sollte, wusste aber auf der anderen Seite sehr wohl, wie dringend Iris ihre Therapien brauchte, und das war nun mal eine Möglichkeit, ihr die benötigte Hilfe zu geben. Es gibt welche, die wir nie verkaufen würden; sie waren von Anfang an etwas Besonderes für uns und obendrein Iris' Lieblingsbilder. Alles in allem schien sie recht glücklich mit dem Gedanken, dass die Bilder in die Häuser anderer Leute kämen. Ich erklärte ihr, dass man sie dort schätzen und lieben und jeden Tag ansehen würde, worauf sie zu kichern begann. Auch die Drucke verkauften sich, je mehr sich ihre Geschichte herumsprach und das Interesse an ihren Gemälden zunahm. Es hatte fast etwas Unwirkliches. Für mich waren ihre Bilder eine Möglichkeit, Kontakt mit ihr aufzunehmen, und für sie waren sie eine Möglichkeit, sich auszudrücken, was an sich schon ein unglaubliches Geschenk war. Ständig schien sie in der Küche eines in Arbeit zu haben. Andere sahen eine andere Seite an ihr: ein begabtes Kind, das Bilder schuf, die Balsam für ihre Seele waren. Die Leute beschrieben, was bei ihrem Anblick in ihnen vorging, die außerordentliche Wirkung, die die Gemälde auf sie hatten. Ich bekam E-Mails von anderen Eltern, in denen sie schrieben, wie viel es ihnen bedeutete, über Iris zu lesen und ihre Gemälde zu sehen, wie sehr das ihre Haltung zum Autismus verändert hatte und dass sie die Zukunft jetzt in einem positiveren

Licht sahen. Iris' Geschichte gab ihnen Hoffnung, genau wie P-J vorhergesagt hatte. Es war ein bemerkenswertes Gefühl.

Im Juni erklärte ich mich zu einem Telefoninterview mit unserem Lokalblatt, dem *Leicester Mercury*, bereit, um das öffentliche Bewusstsein für die Krankheit zu fördern. Es sollte ein kleiner Artikel werden, der wahrscheinlich irgendwo im hinteren Teil verschwinden würde. Aber als P-J dann mit der Zeitung nach Hause kam, wirkte er geradezu verstört.

»Was ist denn? Ist er nicht drin?«

»Und wie er drin ist!«

»Ich war schrecklich, stimmt's?« Ich hatte mir Sorgen wegen des Interviews gemacht. Jetzt stellte ich mir vor, dass womöglich alles völlig falsch rübergekommen war.

»Würde ich nicht sagen, nein, er ist absolut toll.«

P-J drehte die Zeitung um und legte sie auf den Küchentisch. Mein Herz tat einen Satz, als ich unsere kleine Beanie mit spitzbübischem Lächeln den Gartenweg vor dem Haus ihrer Großeltern herauflaufen sah – *auf der Titelseite*. »Topkünstlerin mit drei« lautete die Überschrift; der Artikel selbst folgte auf Seite drei. Ich hatte den Artikel kaum gelesen, als das Telefon zu klingeln begann und nicht mehr aufhören wollte.

Ich hatte nur lokal für mehr Bewusstsein sorgen wollen, schien aber einen Nerv getroffen zu haben. Schon am nächsten Tag sollte Iris' Geschichte in allen großen englischen Zeitungen stehen. Ich hatte meine liebe Mühe, zu Hause eine gewisse Normalität zu bewahren. Wir versuchten alles so einfach wie nur möglich zu halten – keine Filmcrews zu Hause und keine Live-Interviews. Wir wollten nicht ins Fernsehen, sondern bei den E-Mail-Interviews bleiben, die Fotos bekämen die Leute von mir. Ich hatte keine Ahnung, was wir zu erwarten hatten und wie lange der Wirbel um sie anhalten würde.

Auf Zehenspitzen schlich ich in Iris' Zimmer, drückte ihr einen Kuss auf die Stirn und flüsterte: »Ich hab dich lieb.« Sie wirkte so friedlich, so selig in ihrer Unwissenheit, welche Wirkung sie hatte. Ich ging nach unten und machte es mir in einem Sessel vor der verglasten Giebelwand bequem. Es war ein warmer Tag gewesen, das Gartenzimmer war noch warm genug, um die Verandatür zu öffnen. Ich saß da und guckte auf den schönen dunklen Himmel hinaus, auf dem eine Handvoll Sterne zu sehen war.

Am nächsten Morgen klingelte schon früh das Telefon. Ich sprang aus dem Bett und lief die Treppe hinab. Iris war noch nicht auf, und ich wollte, dass das so lange wie möglich so blieb.

»Ich bin in fünf Minuten bei euch. Ich bringe euch was vorbei …«

Es war mein Vater. Ich kam kaum mit, er hörte sich furchtbar aufgeregt an. Ich musste den Hörer etwas vom Ohr weghalten, damit mein Trommelfell keinen Schaden nahm. Er scheint immer zu denken, dass er schreien muss, wenn er beim Fahren über die Freisprecheinrichtung telefoniert. Man könnte meinen, er spricht mit jemandem am Ende der Welt. Dabei war er gerade anderthalb Kilometer entfernt. Er war beim Schwimmen gewesen und hatte beim Zeitungshändler reingeschaut, um die Morgenzeitung zu holen.

Kaum hatte ich ihm aufgemacht, nahm er mich in die Arme und drückte mir einen Schmatz auf. »Hast du schon gesehen? Ach, unsere kleine Iris. Es ist unglaublich, schlicht unglaublich!«

Ich ging in die Küche und machte den Wasserkocher an; er folgte mir mit einem Bündel Zeitungen, die er, eine nach der anderen, auf den Tisch legte und auf den Seiten mit den Artikeln aufschlug, aus denen er mir mit bebender Stimme vorzulesen begann.

P-J kam herunter, und wir gingen zusammen die Zeitungen durch. Praktisch über Nacht war aus einem Artikel in unserem Lokalblatt eine landesweite Story geworden. Ich meine, wir hatten ja auf das Problem aufmerksam machen wollen, aber das? Ich schaltete meinen Computer an. Hunderte von E-Mails in meinem Briefkasten. Nicht nur Anfragen von Medien, sondern Nachrichten von Eltern, Kunstsammlern, Teenagern, Großmüttern, Künstlern … Es sah ganz so aus, als hätte Iris mit ihren Gemälden die Nation berührt. Alle paar Sekunden ertönte das *Ding!* der Mailbox, das eine weitere E-Mail ankündigte. *Ding! Ding! Ding!* Es war zum Verrücktwerden. Verzweifelt versuchte ich, den Lärm abzustellen, aber ohne meine morgendliche Tasse Tee bin ich zu nichts zu gebrauchen. Wie auch immer, Iris' Geschichte war überall, weltweit. Ab Viertel vor acht begannen die Telefone zu klingeln – und hörten nicht mehr auf.

P-J sammelte unsere Telefone ein – mein Handy, seines, den Hausapparat – und ging in sein Büro, um die Anrufe entgegenzunehmen, während ich die E-Mails übernahm. Einladungen vom Fernsehen, ja, Einladungen zu Welttourneen trudelten ein. Die ganze Welt war von Iris gefesselt, dem dreijährigen Mädchen, das nicht sprechen wollte, aber wie eine Impressionistin malte. Allerdings führte uns der ganze Wirbel eines klarer vor Augen denn je: das völlige Unverständnis gegenüber dem Problem des Autismus und was es heißt, damit zu leben. Gerade das war es ja gewesen, was mich überhaupt erst dazu gebracht hatte, etwas mehr von unserem Leben zu erzählen, auf Facebook zu zeigen, wie Iris' Leben tatsächlich aussieht. Wir hatten die Chance, wirklich etwas zu bewegen. Meine Theorie sah folgendermaßen aus: Wenn die Leute Iris und ihr Verhalten verstehen könnten, wenn sie die Möglichkeiten hätten, sich nach und nach in ihre Eigenheiten zu verlieben, könnten sie sie als Person ins Herz schließen und ihre Leistungen feiern. Sollte sich dann ihr Weg mit dem einer anderen Person aus dem Spektrum kreuzen, dann könnten sie das möglicherweise unerwartete oder einfach andersartige Verhalten des anderen mit verständnisvoller Freundlichkeit akzeptieren. Es wäre doch wirklich fantastisch, könnten die Leute über die Behinderung hinaus auf das Potenzial des anderen sehen. Ich wollte, dass sie über die Diagnose hinaus sahen, dass *anders* zu sein etwas ganz Großartiges sein kann.

Auf der anderen Seite war ich fest entschlossen, unter keinen Umständen etwas an Iris' Leben zu ändern. Egal, was ich machte, es musste von zu Hause aus passieren und in unseren gewohnten Tagesablauf passen. Ich hatte endlich das Gefühl, mit ihr auf dem richtigen Weg zu sein, und das Letzte, was ich wollte, waren weitere Rückschläge. So hatte ich mir vorgenommen, E-Mails und Briefe von Eltern rund um die Welt nur

Iris am Tag ihrer Geburt.
Das Mützchen ist ein
Geschenk der Hebamme.

Ziemlich schnell wird
deutlich, dass Iris anders ist
als die anderen Kinder.

Iris mit
zwei Jahren.

Der Garten ist der
Rückzugsort, an dem
sich Iris wohlfühlt.

An einem Strand in
Cornwall mit P-J.

Seit wir das Klavier haben,
ist Iris nicht mehr davon
loszukriegen.

Die dreijährige Iris unten
an der Brücke am Bach.

Iris lauscht der Geige.

Die Malerei ermöglicht uns, Iris' Gefühle zu verstehen und mit ihr zu kommunizieren.

Iris im Hyazinthenwald.

Thula, die Maine-Coon-Katze, an unserem ersten Tag zusammen.

Iris und Thula haben sofort eine Verbindung und sind vom ersten Tage an unzertrennlich.

An ihren Lieblingsorten:
Iris malt im Garten und
relaxt auf dem Baumstumpf.

Früher war das Baden eine Tortur.
Aber Thula liebt das Wasser
und kann ihre Begeisterung
auf Iris übertragen.

An Thulas Seite beginnt Iris, ihre Umwelt Stück für Stück zu erkunden.

Unsere Familie:
ich, P-J und Iris.

Ein Mutter-
Tochter-Moment.

Blue Planet,
April 2013

Row your Boat,
April 2013

Meadow Foxtail,
Juni 2013

Raining Cats,
Mai 2014

Kumbengo,
November 2013

dann zu lesen, wenn Iris draußen im Garten beschäftigt war. Sie waren immer wieder unglaublich bewegend, und ich kam mir nicht mehr so isoliert vor, so allein. Tausenden ging es wie mir, und sie brachten ihre Dankbarkeit dafür zum Ausdruck, dass wir unsere Geschichte mit ihnen teilten. Eltern, die eben eine Diagnose für ihr Kind erhalten hatten, schien Iris' Geschichte Hoffnung zu machen. Es war ein ungeheures Geschenk, und ich war sehr stolz auf unsere kleine Beanie.

Im Lauf der folgenden Wochen war abzusehen, dass Iris' Geschichte weiter um die Welt gehen würde. Sie schien ein Eigenleben entwickelt zu haben und eine Gemeinde, die durch ihre Facebook-Seite von Tag zu Tag wuchs. Wir beschlossen, das Ganze nach Kräften selbst zu managen. Wir wollten keinen Galeristen, obwohl wir eine Reihe von Angeboten hatten. Schon um Iris zu schützen, wollten wir die Kontrolle nicht verlieren. Zuweilen hatte ich wirklich Mühe damit. Ich arbeitete bis spät in die Nacht, um den Überblick nicht zu verlieren, aber allein die Lektüre all der E-Mails machte die ganze Mühe wert. Die Wirkung von Iris' Gemälden rührte mich zu Tränen. Eine Frau schrieb mir von ihren Besuchen bei ihrer Mutter, die ans Bett gefesselt war durch ihr Leiden, und dass sie ganz furchtbar an Depressionen gelitten hätte. Iris' Bilder hätten sie getröstet und mit neuer Lebensfreude erfüllt. Sie hätten ihr Leben zum Besseren verändert; von Iris' Abenteuern zu lesen hätte eine ganz neue Heiterkeit in ihre Tage gebracht. Ihre Bilder inspirierten nicht nur die, die selbst vom Autismus betroffen waren; aus den unterschiedlichsten Gründen bewegten sie die Seelen von Millionen. Ihre Geschichte erreichte Menschen auf der ganzen Welt! Einige meinten, die Bilder erinnerten sie an ihre glückliche Kindheit, andere schrieben, sie male wie Monet, und viele andere hatten einfach ihre Freude daran, die

Bilder zu interpretieren. Und alle schrieben sie mir, was sie in ihnen sahen.

Als die Bilder sich auf meinem Schreibtisch zu stapeln begannen, wurde mir klar, dass wir pfleglicher mit ihnen umgehen mussten. Sie brauchten ihren eigenen Platz. »Wie wär's, wenn ihr den alten Kartenschrank nehmt?«, schlug meine Mutter vor. »Du weißt doch, in dem ich früher meine Entwürfe aufbewahrt habe. Er steht ohnehin nur im Stall rum mit dem Kram für die Blumengestecke. Und die tiefen Schubladen sind genau richtig.« Ich hielt das für eine fabelhafte Idee, und wir trafen die nötigen Vorbereitungen, ihn herüberschaffen zu lassen.

Das bedeutete natürlich, dass Bewegung ins Haus kam. Iris warf sich unter ihrer Decke auf dem Sofa von einer Seite auf die andere und begann zu weinen, als jemand das niedrige schwere Möbel über den Boden schob. Noch immer brachte sie jede Veränderung im Haus aus dem Gleichgewicht. Sie hatte sich an unseren Hindernisparcours gewöhnt, aber die Möbel blieben in der Regel schön dort, wo sie waren. Und so gehörte sich das ihrer Ansicht nach auch. Ich ging sie trösten, aber ihr Blick sagte mir, dass ich besser Abstand hielt, also ging ich in mein Büro, um für den Neuankömmling Platz zu schaffen.

Wir schafften den Schrank ohne allzu große Probleme neben meinen Schreibtisch, und ich machte mich daran, die vielen flachen Schubladen sauberzumachen. Iris' Bilder fanden ein neues und sicheres Zuhause in diesem Kartenschrank, der in meiner Familie von Generation zu Generation gewandert war, Hüter von Bauplänen, Fotos und jetzt der Gemälde unserer lieben kleinen Iris Grace. Schublade für Schublade legte ich die Bilder einzeln hinein und deckte dabei jedes mit Seidenpapier ab. Am Ende kam ein rotsamtener Überwurf drüber – so schön war das alte Teil mit seinem abblätternden Lack nun auch wieder nicht. Aus dem Augenwinkel sah ich Iris auf Zehenspitzen zur Tür hereinschleichen. Lautlos zog ich ein Schubfach auf, sodass sie das Bild obenauf sah: *Cinnabar*, ein leuchtend rotes Gemälde mit grünen Klecksen. Der Anblick lockte Iris näher heran. Ihre Aufregung verwandelte sich auf der Stelle in Neugier und Entzücken. Sie legte die Hand auf das Bild, tätschelte es sachte und machte mir dann Zeichen, die Schublade wieder zu schließen. Sie ging die Front des Möbels entlang, befühlte die Griffe, kniete dann nieder, um das Holz und das Metall an ihrem Gesichtchen spüren zu können; schließlich krabbelte sie hinauf und legte sich quer darüber wie eine Katze, ausgestreckt, völlig entspannt. Sie hatte Sinn und Zweck des Eindringlings verstanden und ihn in ihrer Welt akzeptiert.

Eines Tages, Iris stand zufrieden an ihrem Tisch und war mit einem ihrer Gemälde beschäftigt, kam meine Mutter bei uns vorbei; sie hatte etwas zu essen mitgebracht. Als sie die Kasserolle auf dem Küchentisch absetzte, wandte sie sich mir zu: »Wo ist denn der rosa Löffel?«, flüsterte sie. »Doch nicht verloren?«

»Nein, sie braucht ihn einfach nicht mehr. Toll, oder?«

Der kleine rosa Löffel war Iris ein teurer Freund gewesen; die Beziehung hatte ein ganzes Jahr lang alles überstanden, jede Aktivität von der Badewanne bis hin zu jedem Ärmel, den wir ihr während dieser Zeit übergezogen hatten – was schwierig ist, aber machbar. Nichts außer dem Schlaf hatte die beiden trennen können. Der Löffel war nicht der erste Gegenstand gewesen, an dem Iris sich buchstäblich festgehalten hatte; es hatte eine lange Reihe von Vorgängern gegeben, die ständig in ihrer linken Hand sein mussten. Die Regentschaft des Löffels hatte am längsten gewährt. Und dann, mit einem Mal, reichte ich ihr ihren geliebten Löffel wie den heiligen Gral – und sie gab mir zu verstehen, dass ich ihn für sie aufbewahren sollte. Ich hatte ihn in eine Küchenschublade gelegt, und sie sah hin und wieder nach ihm. Für uns war das ein Symbol einer neuen Selbstsicherheit, ein ungeahntes Zeichen des Fortschritts und der Unabhängigkeit. Ich war sicher, sie würde ihren rosa Gefährten nicht vergessen, und sorgte dafür, dass er da war, wenn sie ihn brauchte, aber sie brauchte weder ihn noch einen Ersatz. Zum ersten Mal seit sie überhaupt etwas halten konnte, hatte sie beide Hände frei – sie *war* frei.

Den ganzen Sommer über richteten wir unser Leben so ein, dass wir so viel Zeit wie möglich mit Iris' Bildung und Therapien draußen im Garten verbrachten. Die Sitzungen im Freien liefen auch richtig gut; Iris war selig, sie hatte keine Ahnung, für wie viel Aufregung sie mit ihren Bildern draußen in der Welt sorgte. Ich schaute bei den Therapiesitzungen jetzt oft mit lachendem Herzen zu.

Die Musiktherapie fand wegen des Klaviers im Gartenzimmer statt. Iris und die Musiktherapeutin gingen locker miteinander um, und so ließ ich die beiden immer häufiger auch mal allein.

Rundum im Klavierzimmer hingen Gemälde von Iris und oben auf dem Instrument standen Familienfotos. Vom Hocker aus konnte man durch die Glasfront in den Garten sehen. Immer wenn Iris danach war, setzte sie sich ans Klavier, spielte ein wenig oder genoss auch nur den Ausblick. Der endlose Himmel über ihr, die Allee unten im Tal, die sanften grünen Hügel dahinter präsentierten sich ihr mit jedem Blick anders. Im Frühjahr beherrschten rosige Apfelblüten das Bild, im Sommer tanzendes grünes Laub, und den ganzen Herbst hindurch explodierten im Abendlicht die Farben.

Heute beobachtete Iris mal wieder die Vögel auf ihrem Flug durchs Tal, folgte ihnen mit dem Blick, breitete die Arme aus, eine große weiße Feder in der linken Hand, als würde sie sie tanzend auf ihrer anmutigen Reise begleiten. So lief sie in den Garten.

»Ich habe mir da was überlegt«, sagte P-J, der gerade hereinkam.

»Ja …?«

»Keine Bange, ist nicht die Welt. Ich weiß, wir haben alle Hände voll zu tun, aber ich fände es schön, wenn wir drei etwas miteinander unternehmen könnten, als Familie, vielleicht draußen in der Natur. Du weißt, wie gelöst Iris im Garten ist … Also, wieso versuchen wir das nicht auch mal woanders? Sie ist so isoliert hier, ich mache mir wirklich Sorgen. Ich weiß nur noch nicht, was wir tun könnten. Fällt dir was ein?«

»Wie wär's mit einer Radtour?«

»Hab ich schon dran gedacht, aber sie hat kein Interesse am Radfahren. Sie hat schon das Dreirad nicht gemocht. Eigentlich traurig. Ich hatte so viel Freude an den Radausflügen mit meinem Vater.«

»Nein, ich meine, wir setzen sie bei einem hintendrauf. Wir könnten einen Kindersitz für den Gepäckträger besorgen. So sieht sie die Landschaft und braucht sich nicht ums Treten zu kümmern. Sie kann sich entspannen. Na ja, hoffe ich jedenfalls …«

Nachdem das entschieden war, gingen wir am nächsten Tag in ein Fahrradgeschäft, um ein neues Rad für mich zu kaufen und einen Kindersitz für Iris. Es war ziemlich stressig, weil Iris ständig loslief, um den Laden auszukundschaften und um ausgerechnet die gefährlichsten Artikel dort zu inspizieren.

Unser erster Ausflug dann ließ sich ziemlich zaghaft an. Weil wir nicht wussten, wie Iris auf diese neue Aktivität reagieren würde, behalfen wir uns mit Musik von P-Js iPhone, Songs, von denen wir wussten, dass sie sie mochte, und hofften auf das Beste. Mit Peggy Lee auf voller Lautstärke entspannte sie sich auf der Stelle – genauso wie beim ersten Mal, als sie diese Stimme gehört hatte. Mein Vater war einige Monate zuvor an einem Sonntagvormittag auf einem Flohmarkt gewesen und hatte einige CDs mitgebracht, eine davon von Peggy Lee. Als wir zum Mittagessen kamen, spielte er sie ihr vor, und sie tanzte auf Zehenspitzen zu der Melodie durchs Zimmer. Die Lieder begleiteten uns übers Land, durch Dörfer, eine stillgelegte Bahnlinie und einige Kanäle entlang. Peggy Lee gehörte bald nicht weniger zu unserem Leben als Iris' Bücher; wann immer Iris Hilfe brauchte, war sie da. Iris liebte unsere Radausflüge, und bald gehörten auch sie zum festen Repertoire.

So wie sie hinter P-J auf dem Rad saß, konnte Iris nach vorn sehen, wenn sie sich aus dem Windschatten ihres Vaters hinauslehnte. Dann sah sie sich die Landschaft an, die Wellen auf dem Stausee, die Bäume, die Vögel. Mit großen Augen nahm sie alles in sich auf, kreischend vor Begeisterung, die Haare im Wind. Immer wieder drehte sie sich nach mir um, und das mit einem großen, ansteckenden Lächeln. Wir sprachen mit ihr auf unseren Ausflügen, sagten zum Beispiel »Muuh macht die Kuh«, wenn wir an grasenden Kühen vorbeikamen. Wir hofften aus ganzem Herzen, dass unsere Worte sie auch tatsächlich erreichten, aber wir wussten, es war durchaus möglich, dass sie nicht durchdrangen bei der Fülle an visuellen und sonstigen Eindrücken. Bei der traditionellen Sprachtherapie zielt man auf die ungeteilte Aufmerksamkeit des Kindes; man hält den Raum so schlicht wie möglich, beschränkt sich auf wenige Spielsachen bzw. Aktivitäten, auf die man sich gemeinsam konzentrieren

kann. Man wiederholt etwas, immer wieder, ermutigt das Kind zu simplen Wörtern wie »mehr«, damit man ihm das Spielzeug gibt. Da draußen auf dem Land, inmitten von Wäldern und Wiesen auf der einen Seite und Wasser auf der anderen, hätten wir nicht weiter entfernt sein können von dieser Situation, und trotzdem funktionierte es. Auf dem Heimweg im Wagen erspähte Iris einige Kühe auf einer Weide und rief mehrmals »Muuuh, muuuh«, ohne dass sie jemand dazu aufgefordert hätte. Sie hatte zugehört und verstanden und benutzte die Wörter im richtigen Kontext, und das ganz von allein. Es sah so aus, als wären wir auf eine interessante Kombinationstherapie gestoßen: Malen für Ruhe und Entspannung, Musik für die Seele und unkonventionelle Sprachtherapie auf dem Rad. Ich überlegte, was wohl als Nächstes kam.

Mit einem autistischen Kind Kontakt aufzunehmen, mit

ihm interagieren zu wollen, ist manchmal wie einen fernen Sender am Radio einzustellen, aber hat man einmal die exakte Frequenz zwischen all dem Rauschen und Knistern gefunden, ist der Empfang glasklar. Er dauert womöglich nur einige Sekunden, aber er ist da, und mein Gott, was für ein großartiges Gefühl für uns Eltern, was für ein Rausch. Zwei kleine Wörtchen von Iris nach einem Fahrradausflug – *»bye-bye«* zum Fahrrad, als wir es wegräumten – halfen mir, meine müden Beine zu vergessen, und erfüllten mich mit Freude und Stolz. Wir hatten Wörter bis dahin eher selten zu hören bekommen, wenn sie glücklich war und entspannt und beschäftigt, beim Spielen im Garten, beim Zeichnen oder Malen oder wenn sie Musik hörte, aber jetzt hatte wir einen weiteren »Zündfunken« gefunden: das Radfahren. Iris hinter P-J in ihrem Sitz, die Arme ausgestreckt, den Wind im Gesicht, völlig sorglos, kein Genörgel wegen ihres Kleides oder ihrer Strickweste, nichts, was aneinanderzureihen oder sonst wie unter Kontrolle zu bringen wäre. Dieses Gefühl schien etwas aufzuschließen, eine Tür zu öffnen, durch die ein Wort seinen Weg herausfand.

Bei alledem nahte langsam, aber sicher der Tag, an dem sich die Entscheidung über die Schule einfach nicht mehr aufschieben ließ. Sie sollte im September eingeschult werden, und wir wussten immer noch nicht, wo. Von der Entwicklung her würde sie hinter ihrer Altersgruppe zurückliegen, aber nachdem wir mit einigen Schulleitern gesprochen und erklärt hatten, wie weit wir mit ihr waren, hielten sie den September für die richtige Zeit. Mir war bange vor dem, was da auf uns zukam, schließlich hatten wir wieder Riesenfortschritte gemacht, und es würde mir schlicht das Herz brechen, würden die wieder zunichtegemacht. Iris bewies mir, wie viel sie in dieser sanften natürlichen Umgebung zu lernen vermochte, und der Gedanke, was eine Schule anrichten könnte, machte mich sehr nervös.

Eine geeignete Schule zu finden war eine der größten Herausforderungen überhaupt. In der Regel fuhr ich allein hin, um mir alles anzusehen, während P-J sich um Iris kümmerte. Aber nach Einsicht in Iris' Diagnosebericht und meinen Ausführungen über ihren Entwicklungsstand waren die jeweiligen Fachleute jedes Mal einhellig der Meinung, dass man Iris nicht auf eine normale Schule schicken könnte, es würde sie schlicht überfordern. Ich war inzwischen derselben Meinung. Blieben also noch einige der diversen Spezialschulen in den Nachbarcountys.

Ich besuchte sie alle und hatte bei keiner das Gefühl, dass Iris sich dort einpassen würde. Vor allem ihr Problem mit bestimmten Kleidungsstücken machte mir Sorgen. Man sagte mir überall, dass die Schüler die vorgeschriebene Schuluniform zu tragen hätten – ohne sie sei der Besuch des Unterrichts nicht erlaubt. Mein Kind mochte, so bekam ich zu hören, »darunter leiden, eventuell geraume Zeit«, aber das sei nun mal »nicht zu ändern, bis man das Problem in den Griff« bekäme. Da ich wusste, dass Iris' Probleme mit bestimmten Kleidungsstücken nicht von ungefähr kommen, entsetzte mich die Art des Umgangs damit. Ich hielt es genau entgegengesetzt: Mir war es wichtig, dass sie ihre Kleidung tragen *wollte*. Egal, wen man so behandelt, Mensch oder Tier, meiner Ansicht nach beraubt man den Betreffenden eines Stücks seiner selbst. Es gibt immer eine andere Möglichkeit, eine andere Richtung, die sich einschlagen lässt; man braucht für gewöhnlich länger, und hier und da beschleichen einen Zweifel an ihrer Richtigkeit, aber dafür ist das Resultat ethisch vertretbar.

Die meisten der Schulen hatten auf fast alle meine Fragen

eine Standardantwort: »Keine Sorge, da kümmern wir uns schon drum.« Doch ich machte mir mehr Sorgen denn je. Jedes Mal, wenn ich mich nach einem dieser Gespräche ans Steuer setzte, brach ich in Tränen aus. Und das ging so Woche für Woche. Wie konnte so etwas für unsere Kleine richtig sein? Nein, ich wusste im Grunde meines Herzens, dass es *nicht* richtig war. Mich beeindruckte es dann auch nicht, wie fantastisch diese Anstalten nach außen schienen, wie viele »weiche« Spielzimmer man hatte, wie viele Snoozelräume und Swimmingpools … Bei jedem Besuch das Geschrei eines anderen Kindes in einer Krise zu hören machte mir Angst. Offensichtlich ist das »normal«, aber nicht für uns. Und nein, so etwas kam überhaupt nicht infrage! Sicher, Iris hatte ihre Krisen, aber in jüngster Zeit eher selten und nur dann, wenn die Situation wirklich außer Kontrolle geriet. Für gewöhnlich sahen wir die Zeichen, bevor es dazu kam, und konnten sie wieder beruhigen; wir dimmten das Licht, machten den Fernseher aus, saßen still, konzentrierten uns auf eines der Bücher, die sie besonders gern hatte, und mit der Zeit legte sich ihre Angst wieder.

Sie war so schutzlos, konnte nur einige wenige Wörter sagen, sie konnte mir noch nicht mal sagen, wie ihr Tag gewesen oder was passiert war. Wenn ich sie schon jeden Tag irgendwo bis spätnachmittags abliefern sollte, musste ich Vertrauen in die Leute dort haben, ich musste ein gutes Gefühl dabei haben. Und genau das hatte ich nicht. Lehrern und Therapeuten wird es wohl irgendwann selbstverständlich, dass Eltern ihnen ein Kind anvertrauen, das nicht spricht.

Wir entschieden uns für eine Schule mit einem Ansatz, der uns etwas flexibler schien. Die freundliche Rektorin hörte aufmerksam zu, als ich ihr von Iris' Gemälden erzählte und wie viel sie die letzten Monate über gelernt und wozu ich sie hatte

motivieren können. Für mich war die Frau eine frische Brise; sie versicherte mir, die Schule würde alles Menschenmögliche tun, um unseren Bedürfnissen entgegenzukommen und uns zu unterstützen, selbst wenn das bedeutete, dass Iris teilweise zu Hause lernte.

Aber dann wurde die Rektorin an eine andere Schule versetzt, und der neue Rektor war von unseren Plänen absolut nicht begeistert. Man versetzte Iris statt in die erwartete Klasse in eine, in der ausschließlich »nonverbale« Kinder mit schweren Behinderungen waren. Als ich sie dort mit ihren Spielsachen zwischen all den anderen Kindern in Rollstühlen sah, machte ich mir ernsthaft Sorgen um ihre weitere Entwicklung. Wie sollte sie bei so vielen Hindernissen mit anderen interagieren? Iris begann sogar einige der problematischeren Verhaltensweisen ihrer Mitschüler anzunehmen; das Ganze schien mir einfach nicht das Richtige für sie. Ich brachte meine Bedenken zum Ausdruck und fügte hinzu, dass ich nichts von den süßen Snacks hielt, die man in den Pausen bereitstellte. Bei all der Mühe, die wir uns mit ihrer Ernährung machten … Man zog meine Wünsche noch nicht einmal ernsthaft in Betracht. Ich hatte wirklich kein gutes Gefühl dabei. Zum Ende der Probewoche Anfang September war klar, dass die Schule nicht unseren Vorstellungen entsprach. Ich fand ihre Ambitionen und Erwartungen für Iris zutiefst deprimierend. Und dann schien es die Lehrkräfte auch nicht zu interessieren, was für fantastische Bilder sie malte und wie ich ihre Leidenschaften einsetzte, um sie zu unterrichten und aufgeschlossener zu machen. Sie wollten ihr Potenzial nicht sehen, und ich wusste, wir hatten die richtige Schule noch nicht gefunden. Also setzten wir unsere Suche fort.

Der Reifen an meinem Fahrrad begann zu klicken; irgendetwas hatte sich ins Profil gedrückt. Ich hielt an, und als ich einen Zweig vom Reifen zog, zischte es auch schon – an dem Zweig war ein großer scharfer Dorn. Ich klingelte einige Male, damit P-J anhielt, und gab ihm die Hausschlüssel, damit die beiden das Auto holen konnten, um mich zu retten. Ich gab mich so ruhig wie möglich, um Iris nicht unnötig aufzuregen, und die beiden fuhren los. Ich blieb allein zurück und schob zu Fuß weiter. Das Rad neben mir, zockelte ich einsam die Landstraße entlang, ein laues Lüftchen um die Ohren, unter mir das Holpern des platten Reifens. Ich fand, dass es uns beiden an diesem Nachmittag ähnlich ging: Uns war die Luft ausgegangen, die Energie, das Glück, und wir drehten uns endlos im Kreis. Die ganze Woche über hatte ich mit weiteren potenziellen Schulen gesprochen. Einige waren voll, andere hatte nur noch einige wenige Plätze fürs kommende Jahr, und das bei zahlreichen Bewerbern. Hatte ich die Suche zu lange aufgeschoben bei all der Aufregung um Iris' Gemälde und dem Wirbel der Medien um sie? Sollte das alles meine Schuld sein? Ich hatte mir weitere Schulen angesehen und fühlte mich zunehmend in die Ecke gedrängt – ich hatte das Gefühl, einen Kompromiss zu machen, mich abzufinden. Als ich so nach Hause ging, wollten mir die Worte eines der Lehrer nicht aus dem Kopf: »Wir schulen die Kinder.« Es hatte sich angehört wie »abrichten«. Ich hatte immer gedacht, die besten Lehrer zeigen einem, wo man suchen, aber nicht, was man sehen soll.

Ich wollte keine Lehrer, die Iris' Kreativität unterdrückten, die meine Tochter zu brechen versuchten. Sie musste glücklich sein, um zu lernen. Ganz froh über die unerwartete Auszeit, setzte ich meinen Weg fort; sie gab mir Gelegenheit, die Alternativen für Iris' Schuldbildung durchzugehen. Einmal mehr von einem starken Gefühl der Freiheit erfüllt, stellte sich die Idee des Hausunterrichts wieder ein. Iris war noch so jung, und wer weiß, was sich im Lauf der kommenden Jahre noch ändern würde, aber im Augenblick, so wurde mir klar, war das einfach die beste Möglichkeit. Eigentlich hatte ich sie nur dieses eine Jahr zu Hause unterrichten wollen, aber so gut wie die Dinge liefen, warum sollte ich damit jetzt aufhören?

In diesem Augenblick sah ich mein Rettungsteam über die Hügelkuppe kommen, und während P-J das Rad am Heck des Wagens befestigte, drückte ich Iris einen Kuss auf die Wange.

Was folgte, als wir uns kichernd auf dem Rücksitz des Wagens einrichteten, lässt sich nur als unser ganz eigener spezieller Handschlag beschreiben, eine Kombination aus Handbewegungen und Lauten.

Am Abend nach dem Ausflug – das Rad war wieder zu Hause, der Reifen geflickt – stellte ich eine Liste von Aktivitäten zusammen, an denen Iris Spaß hatte und die wir am nächsten Tag gemeinsam angehen könnten. P-J und ich diskutierten, wie wir den Unterricht im Alleingang schaffen könnten. Wir waren beide recht zuversichtlich, was unsere Entscheidung anging.

Der September brachte gemischte Gefühle; Iris wurde vier und hatte einen wunderbaren Geburtstag, aber jeder Blick über unseren Garten hinaus erinnerte mich daran, wie sehr sich unser Leben doch von dem der anderen unterschied. Das neue Schuljahr hatte begonnen, und alle unsere Freunde hatten stolz Fotos von ihren Kindern in ihren feschen Schuluniformen gepostet. Ich fragte mich, ob ich die richtige Entscheidung getroffen hatte. Manchmal ist es einfach schwierig, derart krass von der Norm abzuweichen, das Gefühl zu haben, nirgendwo reinzupassen, so ganz mutterseelenallein zu sein und nirgendwo dazuzugehören. Unser täglicher Kampf mit all seinen Herausforderungen schien eine grausame Realität im Vergleich zu der aller anderen um uns, bei denen alles von selbst zu gehen schien. In diesen Augenblicken wurde mir erst so richtig klar, wie hart ich mir die einfachste Interaktion erarbeiten musste: Iris' Stimme zu hören, ein Lächeln von ihr zu bekommen, ja überhaupt einen Blick. Und doch: Es gab so viel Gutes in unserem Leben, was uns niemand hätte voraussagen können. Wir hatten Grund, stolz und glücklich zu sein.

••

Einige Wochen später trat eine dramatische Veränderung ein. Ich warf einen Blick hinaus in den Garten, um nach Iris zu sehen, und erspähte einen großen weißen Haufen neben ihrem geliebten Baumstumpf. Sie steckte unter ihrer Bettdecke, die sie mit nach draußen genommen hatte, um in der kühlen Luft nicht zu frieren. Und sie hatte einen ihrer treuen Freunde dabei: Fimbo, eine Figur aus einer Zeichentrickserie, in die sie sich im Jahr zuvor verliebt hatte. Jetzt hatte sie das grün-gelb gestreifte Fantasietier in der linken Hand, seine Ärmchen ruhten auf ihrem Zeigefinger, der um seinen Bauch gelegt war. Inzwischen spielte sie tatsächlich mit ihren kleinen Freunden, anstatt sie nur täglich nebeneinander aufzureihen und zu inspizieren; sie ging jetzt mit ihnen auf Abenteuer, sie brachte sie abends nach einem langen Tag ins Bett. Diese Entwicklung war ein Eckpfeiler sozialen Zusammenlebens und bedeutete, dass ein Fortschritt möglich war. An diesem Tag jedoch vermochte sie offensichtlich noch nicht einmal Fimbo zu trösten. Ich rief ihr zu, sie solle doch hereinkommen, aber sie wandte sich nur ab und vergrub sich in ihrem weißen Kokon. Während der letzten Tage hatte sie eine merkwürdige Traurigkeit befallen. Die Plötzlichkeit, mit er es Herbst geworden war, hatte sie bis in die tiefsten Winkel von Körper, Geist und Seele erschreckt. Sie tat sich nun mal nicht leicht mit Veränderungen. Da tanzte sie an einem Tag in der warmen Sonne durch den Garten, am nächsten pfiff ein kalter Wind, und alles um sie herum war feucht und grau. Es muss ihr das Herz gebrochen haben, an dem Morgen aufzuwachen und aus dem Fenster zu sehen. Sie war weinend hinausgestürmt in der festen Überzeugung, sie könnte etwas gegen diese willkürliche Veränderung ihrer kleinen Welt tun.

Da Malen, Zeichnen und Musik ihre Stimmung normalerweise zu heben vermochten, ging ich den Tag damit an, um sie sachte aufzumuntern. Ich räumte sämtliche Oberflächen in der Küche ab, legte ihre Musikbücher und Instrumente aus, spielte Musik von einer CD. Zwischen ihren Malsessions hielt ich sie an, doch ein bisschen zu tanzen, sich zu bewegen, auf den Instrumenten zu spielen, und allmählich bekamen wir unsere glückliche Beanie wieder zu sehen.

•••

»Machen wir doch einen Radausflug.« P-J war mit seiner Arbeit fertig, er hatte Lust auf ein bisschen Spaß.

»Gute Idee. Heute Nachmittag soll es etwas aufklaren.«

»Okay, ich zieh sie warm an, dann hat sie es hinten auf dem Rad gemütlich. Mit oder ohne Sonne, es ist und bleibt kühl.«

Es ging ein ziemlicher Wind, aber der Himmel war blau, und die Sonne guckte raus. Und so radelten wir zu dritt den Leinpfad entlang. Das Wasser im Kanal schimmerte im Sonnenlicht, und die schönen Herbstfarben hatten eine wunderbare Wirkung auf Iris. Sie war völlig gelöst und glücklich, was eine Erleichterung war nach der unruhigen Woche. Als wir unter einer Brücke durchfuhren und auf der anderen Seite herauskamen, waren wir von fallendem Laub umgeben. Iris' Haare tanzten im Wind; die Finger weit gespreizt hob sie die Arme und wandte sich lächelnd nach mir um.

Als ich sie dann am Abend zu beruhigen versuchte, um sie zu Bett zu bringen, sah ich, dass es keinen Sinn hatte, putzmunter wie sie war. Sie war viel zu aufgekratzt vor Freude. Wir blieben bis tief in die Nacht auf. Noch um Mitternacht barst sie schier vor Energie. Sie nahm mich bei der Hand und zog mich, todmüde wie ich war, vom Sofa hinüber in ihre Lieblingsecke im Spielzimmer, in der der Boden mit ineinander verzahnten Matten mit herausnehmbaren Buchstaben ausgelegt war. Die hatte ich in der Hoffnung gekauft, ihr das Alphabet beizubringen, aber ich mochte sie auch der Sicherheit wegen. Sie führte mich zum »A« in der hinteren linken Ecke. Vorsichtig nahm sie den Buchstaben aus der Matte und sagte »A«, bevor sie ihn wieder einsetzte. Sie zerrte an meinem Bein, um mich zum nächsten Buchstaben zu manövrieren, nahm ihn aus der Matte und sagte »B«. Und so ging es weiter, bis wir zum »H« kamen, das ich für sie aussprechen sollte. Ich war sprachlos; es war keines unserer Spiele – *wir hatten das nicht geübt.* Meine Müdigkeit war wie weggeblasen. Iris kannte das Alphabet nicht nur, sie sagte mir die Buchstaben sogar unaufgefordert vor. Danach war sie ruhig und zufrieden, hatte aber dunkle Ringe unter den Augen und war ganz blass. Ich konnte sehen, dass das eine ungeheure Anstrengung für sie gewesen war, also trug ich sie hinüber zum Sofa, und einige Minuten später war sie auch schon fest eingeschlafen.

Ich konnte es kaum glauben. Iris hatte das Alphabet geschafft. Ich wusste, dass man das von einer Vierjährigen erwartete, aber es zu schaffen, ohne sprechen und sich einfach mal so mit anderen unterhalten zu können, war eine Wahnsinnsleistung. Sie hatte die Laute und ihre Formen auswendig gelernt und sie sich mit ihren Büchern und iPad-Apps selbst beigebracht. Wie die fallenden Blätter des goldenen Herbstlaubs draußen fügten die Wörter sich nach und nach zu einem Teppich von Sprache, während das zunehmend kahle Geäst den Blick auf etwas Neues freigab.

Während der nächsten paar Tage war das Haus erfüllt vom Klang sämtlicher Buchstaben des Alphabets. Eine Melodie folgte mir von Zimmer zu Zimmer. Iris sprach, und ich konnte nicht anders, ich lächelte den ganzen Tag. Im Lauf der Woche nach unserer mitternächtlichen Buchstabensession hatte sie sich in die Sprache vertieft und fand sie, wo sie nur hinsah: in Büchern, Spielen, iPad-Apps, im Fernsehen, am Klavier, in Kunstwerken und in unseren Worten. Ihre Hartnäckigkeit und der energische Eifer von dem Augenblick an, in dem sie morgens die Augen aufschlug, bis sie ihr abends wieder zufielen, verschlugen mir zuweilen den Atem. So jung und von einer solchen schier olympischen Entschlossenheit erfüllt zu sein wie sie, war einfach unglaublich. Natürlich gab es Höhen und Tiefen, ruhigere Tage und frustrierende Tage, aber sie gewann an Fahrt und Selbstvertrauen.

Ihr Wortschatz wurde zusehends größer, bald konnte sie Hunderte von verschiedenen Wörtern sagen. Und schließlich fand ich eines Tages auch noch eine verlässlichere Methode, sie auch zu hören zu bekommen. Ich kniete vor ihrem Arbeitstisch in meinem Büro, Iris lehnte sich an mich und schlang mir die Arme um die Schultern. Ich nahm einen Stapel Karten auf, jede mit einem kurzen Wort, und ganz sorgfältig sprachen wir eines nach dem anderen aus. So hörte ich aus ihrem Mund Wörtchen wie »in«, »an«, »auf« und »sehen«. Ich schrieb sie auf einen Zettel, und sie wiederholte sie. Sie lernte lesen. Ich konnte nicht fassen, wie schnell wir ihre stumme Welt hinter uns gelassen hatten. Es war wie ein Traum. Wir hatten einen ganzen Berg nachzuholen, sie hatte noch so viel zu überwinden, aber sie hatte ihre Freude daran. Auf dem Umweg über das Lesen durfte ich endlich ihre Stimme hören. Die Erfüllung meines Traums, eines Tages mit meinem kleinen Mädchen zu plaudern, zu hören, was sie denkt und was sie fühlt, war zum Greifen nah. Die Kommunikation mit ihr verbesserte sich enorm nach diesem Tag. Nicht in dem Maß, dass sie bereits mit mir hätte plaudern können, aber sie sagte die Namen von Gegenständen, Farben, Tieren und verband sie sogar untereinander. Es war immer noch hier und da frustrierend; sobald sie sich aufregte, schienen alle ihre Kompetenzen wieder zu verschwinden, und sie wiederholte einfach nur endlos ein Wort, das sie eben benutzt hatte, ohne dass es einen Bezug zu ihren Gefühlen, ihrem Inneren hatte. Aber wenn sie entspannt und zufrieden war, konnten wir große Fortschritte sehen. Sie kommentierte Sachverhalte, das Leben um sie herum, Pflanzen und Tiere unten bei uns am Kanal: »Ente, Teichhuhn, Vogel, Baum, gut zu sehen …« Kurz bevor wir aus dem Haus gingen, sagte ich zu ihr: »Auf geht's! Rock and Roll!« Sie wiederholte das als »Rock und Rolle!« und hängte noch »Rad« und »fahren« dran. Außerdem sagte sie »gute Nacht« am Abend und »goodie« am Morgen. Sogar Zeilen aus Liedern begann sie nachzusprechen.

Die Sonne stand tief, und die Schatten der Räder tanzten über die nasse Straße; Iris beobachtete, wie die Schatten ihre Gestalt änderten, wenn wir nach links abbogen. Sie drehte sich nach mir um und sah mich mit gefurchter Stirn an, wenn mein Schatten die perfekte Silhouette von Vater und Tochter ruinierte. Es schien ihr wichtig, dass unsere Schatten getrennt blieben, also hielt ich mich etwas zurück. Ihre langen Beine hingen zu beiden Seiten vom Sitz. Hin und wieder stieß P-J sie an, wenn er in die Pedale trat, aber das schien sie nicht weiter zu stören; sie war völlig entspannt. Ihr Blick verfing sich in der sauber geschnittenen Eibenhecke, die die Straße säumte wie ein Spalier strammstehender Gardesoldaten. Auf einem der Wipfel plusterte ein Rotkehlchen das Gefieder, als nähme es ein Bad in der Sonne. Munter guckte es in die Welt. Nach unserem Radausflug und einem Becher heiße Milch führte Iris mich in die Küche, damit ich die Farben herausholte. Der Tag hatte sich schon so gut angelassen, und als die Farbe durch die Küche zu spritzen begann, war mir klar, manch anderer wäre sauer gewesen ob der Aussicht, das alles sauber machen zu sollen. Aber mir war das egal: Alles war voll Farbe, Glück lag in der Luft. Nach einer so lebhaften Malsession war sie nicht nur in Hochstimmung, sondern auch völlig gelöst. Ich nutzte das aus, um ihr ein paar Rätsel aufzugeben, die sie im Handumdrehen löste, dann arbeiteten wir mit Buchstabenkarten und Zahlen. Sie sprang von einer Zahl zur nächsten auf den großen Schaumzahlen, die ich auf dem Boden ausgelegt hatte, und wenn sie auf einer landete, sprach sie sie aus. An solchen Tagen schien mir die Entscheidung, Iris zu Hause zu unterrichten, die beste der Welt, und ich kam mir vor wie das Rotkehlchen im Sonnenschein. Natürlich war nicht immer alles so einfach, und die ungeheure Aufgabe machte mir durchaus Angst.

Spät an dem Abend machte ich die Lichter im Spielzimmer aus und bat Iris, sich zu mir aufs Sofa zu legen. Das Licht im Flur war an, und sie bemerkte ihren Schatten vor sich an der Wand. Mir war sofort klar, dass die Anpassung der Lichter sie auf ein neues Spiel gebracht hatte und an Schlafen kaum noch zu denken war. Mit einigen einfachen Bewegungen ihres Körpers probierte sie ihren Schatten aus: eine Welle, ein Sprung, eine Hand an der Hüfte, eine Hand auf dem Kopf. Dann ahmte sie zu meiner Überraschung ein Fahrrad nach, indem sie sich hinsetzte und mit den Händen ein Rad oder die Pedale nachmachte. Fantasievolles Spiel und Nachahmen waren nicht eben ihre Stärken, sodass es eine Freude war, sie so zu sehen, und wir mussten beide kichern über die Schatten, die sie dabei an die Wand des Spielzimmers warf.

Unser Leben war so randvoll mit Freude und Glück durch unsere Radausflüge und Iris' Gemälde, dass wie zum Ausgleich dafür ein Schwung neuer Probleme auftauchte. Iris hatte zunehmend eine Aversion gegen das Baden; Kopfwaschen wurde für sie zur Tortur, und manchmal bekam ich sie noch nicht mal mehr in die Wanne. Es wurde so schlimm, dass sie kratzend und schreiend nach mir zu schlagen begann, und wenn ich ihr dann den Kopf zu waschen versuchte, hätte man meinen können, ich täte ihr weh. Sie wurde zu einem wilden Tier, das in seiner verzweifelten Angst vor mir zu fliehen versuchte, und manchmal wurde mir dieser Kampf schlicht zu viel. Hinterher, wenn sie abfrottiert und friedlich mit ihren Büchern auf dem Sofa beschäftigt war, ging ich allein nach oben und weinte. Ich gab mir alle Mühe, meine Gefühlswelt in den Griff zu bekommen. Ich sehnte mich nach der Zeit zurück, in der sie gern gebadet hatte, und träumte davon, wie es früher gewesen war, als wir zusammen in der warmen Wanne gelegen hatten, ihr Kopf an meiner Brust – wie lange schienen diese friedlichen Tage schon her?

Außerdem war sie geradezu besessen davon, ihre Socken und Schuhe anzubehalten. Wir versuchten unser Bestes, indem wir alle möglichen Techniken durchprobierten, hatten aber in der Regel keinen Erfolg. Es war, als hätten wir in einer Hinsicht einen Riesenschritt nach vorn getan und in einer anderen ein paar Schritte zurück. Das Problem war nur, dass diese Rückschritte sich auf unsere Fortschritte auswirkten. So schlief sie zum Beispiel nicht mehr so gut, was dazu führte, dass ich ständig müde und überfordert war. Deshalb war es wichtig, dass wir all den kleinen Problemen in dem Augenblick beizukommen versuchten, in dem sie auftauchten. Aber manches braucht eben seine Zeit; ich brauchte einfach Geduld. Wir verbuchten eine gewisse Besserung in Sachen Kleidung am Oberkörper; so tolerierte sie ein blaues »Cape«, einen Sarong für den Strand, den ihr meine Mutter geschenkt hatte, damit sie bei unseren gemeinsamen Mittagessen am Freitag nicht fror. Wir hatten alle möglichen Stoffe durchprobiert, um zu sehen, ob ihr einige angenehmer waren als andere. Wir hatten unser Heil sogar in den Samtumhängen, Seidenschals und anderen bewährten Klamotten aus meiner alten Kostümbox gesucht.

»Probier mal den hier, er ist weich, und vielleicht gefällt ihr die Farbe. Ich habe ihn bei meinen Urlaubssachen gefunden«, hatte meine Mutter gesagt. »Ich brauche ihn nicht mehr. Und bei all dem Blau in ihren Gemälden … Vielleicht mag sie ihn ja.« Damit hatte sie Iris den baumwollenen Strand-Sarong um die Schultern gelegt.

»Blau«, hatte Iris gesagt, während sie die Quasten am Saum zwischen den Fingern rieb. Eine Weile hatte sie sie mal in die eine Richtung, mal in die andere gezwirbelt, sich den Stoff dann aber enger um die Schultern gezogen, bis sich die Zipfel vorn trafen.

»Na also, klappt doch! Gute Idee, Mami!«, hatte ich gesagt und die beiden Enden zu einem losen Knoten verknüpft, aber kaum war das gesagt, war das Cape auch schon wieder weg. Ich beschloss, es trotzdem mit nach Hause zu nehmen und es dort noch mal zu versuchen. Nach einigen Wochen hatte ich mehr Erfolg damit, und schließlich wurde das Cape ein echter Favorit.

Eine Parade von sieben Plastikfröschen guckt mich komisch an, während ich in der Wanne liege. Sie sind die letzten in einer ganzen Reihe von Spielsachen, mit denen ich Iris ins warme Wasser zu bekommen versuche. Alle haben sie kläglich versagt, und während ich daliege, gehe ich im Geiste andere Möglichkeiten durch, um diese plötzliche Angst vor dem Baden zu korrigieren: sensorisches Spiel – hatten wir schon; mit Feuchtigkeitscreme massieren – hatten wir schon; Geschichten über Wasser – hatten wir schon; Wasserspiele – hatten wir schon. Was sollen wir tun? Autismus hat so eine Art, sich an einen heranzuschleichen, wenn man es am wenigsten erwartet, wie ein Dieb in der Nacht, er verschlingt etwas Kostbares und stiehlt sich damit davon. Es ist so unfair, und die endlosen Fragen nach dem Warum und Wie strengen mich furchtbar an. Einige Kinder regredieren, einige verlieren die Fähigkeit zu sprechen oder leiden an schwer zu kontrollierenden Überempfindlichkeiten, während andere sich in ihre eigene Welt zurückziehen. Selbst wenn man sein geliebtes Kind gerettet hat, lauert er immer noch wie ein allgegenwärtiger Schatten; man weiß nie, wann und in welcher Form er wieder zuschlägt und die Sinne dieses Kindes mit unkontrollierbaren Gefühlen und Obsessionen überwältigt. Unerbittlich, aber erfüllend, treibt uns die Liebe zu unseren Kindern an.

Sieben

Es war wieder Dezember, die Zeit für vorweihnachtliche Telefonate mit leicht panischem Unterton. Nur war es diesmal zur Abwechslung nicht ich, die um Hilfe bat. Meine Mutter steckte mitten in den Vorbereitungen zu ihrer alljährlichen Weihnachtsparty, schien sich aber bei aller Tüchtigkeit bei der Zahl ihrer *vierbeinigen* Feiertagsgäste übernommen zu haben. Nicht nur hatte sie einer Freundin zugesagt, sich um deren Hunde zu kümmern, mein Bruder hatte angekündigt, die Katze seiner Freundin Carolina vorbeizubringen, die Weihnachten bei ihrer Familie in Schweden verbringen wollte. Shiraz, eine sibirische Schönheit mit freundlichem Temperament, ist das Umziehen mehr als gewöhnt, aber allein der Gedanke an das potenzielle Chaos veranlasste meine ansonsten so gefasste Mutter dazu, sich Horrorszenarien auszumalen.

Es tat gut, ausnahmsweise mal die Person mit der Lösung zu sein: »Wir können die Katze doch über Weihnachten bei uns unterbringen.« Natürlich machte ich mir Sorgen um Iris' Reaktion; das Letzte, was ich wollte, war eine Wiederholung der Willow-Episode. Aber eine Katze war schließlich kein Hund, sie käme allein zurecht, und nach allem, was ich über Shiraz gehört hatte, war sie genau das Richtige für unsere Tochter. Womöglich mochte sie das Tier ja sogar. Sie hatte sich derart entwickelt seit unserem letzten Versuch mit dem kleinen Hund, und wir hatten für die Feiertage auch wirklich nichts Großes vor. P-J und Iris würden während der Cocktailparty zu Hause bleiben, ich würde Shiraz danach mitbringen. Womöglich war es sogar eine nette Abwechslung, die den Druck vom Ersten Weihnachtsfeiertag nahm.

Die Party selbst begann wie alle anderen auch. Als ich eintraf, stand meine Mutter in der Küche, auf sämtlichen Flammen köchelte es, und meine erste Aufgabe bestand darin, die Kerzen anzuzünden. Mein Vater führte die übliche Debatte, wo die Getränke zu stehen hätten, und mein Bruder, die Ruhe selbst, versuchte, ihn zu beruhigen. Als ihm das gelungen war, schenkte mein Vater jedem ein Glas Schampus ein. Bevor die ersten Gäste eintrafen, herrschte also wieder Frieden im Haus. Mit Weihnachtsmusik im Hintergrund versammelten wir uns vor dem Kamin.

Jeder Balken im Haus meiner Eltern war mit Girlanden geschmückt, den Schreibtisch meines Vaters in der Ecke zierte ein herrliches Blumengesteck, auf dem Kaminsims stand eines mit brennenden Kerzen. Das ganze Haus war der Inbegriff von Weihnachten, und der Baum vor der Verandatür zauberte ein Lächeln auf das Gesicht des Betrachters. Er war eine Attraktion für sich. An seinen Zweigen hing der Christbaumschmuck von Generationen, darunter die zerbrechliche kleine Fee, die einst meiner Großmutter Iris gehört hatte. Der Baum hatte Charakter, und man konnte nicht anders, als sich in seiner Gegenwart zu Hause zu fühlen. Ich hatte mich wirklich auf die Party gefreut; für mich war sie eine Möglichkeit, alte Freunde wiederzusehen, mit denen ich aufgewachsen bin, und ich kam ja sonst selten aus dem Haus. Meine Eltern hatten darüber hinaus viele von ihren Freunden eingeladen. Ihre Weihnachtsparty war zu einer Tradition geworden, zur Möglichkeit für den ganzen Bekanntenkreis, sich mal wiederzusehen und zu hören, wie es den anderen ergangen war. Ich war etwas nervös. Es wäre immerhin das erste Mal, dass ich mich offen über Iris und ihren Autismus äußern würde. Ich hatte keine Ahnung, wie die Leute drauf reagieren würden, wie viel sie über ihre Geschichte wüssten und ob jemand im Web verfolgte, was sich bei uns im letzten Jahr getan hatte.

»Ich weiß, wir sagen das jedes Jahr, aber mit diesem Abend beginnt für uns Weihnachten. Deine Eltern haben es wieder mal geschafft! Was für eine Party! Wie geht es denn Iris? Wir lesen nämlich im Web mit, weißt du. Ich mag ihr jüngstes Bild. Was für eine Energie …«

Als ich so mit den Gästen plauderte, umgeben von Menschen aus meiner Vergangenheit, die jetzt alle über Iris Bescheid wussten, über unsere Probleme wie über unsere Triumphe, entspannte ich mich immer mehr. Es war überhaupt nicht nötig, zu großen Erklärungen auszuholen, mich dafür zu entschuldigen, dass sie nicht da war, Angst zu haben, dass sich der eine oder andere betreten zurückziehen könnte. Jeder wusste Bescheid, und alle waren einfach nur nett. Einige wollten mehr über die Krankheit erfahren und wie Iris die Welt erlebte, und ich erklärte es ihnen, so gut ich nur konnte, bevor ich den nächsten Gast begrüßte und Appetithäppchen reichte. Später, als sich die Ersten verabschiedet hatten, kehrten meine Gedanken zu meiner Verantwortung gegenüber unserem sibirischen Hausgast zurück.

Mein Bruder führte mich in die Waschküche, um mir die Katze vorzustellen. »James, die ist ja wunderschön!«, rief ich nach einem Blick in die Transportbox. »Schau sich einer dieses Fell an und die flauschigen Pfoten. Die hat ja Schneeschuhe an!«

Ihr Fell war gestromt, ihre strahlenden grünen Augen hatten einen intelligenten, wissenden Blick; die Haare waren länger um Schultern und Hinterbeine, ihre Ohren klein, aber dafür hatte sie einen buschigen schwarzweißen Schwanz. Es sah fast so aus, als trage sie Kniehosen. Ich war überrascht, wie besorgt mein Bruder um die Katze seiner Freundin war. Aufmerksam hörte ich zu, als er mir ihren Tagesablauf beschrieb, was sie zu essen bekam und was sie sonst noch besonders gern mochte. Er gab mir sogar eine Jacke von sich mit, auf der sie gern schlief. Ich fuhr also mit Shiraz auf dem Rücksitz von der Party nach Hause, ganz gespannt vor Erwartung, was Iris wohl von unserem schönen Gast halten würde.

Als ich mich dem Haus zuwandte, nachdem ich das Tor hinter mir geschlossen hatte, sah ich Iris' Gesicht am Fenster; sie war offensichtlich noch hellwach. Ich hatte ihr von dem Besuch der Katze erzählt und von Anfang an klargestellt, dass sie nur über die Feiertage bei uns wäre, aber das war natürlich schon wieder Stunden her. Ich fragte mich also, ob sie noch wusste, was ich gesagt hatte – wenn sie überhaupt zugehört hatte. Es war manchmal gar nicht so einfach zu sagen, was zu ihr durchdrang und was nicht. Aber wie sich herausstellte, hatte sie sehr genau zugehört. Sie war furchtbar aufgeregt, als ich das Haus betrat, die Transportbox in der Hand, und konnte es gar nicht erwarten, die Katze kennenzulernen.

Iris war auf der Stelle hingerissen von Shiraz' dickem Fell, den langen weißen Schnurrhaaren, dem gestreiften buschigen Schwanz. Shiraz war keine gewöhnliche Katze, sie war ein Prachtexemplar, und Iris folgte ihr am Heiligen Abend mit großem Interesse durchs Haus. »C«, »A«, »T« buchstabierte sie, »CAT«, während sie hinter ihr herlief. »Mehr Katze«, sagte sie dann. Wörter kamen ihr nun wirklich nicht leicht über die Lippen, aber kaum hatte dieses wunderbare Tier das Haus betreten, hatte Iris nicht die geringsten Probleme damit zu sagen, was sie von ihm wollte, und wenn sie es buchstabieren musste. Schließlich wandte Shiraz sich zu ihr um, ließ sich auf dem Teppich nieder und bewegte den Schwanz über Iris' Schoß, als die sich neben sie kniete. Iris legte sich neben sie, streichelte ihr den Bauch und grub lächelnd die Finger in das weiche Fell.

Im Verlauf der Feiertage versuchte Iris ihren Bund mit unserem Hausgast zu festigen, indem sie ihm Wasser brachte, und schließlich wollte sie sogar eine Tasse Tee mit der Katze trinken, weshalb sie die Eierbecher von der Kommode holte.

Wenn es Iris mal nicht so gut ging, rollte Shiraz sich neben ihr ein, worauf Iris ihre Frustration, ihr Weh und ihre Müdigkeit vergaß. Sie litt, wenn es ihr nicht gut ging; sie konnte es nicht ausstehen, wenn sie bei Schnupfen etwa nicht richtig atmen konnte, und ich tat mich schwer, ihr zu erklären, dass das wieder vergehen würde. Glücklicherweise war ihr nur selten unwohl, aber mir graute davor. Shiraz schien jedoch die beste Medizin zu sein. Als ich die beiden so miteinander sah, wie Iris ihr das Fell kraulte, konnte ich kaum glauben, wie schnell sie sich angefreundet hatten. Unser Weihnachtsgast war in nur wenigen Tagen wie ein Kindermädchen auf vier Beinen geworden. Sie würde bald wieder zurück nach London müssen, aber sie hatte eine Tür geöffnet. Vielleicht waren meine Bemühungen, Iris mit Tieren zusammenzubringen, einfach verfrüht gewesen, und sie hatte mehr Zeit gebraucht, um sich zu entwickeln. Iris hatte zuvor nie groß auf Tiere geachtet; man hätte meinen können, dass sie sie gar nicht sah. Das hatte sich schlagartig geändert. Shiraz hatte sie in der Not getröstet und sie beruhigt, als ihre Sinne sie zu überwältigen drohten, und so waren die beiden Freunde geworden. Timing ist alles im Leben; ich brauche nur eine Kamera in die Hand zu nehmen, um das zu sehen: Die Wahl des richtigen Augenblicks unterscheidet zwischen Erfolg und Misserfolg. Auch das Leben mit Autismus kann eine Frage des Timings sein.

Noch bevor wir Shiraz wieder nach London zurückbrachten, stand mein Entschluss fest. Ich würde mich wieder auf die Suche nach einem Tier machen, nur dass wir uns eben diesmal auf unsere Vorgaben konzentrieren und dem Umstand Rechnung tragen würden, dass die gewünschten Eigenschaften – ausgerechnet! – bei einer Katze zu finden waren. Wäre es tatsächlich möglich, dass eine Katze all das mitbringen könnte, was ich in einem Tier für Iris suchte? Shiraz jedenfalls schien zu wissen, was zu tun war. Hatte ich Katzen erst gar nicht in Betracht gezogen, weil sie als reservierter und nicht so loyal gelten wie Hunde? Shiraz hatte meine Ansichten völlig auf den Kopf gestellt. Sie fehlte uns, kaum dass sie wieder aus dem Haus war. Iris war auf ihre Abreise vorbereitet gewesen, sie hatte gewusst, dass Shiraz nur zu Besuch bei uns war, trotzdem lief sie später durchs Haus und fragte nach der Katze. Das stärkte mich mehr denn je in meinem Entschluss, Iris ihre eigene Katze zu besorgen.

Ich habe ja so meine Erfahrungen mit überraschenden Verhaltensweisen bei Tieren. Gibt man ihnen die Gelegenheit und investiert Geduld und Liebe, können sie Rollen übernehmen, die man ihnen nicht zugetraut hätte. So war es mir mit Baggins ergangen, meinem treuen Percheron in Frankreich. Während ich mich von meinem Unfall erholte, hatte mir eine Freundin von einigen Pferden erzählt, die ein Zuhause bräuchten; sie waren beim Verkauf eines Schlosses unter die Räder gekommen. P-J hielt mich für völlig verrückt – schließlich versuchten wir damals unsere eigenen Pferde zu verkaufen –, aber eines der

Tiere interessierte mich vom Fleck weg. Ich hatte die Rasse in einem Gestüt bei uns in der Nähe gesehen. Der Percheron ist ein schwerer Kaltblüter, der für seine Kraft und Loyalität bekannt ist; heute zieht er Kutschen, aber seine Vorfahren haben ihrer immensen Kraft, ihres Muts und ihrer Intelligenz wegen Ritter in den Krieg getragen. Die sanften Augen der Stute ließen denn auch P-J nicht kalt, und so kauften wir sie schließlich mitsamt ihrer Kutsche. Wir gaben ihr den Spitznamen Baggins, und sie half mir in vielerlei Hinsicht. Ich hatte eine lange Genesungszeit vor mir, und zunächst hatte auch P-J kein Interesse daran, sich wieder auf ein Pferd zu setzen, was dazu führte, dass ich praktisch mit Baggins Gassi ging wie mit einem Hund. Und sie folgte mir denn auch wie einer auf Schritt und Tritt, und ehe wir uns versahen, brauchten wir noch nicht mal mehr einen Zaun für sie. Wir schlossen einfach das Haupttor unseres Hofs, und sie lief frei herum. Jedes Mal, wenn der Postbote kam, war das Donnern von Hufen zu hören, weil sie dann den Hügel heraufgaloppierte, um zu sehen, wer sich da näherte. Sie war wirklich Pferd und Hund in einem. Wenn sie beim Spazierengehen merkte, dass ich müde wurde, senkte sie oft den Kopf, damit ich mich an ihrer langen Mähne festhalten konnte. Sie war die sanfteste Riesin, die man sich vorstellen kann. So sollte denn vielleicht Iris' vierbeiniger Gefährte doch nicht der treue Hund sein, wie ich mir das ausgemalt hatte – auf Schritt und Tritt an ihren Fersen oder in einem Korb an ihrem Rad wie der kleine West Highland White Terrier in meiner Kindheit. Vielleicht sollte es stattdessen eine Katze sein …

Bei dem Gedanken, eine Katze auf dem Rad mitzunehmen, musste ich kichern. Das wäre mal was anderes. Es gab während unserer Radausflüge Gelegenheiten, in denen ein Tier ausgesprochen hilfreich gewesen wäre, etwa wenn Iris im Auto wartete, während wir uns um die Ausrüstung kümmerten, weil sie das manchmal so frustrierte, dass sie zu weinen begann. Sie tat sich schwer mit diesen Übergangssituationen; so passte es ihr auch nicht, wenn wir stehen blieben, bis einer von uns das Gartentor geöffnet hatte oder bis die Kanalbrücken passierbar waren. In solchen Situationen einen treuen Gefährten zu haben wäre von unschätzbarem Wert. Ich begann unsere täglichen Routinen wie die Probleme im Auto unter diesen Vorzeichen zu analysieren. Alles war in Ordnung, solange der Wagen sich bewegte, aber kaum trafen wir auf eine Ampel, wurde sie ungeduldig und ängstlich; sie begann zu zappeln und schließlich zu weinen, und war es erst einmal so weit, war sie nur schwer wieder zu beruhigen. Würde eine Katze anstandslos regelmäßig mit uns im Auto herumfahren? Könnte sie für die Geborgenheit sorgen, die Iris brauchte, um auf längeren Fahrten ruhig zu bleiben? Und dann waren da ihre Schlafgewohnheiten, die sich zwar dramatisch gebessert hatten, aber längst nicht mit denen anderer Kinder zu vergleichen waren. Sie ging praktisch erst gegen Mitternacht ins Bett. Als Kind hatte es mir abends beim Einschlafen geholfen, meinen Hund am Fußende des Bettes zu haben, und morgens konnte ich gar nicht erwarten aufzustehen und ihn zu sehen. Wäre es möglich, dass bei Iris eine Katze diese Rolle spielen konnte?

Ich konnte mir durchaus vorstellen, dass eine Katze diesen Anforderungen gerecht werden könnte, nur über einen gewaltigen Unterschied zwischen Katzen und Hunden ließ sich nicht hinwegsehen: Therapiehunde sind darauf trainiert, ein Kind mit speziellen Bedürfnissen zu unterstützen; ein Erwachsener befiehlt ihnen durch Kommandos, sich in bestimmten Situationen auf eine bestimmte Weise zu verhalten. Soll sich das Kind zum Beispiel beruhigen, so gibt seine Bezugsperson ihm durch ein Zeichen zu verstehen, dass er den Kopf auf den Schoß des Kindes zu legen hat. Viele Kinder innerhalb des Autismus-Spektrums sind »Sprinter«, die einfach losstürzen, ohne die Gefahren zu sehen oder überhaupt zu wissen, wohin sie wollen; das ist ein weit verbreitetes Problem. Ein Hund mit Geschirr lässt sich mit dem Kind über eine Leine verbinden, und wenn das Kind loszulaufen versucht, so ist der Hund darauf trainiert, sich nicht von der Stelle zu rühren, was das Kind daran hindert, sich in Gefahr zu begeben. Neigt ein Kind zur Selbstverletzung oder zu unerwünschten repetitiven Verhaltensweisen, kann die Bezugsperson dem Hund Zeichen geben, das Kind abzulenken. Ich wusste, dass Katzen sich mit einem Knackfrosch oder »Clicker« abrichten lassen, wenn man ihnen ein Leckerli gibt, aber es geht dabei nur darum, ihnen Tricks beizubringen. Ich bezweifelte, dass es möglich wäre, einer Katze all das beizubringen, was meiner Ansicht nach nötig wäre. Das musste schon aus einem Instinkt heraus kommen, einem starken Interesse und einer Liebe für Iris, und so etwas wäre bei einer Katze ja wohl schwerlich zu finden. Also konzentrierte ich mich auf Charakterzüge, die sie für uns geeignet machten: Loyalität, ein ausgesprochenes Interesse an Menschen und deren Aktivitäten, Mut und Intelligenz. Eine Affinität zu Wasser könnte auch nicht schaden – aber selbst mir wurde klar, dass ich da besser auf dem Teppich blieb. Im Prinzip war es unwahrscheinlich, all das, was ich suchte, bei einer Katze zu finden, wenn wohl auch nicht unmöglich. An dieses »nicht unmöglich« musste ich mich klammern, an den festen Glauben, dass alles möglich ist.

Ich hatte bereits mit mehreren Katzenheimen Verbindung aufgenommen, von denen eines eine ältere Katze hatte, die sich gut anhörte. Die Leute schlugen vor, sie eine Woche zu uns zu nehmen, um zu sehen, ob Iris mit ihr auskam, aber es war nichts zu machen. Man hätte meinen können, Iris sähe das Tier vor ihr nicht einmal, und die Katze zeigte auch kein Interesse an ihr. Sie schien sogar eine ausgesprochene Abneigung gegen uns zu haben und wollte einfach nur draußen sein. Nicht dass sie scheu gewesen wäre, im Gegenteil, sie war recht ungestüm, aber sie ließ keinen Zweifel daran, dass sie lieber allein in einem Zimmer war, und kam man ihr zu nahe, dann stakste sie, irritiert über so viel Aufdringlichkeit, mit einem Schlenkern des Schwanzes davon. Ich versuchte sie mit Leckerlis und Spielzeug zu locken, aber sie fauchte mich nur an. Es hatte keinen Sinn, mein Vorhaben mit dieser Katze vorantreiben zu wollen. Es musste vom Tier ausgehen; das Tier musste es auch tatsächlich wollen.

»Okay, es soll wohl einfach nicht sein. Ich meine, wie oft können wir Iris das antun?«

P-J fand die langwierige Suche frustrierend, seiner Ansicht nach suchten wir nach der Nadel im Heuhaufen. Ich für meinen Teil begann mich langsam zu fragen, ob ich mich derart ans Recherchieren gewöhnt hatte, dass es mir zur Gewohnheit geworden war. Ständig war ich auf der Suche nach etwas, was wir nicht hatten, versuchte etwas zu finden, was außer Reichweite war, das eine schwer fassbare Element – ein Bewältigungsmechanismus, um meinen Verstand zu beschäftigen, um nicht an morgen zu denken.

Ich beschloss, es noch ein letztes Mal zu versuchen, und zwar diesmal mit allem, was uns zu Gebote stand – wie etwa Iris' Freunde auf Facebook. Ich beschrieb, welche Art von Katze ich mir für Iris wünschte, und bat um Vorschläge für geeignete Rassen. Eine wahre Sturzflut an Kommentaren, E-Mails und Briefen traf ein. Man nannte mir eine Rasse, von der ich nie gehört hatte, eine große amerikanische Katze namens Maine-Coon, die als besonders liebevoll, verspielt und treu beschrieben wurde. Einige behaupteten sogar, ihre Maine-Coon sei »wie ein Hund«, unglaublich interessiert an Menschen – und Wasser möge sie auch. Ich konnte nicht glauben, was ich da las; ich hatte das Gefühl, auf die Baggins der Katzenwelt gestoßen zu sein. Sie hörte sich nach einer perfekten Gefährtin für ein Kind und nach der perfekten Katze für uns an.

Wie es das Schicksal so wollte, gab es eine Züchterin unweit von uns, und als ich mit der Frau telefonierte, beschrieb sie ein Junges, das sich vielversprechend anhörte. Das Kätzchen war viel kleiner als der Rest des Wurfs, weshalb es wahrscheinlich seine Zeit lieber mit Menschen verbrachte als mit seiner Mutter. Je mehr die Züchterin über Iris hörte, desto sicherer war sie, dass die Kleine das Richtige für uns war. Diese Katzenkennerin war so ganz anders als die anderen Züchter, mit denen ich bisher gesprochen hatte. Man hätte meinen können, ich, nicht die Katze, sei diejenige, die da auf Herz und Nieren geprüft wurde. Sie stellte eine ganze Menge Fragen über uns, unser Zuhause und wie Iris so war. Mir gefiel, wie sehr ihr ihre Katzen am Herzen lagen und dass sie sich die Zeit nahm, erst mehr über uns zu erfahren. Ich gab viel auf ihr Urteil, schließlich kannte sie die Katzen viel besser, als ich das je könnte. Am Ende vereinbarten wir, das Kätzchen kennenzulernen.

»Sie ist gerade hier durchgewischt, in die Küche. Vorsicht, wo Sie hintreten, ich halte sie nicht in Käfigen wie einige andere Züchter, wir leben hier alle miteinander.« Auf Zehenspitzen bahnte ich mir einen Weg durch die Rudel riesiger Katzen in ihrem Haus, das früher eine Schule gewesen war. Vor jedem der hohen Fenster fläzte sich eines der prachtvollen Geschöpfe; einige saßen stolz auf den Sofas, andere auf der Kommode. Der Geruch so vieler Katzen war im ersten Augenblick derart überwältigend, dass ich froh war, Iris bei P-J draußen im Wagen gelassen zu haben. Ich war geradezu von Ehrfurcht ergriffen von der Schönheit dieser Katzen. Sie hatten etwas von Luchsen, etwas Wildes: lange Quasten an den Ohrenspitzen, große, runde kupferfarbene Augen, aber ihr Gesichtsausdruck hatte fast etwas Menschliches. Als ich einen Kater kraulte, der mir in den Weg trat, kaum dass ich durch die Küchentür war, hatte ich das Gefühl, Aslan aus Narnia in die Augen zu schauen. Er hatte eine zottelige Mähne und Schneeschuhe an den großen Pfoten. Gemächlich drückte er sich an mir vorbei. Und dann sah ich das Junge, das mit einer Zeitung auf dem Küchentisch spielte. Als sie mich ansah, konnte ich nicht anders, ich musste lächeln. Die überdimensionalen Ohren und die langen weißen Schnurrhaare

an ihrem winzigen gestromten Körper waren zum Schießen. Sie war wirklich viel kleiner als die anderen, aber je mehr ich über sie hörte – sie schlief auf dem Kopfkissen der Züchterin und war so ziemlich die Souschefin in der Küche geworden –, desto mehr verliebte ich mich in sie. Wir entschieden uns noch am selben Abend, sie mit nach Hause zu nehmen.

Iris ließ mich nicht aus den Augen, als ich die Katze in einer Transportbox aufs Auto zutrug. Ich stellte sie für die Heimfahrt neben Iris. Unterwegs hielten wir an einer Tierhandlung, um Futter zu kaufen. Während P-J in den Laden ging, öffnete ich die Klappe an der Box, damit das Katzenbaby Iris kennenlernen konnte. Ich ermutigte sie, das Kätzchen zu streicheln, und als ihre Finger das weiche Fell berührten, kicherte sie. Als wir nach Hause kamen und die beiden sich frei bewegen konnten, war es gerade so, als wären sie alte Freundinnen. Sie richteten sich auf dem Sofa ein, wo sie dann Seite an Seite dasaßen, der kleine Katzenkörper an den von Iris geschmiegt.

»Gebongt«, meinte P-J und grinste übers ganze Gesicht. Auf dem Weg in die Küche klopfte er mir auf die Schulter. »Respekt, du hast es geschafft.«

Ich konnte es nicht glauben. Er hatte recht, wir hatten es geschafft. Die beiden verstanden sich, mehr brauchte es nicht. Meine Suche hatte damit ein Ende.

Die Züchterin hatte nicht zu viel versprochen, was das Kätzchen anging. Wir tauften es Thula, nach einem afrikanischen Wiegenlied, das Iris besonders mochte; es ist das Zulu-Wort für »Friede«. Thula wich nicht von Iris' Seite, nachdem die beiden sich gefunden hatten. In der ersten Nacht schlief sie in ihren Armen. Sie entpuppte sich als eine echte Maine-Coon: zutraulich, liebevoll und intelligent. Oft beobachtete ich die beiden auf dem Sofa; aufmerksam guckte Thula mit Iris auf den Bildschirm des iPads, nichts entging ihr, und dabei schnurrte sie unentwegt. Während Iris sich ihre Bücher ansah, strich sie sachte über Thulas Ohren und die langen Schnurrhaare. Wenn sie überlegte, umfasste sie gelegentlich die Spitze von Thulas Schwanz und zwirbelte ihr sachte das Fell. Thula rührte sich nicht, sie genoss die Aufmerksamkeit, und so schnell, wie sie Freundschaft mit Iris geschlossen hatte, lebte sie sich bei uns ein. Allerdings verhielt sie sich uns Erwachsenen gegenüber ganz anders. Mit uns war sie das typisch hyperaktive Katzenkind: ungezogen, unglaublich neugierig und zum Schreien komisch. P-J hatte eine große Freude daran, mir vorzuführen, wie sie auf sein Pfeifen gelaufen kam – zumal sie sich nicht rührte, wenn ich nach ihr pfiff. Thula erinnerte mich in dieser Hinsicht an Meoska, obwohl sie ihr sonst gar nicht ähnlich war. Was mich immer wieder erstaunte, war ihr enormes Interesse an allem, was wir machten. Egal ob ich kochte, sauber machte oder Fotos bearbeitete, sie sah mir zu, fast so, als studiere sie mich. Ich hatte keine Ahnung, was ein so junges Tier dazu motivieren könnte. Versuchte sie zu lernen, sich einzufügen?

Thula hatte großen Einfluss auf unsere morgendliche Routine. Iris, früher kaum aus dem Bett zu kriegen und vor neun zu nichts zu gebrauchen, schien plötzlich Sprungfedern an den Füßen zu haben. Sie wachte strahlend auf, ihre neue Freundin neben sich, und ich hörte sie »mehr Katze« singen, wenn sie ihr zur Treppe nachlief. Thulas sanftes Wesen hatte fast über Nacht eine bemerkenswerte Wirkung auf Iris. Bald hörte ich, wie Iris Thula Anweisungen gab. »Sitz, Katze«, sagte sie, wenn Thula mit ihrem iPad spielen wollte. Und sie sagte das mit einer solchen Autorität, dass das Kätzchen sich gehorsam setzte, die gestromten Beine ordentlich aneinandergelegt. Im Gegensatz zu den meisten Kindern ihres Alters knutschte oder streichelte Iris das Kätzchen nicht pausenlos oder nahm es ständig in den Arm. Ihre Beziehung baute auf Kameradschaft. Thula sah interessiert zu, wenn Iris spielte, und machte mit, wann immer es ging. Wenn Iris an ihrem Tisch stand und mit ihrer Knetmasse spielte, saß Thula daneben und ahmte ihre Bewegungen nach. Ich konnte kaum glauben, was ich da sah – das kleine Katzenkind setzte die Grundlagen der Spieltherapie um! Je mehr ich darüber nachdachte, desto mehr sah ich, was für ein perfekter

Gefährte eine Katze für ein autistisches Kind ist. Sie verstand Iris, wie uns das nie so recht gelingen wollte. Es entstand eindeutig ein Band zwischen den beiden, eine starke Verbindung, wie wir sie all die Jahre gesucht hatten, und es hatte seinen ganz eigenen Zauber, dabei zuzusehen.

Einen ähnlichen Zauber haben Thulas Augen, und ich fragte mich, ob das wohl der Grund dafür war, dass Iris der Blickkontakt nichts auszumachen schien oder dass sie ihr überhaupt ins Gesicht sehen konnte. Manchmal sind diese Augen gelb mit einem Stich ins Grüne, manchmal sind sie blau; mandelförmige schwarze Ränder sorgen für einen hübschen Eyeliner-Effekt. Zu den langen Schnurrhaaren hat sie passend lange Tasthaare an den Brauen. Wie ihr Schwanz schienen diese ein Eigenleben zu haben; wenn sie etwas interessierte, bewegten sie sich nach vorn, als versuchten sie den Gegenstand zu fassen.

Wenn Iris nachts aus dem Schlaf fuhr, war Thula zur Stelle, um sie zu beruhigen. Man hätte meinen können, sie wüsste instinktiv, was zu tun war. Sie lief los und brachte Iris ein Spielzeug, das sie neben sie legte. Iris spielte damit eine Weile, und die Bewegung ihrer Finger schien sie zu beruhigen. Dann kuschelte Thula sich schnurrend an sie, während Iris allmählich wieder die Augen zufielen. Ich beobachtete die beiden von der Tür aus; wäre ich reingegangen, hätte Iris nur die Arme gehoben, was bedeutete, ich sollte sie aus dem Bett heben; dann hätte sie mich mit ihrem Gewicht an die Treppe gelotst, damit ich sie mit runternahm. Ich verglich das immer mit einem Motorradfahrer, der sich in die Kurve legt. Mit Thula neben ihr blieb sie im Bett und beruhigte sich wieder. Und wenn Iris tagsüber eine ihrer Krisen hatte, schien Thula das keine Angst zu machen – ganz im Gegenteil, sie blieb bei ihr und lenkte sie von ihren Problemen ab.

Meine Erfahrung mit Tieren hatte mich gelehrt, nichts für

selbstverständlich zu halten und ihnen Freiräume zu schaffen, weil man dann so manche Überraschung erleben kann. Mit diesem Gedanken im Hinterkopf musste ich gewisse Voraussetzungen schaffen, damit Thula nichts passierte, wenn wir sie im Auto oder vielleicht sogar im Korb auf den Rädern mitnahmen. Als Erstes kaufte ich ein Geschirr. Daran ließ sich nicht nur eine Leine festmachen, Iris hatte auch etwas, woran sie sich festhalten konnte. Kaum hatten wir Thula das Geschirr angelegt, schien sie zu wissen, wozu es gut war. Sie setzte sich vor Iris hin und ließ sie die verschiedenen Teile inspizieren; sie schien es als Zeichen dafür zu nehmen, dass sie jetzt arbeitete, und trug es mit Stolz. Mit der Leine ging das nicht ganz so reibungslos. Jedes Mal, wenn ich sie ihr anlegte und sie aufforderte, neben mir herzulaufen, blieb sie einfach mit einem ratlosen Ausdruck auf dem Gesicht stehen. Mit Iris am anderen Ende der Leine war das etwas anderes; mit ihr ging Thula mit Freuden hinaus in den gefrorenen Garten. Es war das erste Mal, dass Thulas Pfoten über Gras liefen, aber so vorsichtig sie auch war, sie versuchte, sich ihrer Freundin nicht zu entziehen. Ich merkte sehr schnell, Thulas Bereitschaft, ein Risiko einzugehen, hatte speziell mit Iris zu tun.

P-J und mir gegenüber war sie frech wie Oskar. »Thula, komm zurück!«, rief P-J, als Thulas gestromter Körper an ihm vorbeischoss – mit etwas im Mund, was mir ganz nach einem Stück Brot aussah.

»War das …?«

»Unser Frühstück! Sie hat das Brot gemopst.« Thula war bereits dabei, das Brot über den Boden der Waschküche zu verteilen, womit wir das Frühstück vergessen konnten. Sie hat überhaupt eine ganze Reihe Eigenheiten, angefangen von ihrer Schwäche für Käse. Sie braucht nur Käse zu riechen, schon lässt sie alles andere

liegen und stehen. Außerdem apportiert sie für ihr Leben gern; egal, was man wirft und wie oft, sie bringt es einem wieder zurück. Und dann lag sie anfangs gern in einem Körbchen an der Küchentür, um jeden, der vorbeikam, mit ihren überdimensionalen Pfoten zu betatschen. Allerdings war sie bald zu groß für das Körbchen; irgendwann gab sie es dann auf, sich hineinzwängen zu wollen. Es hatte einfach keinen Sinn bei dem phänomenalen Tempo, mit dem sie wuchs. Bald hatte sie die Größe einer ausgewachsenen englischen Bauernkatze, obwohl sie noch so jung war.

Das Wetter war schrecklich. Wenn wir also nicht spazieren gehen oder Rad fahren konnten, machten wir unsere Ausflüge mit dem Auto, wobei Thula sich laut schnurrend auf Iris' Schoß einrollte. Es dauerte nicht lange, und sie war überall mit dabei, passte sich jeder Situation an und half, wo sie nur konnte.

Meine Vision, eine Katze auf dem Rad mitzunehmen, begann wie jedes andere unserer Abenteuer auch: mit einem Plan. Ich trieb eine bequeme Korbbox auf, die speziell für kleine Hunde ausgelegt und an den Griffschalen des Lenkers zu befestigen war. Keine Frage, dass Thula in den nächsten paar Jahren noch um einiges wachsen würde, also ging ich nach dem Motto »Je größer, desto besser« vor. In der Box war eine Leine befestigt, und so gewöhnte ich Thula erst mal im Haus an den Korb. Schließlich trug ich sie darin im Garten herum, und erst in der Endphase unseres Trainings hängte ich die Box an mein Rad. Und ich hätte ihr keine größere Freude machen können! Vom ersten Ausflug an war sie völlig entspannt und freute sich über all die Pflanzen und Tiere auf unserer Fahrt den Kanal entlang. So konnte sie natürlich in Iris' Nähe bleiben. Nicht ein einziges Mal versuchte sie auszubüxen, und sie konnte es kaum erwar-

ten, ins Auto zu kommen, wenn sie die Fahrräder sah. Von dem Tag an war Thula eine Radlerkatze und begleitete uns auf jedem Ausflug.

Wenn ich sah, dass Iris Probleme hatte, fuhr ich mit Thula auf gleicher Höhe mit ihr. Neben ihr angekommen machte Thula sich dann so lang, wie sie nur konnte, um Iris zu erreichen, und küsste sie auf die Wange. Da die langen Schnurrhaare kitzelten, waren Iris' Sorgen im Nu vergessen. Sie legte einen Arm um ihre Freundin, und wir ließen die beiden eine Weile auf gleicher Höhe, damit sie Thulas Kopf kraulen konnte; sachte zog sie dabei die Finger die schwarzen Streifen zwischen den Ohren entlang. Manchmal rieb Iris die Quasten an den Spitzen von Thulas Ohren zwischen Daumen und Zeigefinger, während Thula stillhielt und mit strahlenden Augen die Natur um uns bestaunte.

Wenn wir so den Treidelpfad am Kanal entlangradelten, sorgten wir reihenweise für lächelnde Gesichter und amüsierte Bemerkungen mit unserer Katze, die so voller Selbstvertrauen in ihrem Korb saß, leicht vorgebeugt, die Pfoten am Korbrand, die Nase im Wind. Die Leute lächelten, weil Thula so gar nicht ihren Erwartungen von einer Katze entsprach. Ich wollte, alle könnten so aufgeschlossen und heiter auf die Begegnung mit Andersartigem reagieren. Thula und Iris vermittelten die starke Botschaft, dass »anders« großartig ist.

Eines Tages mussten wir unseren Radausflug wegen zu heftiger Winde abbrechen. Als wir wieder nach Hause kamen, schälte ich Iris vorsichtig aus ihrem Schneeanzug, während sie geduldig auf der Treppe saß. Ihr Cape war mittlerweile ihre Standardbekleidung im Haus, es lag entsprechend bereit. Als ich den Schneeanzug beiseitelegte, erwartete ich, dass Iris sich wie das ganze vergangene Jahr über auf der Stelle Pulli und Hemdchen vom Leib zu zerren versuchte, um obenrum nackig zu sein. Aber diesmal blieb sie sitzen und sah mich seelenruhig und zufrieden an. Sie warf einen Blick auf das Cape, und ich streifte es ihr vorsichtig über den Kopf – *sie hatte ihre anderen Sachen noch an!* P-J und ich warfen uns einen Blick zu und kamen schweigend überein, keine große Affäre daraus zu machen, damit sie es sich nicht doch noch anders überlegte und alles ausziehen wollte. Später am Abend dann, sie hatte ihre Sachen immer noch an, und Thula schlief neben ihr, ließ ich mir ihr Kleiderproblem durch den Kopf gehen. Wir waren nie dahintergekommen, was es mit ihrer Abneigung gegen Kleidung auf sich gehabt hatte. Meiner Ansicht nach hatte es mit einer Empfindlichkeit ihrer Haut begonnen und war ihr dann zum »Lifestyle« geworden. Sie fühlte sich eben ohne Pulli und T-Shirt freier, es war bequemer, und sie hatte entsprechend mehr Selbstvertrauen. Zog sie dieses Selbstvertrauen jetzt aus Thula? Ermöglichte ihr das, flexibler zu sein? Was immer es war, es machte unser Leben um einiges leichter, und ich atmete auf.

In diesem Winter hatten Stürme dem englischen Süden schlimm zugesetzt; täglich hörte man in den Nachrichten von Überschwemmungen und Schäden. Wir selbst waren vom Schlimmsten verschont geblieben, litten aber unter dem heftigen Wind. Iris war den ganzen Morgen über unruhig gewesen; dem explosionsartigen Anwachsen ihres Vokabulars und all den damit verbundenen Höhenflügen folgte jetzt, wie zum Ausgleich, unweigerlich das eine oder andere Tief. Sie hatte hart an ihrer Sprache gearbeitet, und das aus völlig freien Stücken, nur mit dem iPad und ihren Büchern. Sie machte gute Fortschritte, aber zuweilen wirkte sie geistesabwesend, ja traurig darüber, dass alles so anstrengend war. Es tat mir weh, sie so zu sehen, und ich dachte einmal mehr, wie unfair es war, dass sie sich so hart erarbeiten musste, was für andere selbstverständlich war. Sie ging durchs Haus und wiederholte dabei immer wieder bestimmte Wörter, Buchstaben oder reihenweise Tiernamen. Es war erstaunlich, so viele Wörter aus ihrem Mund zu hören, aber ihre Litaneien hatten etwas Zwanghaftes. Ich sah, dass sie es kaum erwarten konnte, wieder rausgehen zu können, also wagten wir uns in den Garten. Das Zittern von Zweigen und Gräsern ließ sie vor Aufregung hüpfen, aber bald begann der Rhythmus all der Bewegung rundum sie einzulullen und legte sich über sie wie eine tröstliche Decke. In Erinnerung an glücklichere Tage besuchte sie im Garten ihre Lieblingsbäume und schließlich ihren Baumstumpf in der Mitte. Dort stand sie dann still, die Augen geschlossen, legte die Hände auf den Stumpf, um sachte das feuchte Holz zu berühren. Ich hätte nicht sagen können, ob sie es war, die Kraft und Frieden aus ihrem alten Freund zog, oder ob sie ihn tröstete, aber wir hatten Ruhe gefunden und gingen schließlich wieder ins Haus.

Nach wie vor machte ich mir Sorgen um Iris. Sich derart auf ihre Sprachfertigkeit zu konzentrieren war eine arge Strapaze, und langsam, aber sicher war das zu sehen. Die pausenlose Wiederholung von Tiernamen zeigte mir den Preis, den sie für ihre Fortschritte bezahlte. Sie aussprechen zu können verschaffte ihr zweifelsohne eine gewisse Erleichterung, und sie hatte ihre Freude daran, aber dann konnte sie sie nicht richtig kontrollieren, und diese Hilflosigkeit war einfach frustrierend. Es war, als wüsste sie, dass sie aufhören, sich ausruhen sollte, nur konnte sie nicht. Langsam stellten sich alte Angewohnheiten wieder ein. So zupfte sie etwa wieder an ihren Lippen herum. Ich achtete also darauf, dass wir ihre beschäftigungstherapeutischen Übungen machten, dass wir spielerisch ihre Sinne anregten und mit ihrem Therapieball spielten, um Spannungen abzubauen.

Ich war natürlich begeistert über ihre Fortschritte, aber der Tribut, den ihre Anstrengungen forderten, war einfach nicht zu übersehen – auch nicht für ihre treue vierbeinige Freundin. Eines Tages holte Thula ein kleines Stück Luftpolsterfolie, sprang damit neben sie aufs Sofa und legte es ihr auf ihren Schoß. Iris war in sich gekehrt und wirkte völlig erschöpft, aber sie lächelte und sagte: »Hi, Katze.« Sie nahm das Stück Folie und begann damit zu spielen, bot es Thula dann aber wieder an. Ziemlich ungewöhnlich für Thula, wollte sie weder, dass Iris es warf, damit sie es apportierte, noch dass sie es zum Spielen über ihrem Kopf baumeln ließ. Sie schob Iris die Folie wieder zu und legte sich dann stolz schnurrend neben sie; sie bestand darauf, dass Iris damit spielte und die luftgefüllten Knöllchen befühlte. Verblüfft schaute ich den beiden von der Tür aus zu. Ich hatte selbst schon verzweifelt nach etwas gesucht, was Iris von ihren endlosen Wortreihen abbringen könnte, irgendeine Ablenkung von ihrem selbst gesetzten Ziel. Wie machte Thula das nur? Ich verstand ja noch, dass sie Iris' Körpersprache deuten konnte, aber dass sie über die Intelligenz verfügen sollte, ein sensorisches Spielzeug zu finden, nicht für sich selbst, sondern zum Spielen für Iris, um sie aus ihrer düsteren Stimmung zu holen? Einfach unglaublich!

Ich bemerkte eine Veränderung in Iris' Verhalten gegenüber der Katze. Sie verließ sich zunehmend auf ihren Tastsinn, sie griff fester und liebevoller zu, massierte Thulas schwarze Pfoten und grub ihre Finger in das seidige Fell. Und wenn sie mit einer Hand an ihrem iPad spielte, streichelte die andere ihre Katze, die neben ihr lag. Ich war mir sicher, es hatte eine beruhigende Wirkung auf sie.

Eines Abends, während P-J und ich das Abendessen zubereiteten, amüsierte unser dynamisches Duo sich an der Spüle

mit Seifenblasen, wobei Iris auf dem Maltisch stand. Thula war neben Iris, reihenweise liefen die Blasen am Fenster hinter der Spüle herunter, und Iris kreischte vor Begeisterung, wann immer sie einen neuen Schwung gegen die Scheibe blies. Es war schon eine Weile her, dass ich Iris so sorglos ihre Hände in Wasser hatte tauchen sehen. Sie hatte die direkte Berührung monatelang gemieden und lieber irgendwelche Gerätschaften genommen, um damit zu spielen. Es hatte Augenblicke gegeben, da konnte ein einziger Tropfen Wasser auf ihrer Haut eine Krise auslösen. Sie kam dann heulend auf mich zugelaufen und rieb ihren ganzen Körper an meiner Kleidung, nur um den Tropfen von der Haut zu bekommen; ich konnte richtig sehen, wie schmerzhaft das für sie war. Je mehr sie jedoch mit Thula spielte, sie streichelte, sie beim Spielen mit Wasser und Sand imitierte, desto größer die Veränderungen, die wir bei ihr sahen. Jetzt wandte sie sich mit einem strahlenden Lächeln zu mir um, streckte die Arme nach mir und drückte mich fest. Dann wandte sie sich zu unserer Überraschung P-J zu und umarmte ihn ebenfalls, und schließlich war Thula an der Reihe. Als ich zu kichern begann, fiel sie mir gleich noch mal um den Hals. Wir konnten unser Glück kaum fassen, als sich Iris auf ihrem Maltisch von einem zum anderen drehte; so selten wie sie einen umarmte, war es unglaublich rührend, sie die Arme ausbreiten und sich auf P-J stürzen zu sehen.

Wir stellten Verbesserungen in jedem Aspekt unseres Lebens fest. So hatte sich auch die Beziehung zwischen Iris und ihren Großeltern enorm verändert. Es war gerade so, als hätte ihre Fähigkeit, ihnen ihre Zuneigung zu zeigen, im Verborgenen geschlummert. Sie hatte es früher nicht leiden können, dass man sie umarmte, küsste oder manchmal auch nur, dass man sie ansprach. Jetzt änderte sich das. Sie lachte, wenn mein Vater sie fing, während sie an ihm vorbeizuwischen versuchte, und er durfte sie kitzeln, sie herzen, ihr sogar einen Schmatz aufdrücken. Wenn mein Bruder sie aufhob und auf die Schultern nahm, schien sie das nicht mehr zu stören, sie hatte sogar ihre Freude daran, auf ihm durch den Garten zu reiten. Zuvor hatte sie diese Familienmitglieder für gewöhnlich schlicht ignoriert, was schwierig gewesen war, schließlich wusste ich, wie sehr sie sie liebte. Wenn sich mein Vater jetzt im Garten entspannte, hatte sie genügend Selbstvertrauen, um zu ihm hinüberzugehen; sie fasste ihn sogar bei der Hand und führte ihn hinauf zum oberen Gartentor, um mit ihm das Gelände der benachbarten Schule zu erforschen. Sie begann ihnen gegenüber ihre Wörter zu benutzen; sie spielte mit ihrem Großvater ein Spiel, bei dem er die Beine anhob und sie laut bis zwanzig zu zählen begann. Er war so erstaunt wie erfreut darüber, ihre Stimme zu hören.

Eines Freitags bei meinen Eltern lagen meine Mutter, Iris und ich kichernd auf dem Bett. Meine Mutter und ich hielten uns eine Decke über den Kopf wie ein Zelt, während Iris ganz aufgeregt darunter herumkrabbelte, um dann herauszuspringen. Als sie auf dem Bett herumhüpfte, wurde mir klar, was wir im Verlauf des letzten Jahres alles geschafft hatten. Sie an ihre Großmutter geschmiegt zu sehen, damit die sie umarmte, erfüllte mich mit einer unbändigen Freude. Nach einem wunderschönen Nachmittag brachte ich Iris ins Auto, und meine Mutter kam an die Tür, um Iris zum Abschied zu küssen. Ganz plötzlich begann Iris zu winken, sagte »tschüs« und blies ihr ein Bussi zu – es war einfach perfekt! Ich könnte nicht wirklich sagen, wie und wann genau es dazu gekommen war, aber irgendetwas regte sich da – wie bei ihrer Sprache begannen sich Blockaden in ihr zu lösen, und sie zeigte uns, wie viel Gefühl in ihr eingesperrt war. Die Liebe war immer da gewesen – sie hatte einfach immense

Schwierigkeiten, sie auszudrücken. Autismus kann grausam sein und gerade den Menschen besonders wehtun, die sich am meisten sorgen, aber mit etwas Geduld und Verständnis sieht man sich womöglich reich belohnt. Die emotionalen Bande traten in den Vordergrund und waren stärker denn je. Es erfüllte mich mit großer Freude, dass meine Eltern sie nicht aufgegeben hatten. Unsere wöchentlichen Mittagessen und ihre regelmäßigen Besuche bei uns hatten nie aufgehört, Iris wusste also, dass sie für sie da wären, wenn sie so weit war.

Die Verbindung zwischen Iris und Thula war ganz anderer Art als die zu ihrer ersten vierbeinigen Freundin. Shiraz war eine Mutterfigur gewesen, die mir wie eine treue Nanny während der Weihnachtsfeiertage zur Seite gestanden hatte. Thula war jung und brauchte selbst eine führende Hand, und das wiederum wirkte sich auf Iris' Verhalten aus. Thula hatte vorbehaltloses Vertrauen zu Iris, und das verpflichtete Iris, ihr mit Respekt und Liebe zu begegnen. Eines Abends ging Iris ihre Pinsel durch. Einer nach dem anderen kamen sie auf einen sauberen Stapel auf dem Hocker neben P-J; dann wählte sie drei von den kleinsten und reichte sie Thula. Obwohl Thula erst nicht recht wusste, was sie mit den Pinseln anfangen sollte, begann sie damit zu spielen. Iris hüpfte vor Freude darüber, dass ihre Freundin ihre Leidenschaft mit ihr teilte. Jedes Mal, wenn Iris an ihren Maltisch trat, war Thula dabei, saß geduldig in der linken Ecke und beobachtete fasziniert, wie das Gemälde entstand. Hin und wieder wurde die Versuchung zu spielen dann doch zu groß, und Iris musste sie ermahnen. »Sitz, Katze!«, sagte sie dann, und Thula setzte sich wieder hin. An Tagen, an denen es das Wetter erlaubte, schafften wir die Malutensilien nach draußen, und da saß sie dann auch schon und wartete: Iris' treue Freundin, Vertraute und Assistentin. Zuerst hatten wir uns Sorgen gemacht, Thula könnte weglaufen und auf eigene Faust auf Abenteuer ausgehen, wenn wir sie in den Garten ließen. Aber in dem Augenblick, in dem ich ihr das Geschirr anlegte, kannte sie ihre Verantwortung: Sie hatte bei Iris zu bleiben. Also wich sie ihr nicht von der Seite.

Die meisten meiner Pläne entstanden damals an einem Ort, an dem man das am wenigsten vermutet hätte: in der Badewanne. Hier fand ich die Ruhe und Zeit, die ich zum Nachdenken brauchte. Als ich mir eines Abends überlegte, was wir am nächsten Tag unternehmen sollten, merkte ich plötzlich, dass ich nicht allein war. Ich spürte Thulas Schnurrhaare an meinem Nacken – sie war lautlos auf den Rand am Ende der Badewanne gehüpft. Ich kraulte sie hinter ihrem Kopf und machte mich wieder an meine Pläne für den kommenden Tag. Ich spürte eine Pfote auf meiner Schulter, dann zwei, dann drei, dann vier, und schließlich marschierte Thula meinen Körper herab ins Wasser und schwamm im Badewasser, bevor sie sich auf einem meiner Beine niederließ. Gerade mal ihr magerer Hals guckte aus dem Wasser; als sie sich mir zuwandte, sah sie aus wie E.T. Ich wagte nicht, mich zu bewegen – sie hatte ihre Krallen bislang nicht gezeigt, aber ich war in einer heiklen Lage. Ich beschloss also, stillzuhalten und zu sehen, was passieren würde. Thula sprang mühelos von meinem Bein auf den Wannenrand und von dort auf den Boden. Sie schüttelte sich, und ihr langer Schwanz sah aus wie ein dürrer Stecken. Er wirkte plötzlich so unproportioniert, dass ich lachen musste. Sie begann sich zu lecken, um sich abzutrocknen, was eine Weile dauerte, bis sie wieder dem Kätzchen zu ähneln begann, das ich kannte.

Meine Überlegungen zu Iris' Unterricht waren wie weggewischt, ich war ganz und gar von meiner Entdeckung erfüllt: Thula mochte Wasser, ach was, *sie liebte es.* Mir war ihre Freude an den Seifenblasen und den Wasserspielen an der Spüle aufgefallen, aber das hier ging weiter, als ich es mir je hätte träumen lassen. Als ich mich mit Maine-Coons zu beschäftigen begann, hatte ich eine Menge über ihre Ursprünge gelesen: dass sie aus den norwegischen Wäldern stammen und die Wikinger sie auf ihren Schiffen mit nach Amerika gebracht hätten. In einer der Geschichten war von einem Captain Charles Coon die Rede, einem englischen Seefahrer, der mit einer ganzen Schar langhaariger Katzen an Bord die Küste befahren hatte. Als ich Thula so sorglos im Wasser sah, war mir, als gehörte sie dorthin. Für mich war ihre Abstammung klar.

Meine Gedanken rasten. Iris' Probleme mit dem Baden hatten einen Punkt erreicht, an dem sie uns allen zu schaffen machten. Es tat noch immer weh, sie beim Waschen oder Baden so aufgebracht zu sehen, und wir hatten alles Menschenmögliche versucht, um ihr über ihre Empfindlichkeit hinwegzuhelfen, aber nichts hatte auch nur das Geringste gebracht. Da Iris kein Problem mit ihren Wasserspielen an der Spüle hatte, war das Ganze ja vielleicht weniger eine Empfindlichkeit als eine Phobie, ausgelöst durch eine Winzigkeit, die ich übersehen hatte. Könnte Thula die perfekte Lösung für das Problem sein?

»Dann lass deinen Plan mal hören«, sagte P-J, der mir zugehört hatte. Ich war überrascht, dass er nicht lachte, als ich ihm von meiner Entdeckung erzählte. Er war gespannt und ahnte, was ich vorhatte.

»Ich habe mir gedacht, ich sehe zu, dass Thula das nächste Mal mit im Bad ist, mal schauen, was passiert. Womöglich springt sie mit rein wie zu mir. Einen Versuch ist es wert. Ich

kann mir nicht vorstellen, dass es noch schlimmer kommt, und Thula würde nichts tun, was Iris nicht passt. Und dass sie Iris nichts tun würde, wissen wir auch.«

Als Iris wieder Badetag hatte, versuchte ich es. Anfangs schien es nicht klappen zu wollen. Ich hatte alle Hände voll zu tun, Iris in der Wanne zu halten; kaum kam ihr Körper mit dem Wasser in Berührung, begann sie zu schreien. Thula war hereingekommen, trollte sich aber wieder. Ich versuchte Iris mit dem Sortiment an Spielsachen zu beruhigen, das ich immer neben der Wanne hatte. Aber sie reihte sie nur fein säuberlich auf der anderen Seite auf und guckte sie zwischen herzzerreißenden

Schluchzern böse an; dann wandte sie sich wieder mir zu, um zu sehen, ob ich nichts Besseres auf Lager hätte. Aber ich hatte nichts mehr, die Ideen waren mir auch ausgegangen. Während Iris' Geschrei unerträglich zu werden begann, wusste ich, ich würde meine Idee fürs Erste aufgeben müssen. Wäre auch zu schön gewesen. Ich sorgte mich um ihre Sicherheit, nachdem sie um ein Haar aus der Wanne gesprungen wäre. Dann kam Thula mit einem Schmuckstück zurück, mit dem die beiden früher am Tag gespielt hatten. Sie sprang auf den Wannenrand und begann dort damit zu spielen. Das lenkte Iris für einen Augenblick ab, und sie hörte auf zu weinen. Die plötzliche Stille gab mir Gelegenheit, wieder klar zu denken. Ich lehnte mich zurück und atmete tief durch, um die Stille nicht zu stören.

Und dann ging Thula ins Wasser. Ich glaubte damals nicht, dass ich mich je an den Anblick einer Katze würde gewöhnen können, die so seelenruhig mit Wasser umging und ganz beiläufig hineinspazierte. Ich liebte Thula in dem Augenblick mehr denn je. Sie erstaunte mich immer wieder, aber das war nun wirklich ein Anblick für Götter. Es war nicht annähernd so viel Wasser in der Wanne wie bei mir, sie brauchte also nicht zu schwimmen, sie konnte neben Iris stehen, die sie auf der Stelle begrüßte: »Hi, Katze!« Und dann sah ich sie lächeln. Beim Anblick ihres Lächelns in der Wanne musste ich weinen. Wie lange hatte ich davon geträumt, darauf gewartet, dass sie wieder Freude an unserem gemeinsamen Bad haben könnte. Egal, was für einen schrecklichen Tag wir hinter uns hatten, ein warmes Bad bei Musik hatte früher alle Probleme gelöst und Frieden in unsere Welt gebracht. In diesem Augenblick war das wieder zum Greifen nah. Sie fand es so lustig, ihre kleine Freundin im Wasser zu sehen, dass sie ihre Ängste vergaß, und die beiden begannen selig miteinander zu spielen.

P-J kam am Bad vorbei, und ich ging hinaus, um ihn abzufangen: »Komm, schau!«

Da er mich übers ganze Gesicht grinsen sah, wusste er, dass mein Plan funktioniert hatte. »Hey, wow! Das ist ja Wahnsinn!« Er ging zu den beiden hinüber und streichelte Thula, die gerade einige von Iris' Seeungeheuern in Augenschein nahm. »Was kommt denn als Nächstes? Schwimmen?«

»Komisch, dass du das sagst, ich habe mir eben dasselbe gedacht.« Mit Schwimmen hatten wir es eine ganze Weile nicht mehr versucht, vielleicht war es ja Zeit, es wieder mal zu probieren.

»Ich würde nichts überstürzen. Lass sie erst mal sicherer werden.«

Thula dürfte die sauberste Katze im ganzen County geworden sein, so oft wie sie mit Iris badete. Sie erlaubte mir sogar, Iris vorzuführen, dass es okay war, sich die Haare schamponieren zu lassen. Gerade vor dem Kopfwaschen hatte mir jedes Mal gegraut. Man hätte meinen können, ich täte Iris weh, so laut schrie sie dabei. Ich war jedes Mal froh, wenn es vorbei war. Und dann kam Thula. Sie saß reglos im Wasser, als ich ihr den Kopf wusch, und Iris lachte über die schaumige Haube ihrer kleinen Freundin und ließ mich ihr ebenfalls den Kopf waschen. Ganz ohne Probleme.

Ein weiteres Problem hatten wir mit dem Haareschneiden. Sie wand sich wie eine Weltmeisterin, duckte sich, wich aus, lief davon, sprang herum, Hauptsache, sie kam um den gefürchteten Haarschnitt herum. Wir brauchten für gewöhnlich Tage, manchmal Wochen, bis die Haare geschnitten waren. Meine Chancen standen am besten, wenn sie sich auf etwas konzentrierte, und selbst dann musste ich wirklich vorsichtig sein, damit ich sie nicht versehentlich am Hals erwischte, wenn sie sich mir ruckartig entzog. Es war wie Brückenstreichen – kaum war man fertig, musste man auf der anderen Seite wieder anfangen. Ich war ziemlich faul geworden und hatte diese Woche meine Pflichten vernachlässigt; Iris' Wimpern begannen ihren Pony zu bewegen, wann immer sie blinzelte.

Mit Thula in der Nähe und da Iris auf ein neues Buchstabenspiel konzentriert war, standen meine Chancen ganz gut. Als ich anfing, legte Thula eine Pfote erst neben die Schere und dann auf meine Hand. Es interessierte sie derart, was da passierte, dass Iris ihrem Beispiel folgte und den Kopf hob – und zu meiner Überraschung war jetzt auch sie gespannt. Anstatt heulend davonzulaufen oder mich wegzustoßen, blieb sie still sitzen und ließ sich von mir die Haare schneiden. Anstandslos. Thula schmiegte sich an Iris und begann laut zu schnurren. Iris war beruhigt. Ich streichelte meine Superheldin und dankte ihr, und es war mir ernst damit. Sie half mir damit über Probleme hinweg, die zu lösen ich längst nicht mehr zu hoffen wagte.

Schwimmen war eine andere Geschichte und eine weit größere Herausforderung. Wir hatten Iris bisher noch nicht einmal durch die Tür des Freibads gebracht. Sie hatte wieder ihren alten Trick ausgepackt, sich in meinen Armen in einen Seestern zu verwandeln. Sie machte unmissverständlich klar, dass ich sie nie und nimmer durch diese Tür bringen würde, nicht bei dem lärmenden Chaos dahinter. Wir hatten uns mehrmals nach kleineren, ruhigeren Bädern erkundigt, aber keines gefunden. Schließlich bot uns eine befreundete Familie im Dorf an, ihren Pool zu benutzen. Es hätte eigentlich perfekt sein müssen: ruhig, hell, eine hübsche Hollywoodschaukel in der Ecke, aber nachdem wir es einige Wochen regelmäßig versucht hatten, war klar: So gern Iris uns beim Schwimmen zusah, eine Chance, sie selbst glücklich im Wasser planschen zu sehen, hatten wir nicht. Sie war viel zu wasserscheu, und dann zog sie Schuhe und Cape nicht gern aus. All die Monate später jedoch, nach zahllosen Bädern mit Thula, war Iris' Problem mit dem Badewasser plötzlich gelöst. Ja, sie badete inzwischen für ihr Leben gern, und ihre Schuhe zog sie auch anstandslos an und aus. Das war der Augenblick, auf den wir gewartet hatten.

»Wow, Fisch!« Zwei ausgesprochen wichtige und wunderbare Wörter aus Iris' Mund, als sie sich an dem Vormittag im Swimmingpool an mich klammerte. Wir waren alle drei im Wasser. Thula hatte ich leider zu Hause gelassen; ich hatte das Gefühl gehabt, damit das Entgegenkommen unserer Freunde zu sehr zu strapazieren, da sie vermutlich Lust bekommen hätte, mit uns schwimmen zu gehen. Nach einer Weile war Iris selbstsicher und ruhig genug für ihre erste Schwimmstunde mit P-J. Er ermunterte sie, mit den Beinen Schwimmbewegungen zu machen. Ich war so stolz, ihr kleines Gesicht knapp über dem Wasser strahlen zu sehen. Die Schwimmhilfen hatten wir ihr noch nicht anlegen können, weil sie Angst davor hatte, die Hände hineinzuzwängen. Aber ansonsten hielt sie sich wirklich wacker, und wir konnten kaum glauben, wie sie sich verändert hatte. Dank Thula gehörte Schwimmen jetzt zu ihrem Leben.

Ich hätte bald nicht mehr aufzählen können, wobei Thula Iris von Tag zu Tag half. Ich bin sicher, jeder, dem ich von ihr erzählte, hielt mich für eine Aufschneiderin oder ging davon aus, dass die Katze eine spezielle Ausbildung hinter sich hatte. Ich konnte es ja manchmal selbst kaum glauben, vor allem während unserer abenteuerlichen Ausflüge aufs Land. Thula wich nicht von Iris' Seite, egal ob die beiden von einer Brücke aus ins

Wasser guckten oder sich die Glockenblumen im Wald ansahen. Der Ausdruck ihrer Augen war schlicht unheimlich, sie schien jedes Wort zu verstehen, wenn man mit ihr sprach. Wenn man sie aufzuziehen versuchte, merkte sie das und ließ einen stehen. Und sie hatte merkwürdige kleine Angewohnheiten. Wenn sie draußen gewesen war und mit schmutzigen Pfoten hereinkam, ging sie auf der Stelle nach oben, um sie in der kleinen Pfütze um den Abfluss in der Badewanne zu waschen. Natürlich klappte das nie so recht, sodass sie überall ihre schlammigen Spuren hinterließ, aber die Art, wie sie alles nachmachte, was sie bei uns Menschen sah, war einfach zu komisch. Schließlich reifte sie zu einer wahrhaft prächtigen Schönheit heran, die mit geradezu majestätischem Blick von den Balken des Gartenzimmers auf uns herabsah. Ich stellte nichts mehr infrage, ich musste gar nicht wissen, warum sie tat, was sie tat oder woher sie wusste, was zu tun war: Ich sah nur eine Freundin, nicht nur von Iris, sondern eine Freundin von uns allen. Sie war eine von uns.

Im Herzen des Gartens sitzen die drei still beieinander: Iris, Thula und der Baumstumpf. Es ist ein Platz, still zu sein und Frieden zu finden in einer hektischen und zuweilen verwirrenden Welt. Da Sturmwolken heranfliegen, rufe ich Iris ins Haus. Thula folgt ihrer besten Freundin und nimmt ihren Platz auf dem Maltisch ein. Sie schnurrt, als Iris auf dem Papier Farben anzumischen beginnt. Schwer fallen die ersten Regentropfen auf ihr Königreich im Garten. Eine Weile sehen sie vom Fenster aus zu, wie der Baumstumpf sich vollsaugt und eine dunklere Farbe annimmt. Wieder in der Küche, werden die Farbschichten satter, und feine Details tauchen auf, als Iris auf das Papier einstempelt, es mit Schwämmen betupft und dann zu kratzen beginnt, damit hier und da die hellen Farben wieder unter dem dunklen Blau hervorschauen. Ein Bild entsteht: das Gesicht einer Katze im Halbdunkel. Die Verbindung zwischen den beiden ist so stark, dass sie sich auf Iris' Bilder überträgt, es ist ein Band, das Barrieren sprengt und das bislang versteckte strahlende Leuchten in ihr zum Vorschein bringt.

Acht

Zum dritten Mal seit unserem Umzug verwandelte sich mein Büro. Zuerst hatte ich dort meine Hochzeitsfotos bearbeitet, dann hatten wir dort die Gemälde eingelagert, jetzt wurde es unser Klassenzimmer für den Hausunterricht. Ich hatte alles so schön geplant; es gab eine gemütliche Leseecke, einen Schreibtisch für die formelleren Stunden sowie einen Spielbereich. Das Ganze hatte nur einen Haken – ich war allein. Der Stapel ausgedruckter Arbeitsblätter schien sich über mich lustig zu machen, und meine Versuche, die Lehrerin zu spielen, schlugen jämmerlich fehl.

Thula kam herein und schmiegte sich an mich. Ich brauchte sie jetzt mehr denn je. »Thula, wie machst du das nur? Mir läuft Iris ständig davon.« Die Woche zuvor war erfolglos vergangen, die Frustration nahm bei allen Beteiligten zu. Ich wusste nicht mehr weiter und brauchte Hilfe. Bis zu dem Zeitpunkt war Iris' Heimschulung zwar alles andere als ein Kinderspiel gewesen, aber wir waren gut vorangekommen. Sie konnte mittlerweile das Alphabet und sprach alle Buchstaben aus; die Zahlen konnte sie bis über dreißig, und sie war in der Lage, kurze Wörter zu lesen; außerdem erkannte sie Formen und begriff Größen und Rauminhalte. Ich hatte alles abgedeckt, was sie dem Lehrplan für Vorschulen nach wissen musste, aber Iris wurde in wenigen

Monaten fünf, und je mehr wir uns in den Bereich für Kinder im Einschulungsalter wagten, desto schwerer taten wir uns.

Als ich so allein mit Thula dasaß und überlegte, wurde mir klar, was ich falsch machte. Der Raum sah aus wie ein Klassenzimmer, und die Aktivitäten und die Arbeitsblätter, die ich einzuführen versuchte, sagten Iris nichts. Sie interessierten sie nicht. Das war der Schlüssel. Ich musste ihre unglaubliche Konzentrationsfähigkeit mit Aktivitäten zu fesseln versuchen, die ihr etwas sagten. Ich hatte mit dem zentralen Lehrplan für die Aufnahme in die Grundschule zu arbeiten begonnen, der 08/15-Formel anderer Leute, aber Iris war nun mal nicht wie andere Kinder, und mir wurde rasch klar, wenn ich das durchzuziehen versuchte, würde ich all unsere Fortschritte wieder verspielen.

Mein Herz schlug schneller, mir wurde ungemütlich warm. Thula folgte mir hinaus an die frische Luft. Von der Veranda aus blickten wir hinab auf den Baumstumpf, wo Iris saß. Es ging mir besser, als ich langsam und tief zu atmen begann, aber so richtig beruhigen konnte ich mich nicht. Ich hatte ein schlechtes Gewissen. Tagelang hatte ich mich damit herumgeschlagen. Es war zum Verzweifeln. Aber ich kannte die Ursache und wusste, dass ich mir das alles nur einbildete – es war die Last der Verantwortung, die damit verbunden war, Iris im Alleingang zu Hause unterrichten zu wollen; es war die Erkenntnis, es womöglich nicht allein zu schaffen, weil ich keine Ahnung hatte, was ich da machte. Immer wenn etwas nicht klappte, stellte ich mich selbst und die Richtung infrage, die ich eingeschlagen hatte. Ich war keine ausgebildete Lehrerin und hatte mich nie groß für den Schulunterricht interessiert. Als wir das Haus gekauft hatten, war für mich einer der Pluspunkte gewesen, dass es an der Schulbusroute lag – ich stellte mir vor, wie praktisch das irgendwann wäre. Jetzt kam die alte Einsamkeit wieder, das Gefühl, mich zu weit aus dem Fenster gelehnt zu haben und fernab der Gesellschaft allein auf weiter Flur dazustehen. Die meisten meiner Entscheidungen traf ich aufgrund der Überlegung, was wohl am besten für Iris wäre, und die Basis dafür waren meine Beobachtungen. Jetzt war ich wieder mal völlig verunsichert.

Uns stand ein Treffen mit den Behörden bevor, bei dem ich einen detaillierten Plan für den Hausunterricht meiner Tochter vorlegen müsste. Ich wusste, wenn ich mein schlechtes Gewissen loswerden wollte, musste ich die Situation in den Griff bekommen, aber nicht so, wie ich das bis dahin gehandhabt hatte: keine Ausdrucke aus dem Internet mehr. Ich musste meinen eigenen Lehrplan für Iris aufstellen, der auf Dingen basierte, die sie inspirierten. Außerdem verwarf ich die Idee, sie in einem bestimmten Zimmer unterrichten zu wollen, und entschied mich für einen flexibleren Ansatz. Ich würde sie dort unterrichten, wo sie gerade sein wollte, und sei es auf dem Baumstumpf draußen im Garten oder auf der Brücke über den Bach. Wenn sie Bewegung brauchte, schön, wir würden das schon irgendwie deichseln, vielleicht ließ sich das sogar irgendwie einbauen. Aber um das zu schaffen, brauchte ich unbedingt Hilfe. Iris' Unterricht auf eigene Faust zu planen war ein ungeheures Unterfangen, und ohne zu wissen, was Iris lernen sollte, hatte das überhaupt keinen Sinn. Also bat ich meine Freundin Charlie um Hilfe, die im Bildungswesen tätig ist, und sie erbot sich freundlicherweise, einige meiner Optionen mit mir durchzugehen.

Im ersten Augenblick fühlte ich mich fast erschlagen von dem Lehrplan vor mir, aber je mehr ich las, desto klarer wurde mir: So etwas konnte ich auch. Nur würde ich mich eben auf Iris' Interessen konzentrieren. Ich saß mit Charlie beisammen, und sie teilte mit mir ihr Wissen und ihre Erfahrungen aus all ihren Jahren im Bildungswesen.

Als ich mit Charlie in ihrer Küche darüber plauderte, was Iris konnte, womit sie Probleme hatte und wie meine Pläne aussahen, kam ich mir vor wie am Beginn einer wunderbaren Reise. Mir fiel eine Last von den Schultern. Ich erzählte ihr, wie es um Iris stand: ihre Leidenschaften, dass sie lesen konnte, alles, was sie inzwischen geschafft hatte, und was ich mir für die nächste Phase vorstellte. Charlies Reaktion überraschte mich. Nach einer ganzen Reihe präziser Fragen stellte sie sich voll und ganz hinter unsere Entscheidung, Iris zu Hause zu unterrichten. Sie war ganz unserer Meinung, dass es für unser Kind das Beste sei. Sie ging mit mir mehrere Optionen durch: verschiedene Lehrpläne, wie sie sowohl in Sonder- als auch in normalen Schulen zum Einsatz kamen, sowie ein themenorientiertes Format. Mir gefiel der themenorientierte Ansatz, den auch sie für die stärkste Option hielt. Wir gingen die Schlüsselthemen durch, die ich abzudecken hätte. Der Schulunterricht hatte sich sehr verändert seit meiner Kindheit; in den einzelnen Fächern wurden weit mehr Fertigkeiten verlangt. Ich würde das in Betracht ziehen müssen. Zu meiner großen Freude hieß das, was man früher Informationstechnik nannte, jetzt Informations- und Kommunikationstechnik, was bedeutete, dass es alle möglichen Themen über das Sammeln von Informationen mithilfe der Technik umfasste. Und darunter fällt auch die Fotografie. Es war aufregend, mit jemandem zu sprechen, der von meinen Ideen begeistert war und mich bei der Hand nahm. Als ich nach Hause fuhr, stand ich unter Strom bei dem Gedanken, einen eigenen Lehrplan zusammenzustellen.

Noch am selben Nachmittag fing ich damit an. Als Erstes hatte ich mich für ein Thema zu entscheiden. Nicht dass ich da groß zu überlegen brauchte. Thula spürte bald, dass etwas im Gange und dass ihr Typ gefragt war. Sie sprang mir auf den Schoß und rollte sich schnurrend ein. »Katzen« lautete das Thema.

»Kommst gerade richtig, Thulie-Bulie. Wir unterrichten Iris mit deiner Hilfe, Thula. Ist das nicht toll?«

Sie hob den Kopf und sah mich an, als wollte sie sagen: »Klar brauchst du mich, an wen hattest du denn gedacht?«

Ich schrieb das Wort »Katze« auf ein Blatt Papier, genau in die Mitte, und zog einen Kreis rundherum. Dann zog ich um diesen im Uhrzeigersinn weitere Kreise mit verschiedenen Schulfächern: Englisch, Musik, Kunst, Informatik, Naturwissenschaft, Mathe, Sport, Geografie und Geschichte. Ich machte mich ans Brainstorming und begann zu planen, was wir machen sollten: Lektüre, Projekte für den Kunstunterricht, Musik. Und dann überlegte ich natürlich, wie ich die Katze zum Thema machen konnte, um Iris gewisse Fertigkeiten zu vermitteln. Ich notierte, was mir so einfiel, darunter Besuche im Zoo. Mir ging der Platz auf dem Blatt aus; außerdem war meine Schrift kaum noch zu lesen, weil Thula mich ständig stupste. Mein übersichtlicher Plan war bald nicht mehr ganz so übersichtlich, und dann kam auch noch Iris auf Zehenspitzen hereingetappt, schnappte sich den Zettel und lief damit davon. Das fing ja gut an.

Nach einer Tasse mit starkem Kaffee saß ich wieder an meinem Schreibtisch. Ich würde schon etwas raffinierter vorgehen müssen, wenn ich diese Schlacht gewinnen wollte. Ich klickte meinen Photoshop auf und machte mich daran, meinen Plan am Computer auszuarbeiten. Das ging super; wann immer mir der Platz ausging, vergrößerte ich einfach das Blatt. Alles ließ sich kinderleicht anpassen, und im Handumdrehen hatte ich einen katzenorientierten Lehrplan beisammen. Na ja, mehr oder weniger, ich hatte viel zu viele Optionen und Projekte notiert, aber ich hielt es für besser, eine größere Auswahl zu haben. Es gab Tage, da genügte es einfach nicht, einen Trick im Ärmel zu haben, da brauchte es gleich einen ganzen Sack voll Ideen.

Wenn Iris etwas nicht interessierte, spazierte sie einfach davon, und mir blieb nichts anderes, als noch mal durchzustarten. Je nach ihrer Stimmung konnte das zu einem Desaster führen. Sie konnte so gereizt, unmutig oder verstört sein, dass sie mich einfach wegstieß. »Lass!«, sagte sie dann oder »Geh weg!«. Sie brauchte ihren Freiraum, den ich ihr dann auch eine Zeitlang ließ. Tat ich das nicht und drang weiter auf sie ein, brachte sie das furchtbar auf. Sie schlug sich mit der Faust gegen den Bauch und ließ Arm und Hand dann auf mich zuschnellen, als wollte sie sagen: »Weg mit dir!« Dabei verzog sie das Gesicht wie eine böse Biene. Das war dann der Augenblick, in dem ich selbst eine Verschnaufpause brauchte. Ich zog mich dann in die Küche zurück, um mich still hinzusetzen, während ich mir fieberhaft überlegte, wie ich wieder Kontakt mit ihr aufnehmen und wann ich es mit etwas anderem versuchen könnte. Wenn dann später etwas klappte, war das ein wunderbares Gefühl, richtig berauschend, und es war die reine Freude, zusammen mit ihr an etwas zu arbeiten und ihr beim Lernen zuzusehen. Und sie lernte schnell; ihr Verständnis ging weit über das hinaus, was wir an der Oberfläche zu sehen bekamen. Sie erstaunte mich immer wieder aufs Neue mit dem, was sie alles konnte.

Wenn wir zu einem neuen Gegenstand übergingen, musste ich bei etwas ansetzen, für das sie irgendwann Interesse gezeigt hatte. So hatten wir etwa ein Buch auf dem Sofa liegen, einen ziemlichen Wälzer, den ich einige Jahre zuvor für Iris gekauft hatte. Ich hatte ihr viele Gedichte und Kinderverse daraus vorgelesen, und mir fiel auf, dass das Buch auf der Seite »Die Eule und das Kätzchen« aufgeschlagen war. Eine dicke braune Eule und eine getigerte Katze saßen in einem maigrünen Ruderboot mitten im blauen Meer mit einem Topf Honig, etwas Geld und einer Gitarre unter sternenklarem Himmel. Genau das wollte ich nachstellen. Wir würden einen Kahn aus Pappe basteln und all die anderen Requisiten, und natürlich würde Thula die Rolle der Katze übernehmen. Dann würden wir am Vokabular des Gedichts arbeiten, mit den Buchstaben üben und die Wörter nachsprechen. Wenn das klappte, könnten wir zu einem der anderen Gedichte übergehen, vielleicht »*Hey diddle diddle*«. Da es auch darin um eine Katze ging, wäre das eine großartige Kombination: Katzen, Musik, Tiere auf dem Bauernhof, die mir als nächstes Thema vorschwebten.

Im Uhrzeigersinn ging ich zum x-ten Mal meinen Plan durch. Die Englischabteilung war proppenvoll: Bücher, Gedichte und

Kinderverse. Die Abteilung Kunst hatte allerhand Projekte wie zum Beispiel Katzenmasken, um Iris zum Interagieren und Spielen zu bringen. Für die Abteilung Informatik würden wir meinen Computer benutzen, damit sie einfache Wörter tippen lernte, außerdem ihr iPad mit seinen Apps, und dann könnten wir mit meiner Kamera Fotos von Thula zu schießen versuchen. Für den nötigen Schuss Naturwissenschaft würden wir Thula wiegen, die Größe verschiedener Katzen vergleichen und uns anschauen, wozu Schnurrhaare und andere Körperteile gut sind. Um ihre rechnerischen Fertigkeiten zu üben, würden wir die Schnurrhaare an der Maske zählen und vielleicht an Thula selbst, wenn sie schlief; wir könnten ihr Wildkatzenspielzeug aufreihen, zählen und dann Addieren und Subtrahieren einführen. Erdkunde war recht einfach mit all den Wildkatzen und einem Besuch im Tiergarten. Und was Geschichte anging, hatte ich ein Buch, das die Darstellung der Katze in der Kunst über 3500 Jahre zurückverfolgt; so konnten wir uns möglicherweise sogar mit den alten Ägyptern befassen. Aber erst mal mussten wir unser Ruderboot bauen.

Die Farbe war getrocknet, und ich schaffte unseren Kahn aus Pappe hinaus auf die Terrasse. Iris zog einen Ballen blauen Stoff hinaus, den ich besorgt hatte. Sie ahnte, dass er für unsere Aufgabe wichtig wäre. Ich schuf damit ein Meer aus blauer Baumwolle um den Kahn und verteilte darauf einige ihrer sensorischen Spielsachen: Meerestiere, eine Krabbe, einige Fische und einen Hummer. Dann versteckte ich ein Säckchen mit einem Schatz im Boot, einen Honigtopf, Iris' rosa Ukulele und einen Feldstecher, mit dem wir in die Ferne gucken könnten. Ich holte noch andere Sachen aus dem Haus: eine Eulenmaske, die wir bereits gebastelt hatten, und einen Ring für die Schweinchenpuppe. Nachdem ich alles verteilt hatte, hängte ich noch

einige Silbersterne an die Hecke – magische Überraschungen, die Iris entdecken und zählen konnte. Während ich ihr vom Meer und der fantastischen Reise erzählte, die wir miteinander machen würden, guckte sie mich an, als wollte sie sagen: »Hast du sie nicht mehr alle?« Dann lief sie davon und kam, Thula im Schlepptau, mit meinem iPhone zurück. Keine Abenteuer ohne Thula und Peggy Lee! Sie navigierte sich durch die verschiedenen Ansichten, um ihren Song zu finden, dann ging es los. Thula und ich stiegen mit ihr ins Boot; es war etwas eng, aber Iris war dankbar für unsere Gesellschaft, da sie unser Wasserfahrzeug erst noch inspizieren musste, bevor sie sich darin sicher fühlen konnte. Im Verlauf ihrer Inspektion stieß sie auf das Säckchen mit den Schätzen. Als sie es öffnete, glänzten die Goldmünzen und Muschelschalen in der Sonne. Sie drehte sie in der Hand, und als sie mich dann stupste, nahm ich das als Stichwort, aus dem Boot zu klettern. Mein Plan funktionierte; die stundenlange Suche nach einem passenden Karton, das Bemalen, die Jagd nach den Requisiten, all das zahlte sich jetzt aus. Was wiederum mir guttat, ich war wirklich zufrieden mit mir.

Dann jedoch stieg Iris aus und verschwand im Haus. Ich hatte wirklich gehofft, meine Mühe könnte sie etwas länger fesseln. War ich zu weit gegangen? War es zu viel des Guten gewesen? Müsste ich das Ganze einfacher gestalten? Wenn ich es recht bedachte, liefen die Ratschläge, die ich im letzten Jahr von Autismus-Fachleuten und Therapeuten bekommen hatte, darauf hinaus, Kinder aus dem Spektrum in klar gegliederten Phasen mit simplen Konzepten und klaren Anweisungen zu unterrichten. Mit meinen Methoden machte ich in vieler Hinsicht das Gegenteil. Doch dann sah ich durchs Fenster, dass sie wieder zurückkam, diesmal mit ihrem iPad. Als sie wieder an Bord war, wählte Iris Google Earth, drehte die Welt um ihre Achse, zoomte Südamerika heran, sauste über den Pazifik und wanderte dann gemächlich über den Planeten. Hier und da hielt sie an und suchte den Horizont mit dem Feldstecher ab.

Iris plante ihre Reise über den Pazifik! Das überstieg nun wirklich alle meine Erwartungen. Ihre Fähigkeit, eine Situation zu verstehen und zu analysieren, ihre natürliche Neugier und ihre Konzentrationsgabe überraschten mich immer wieder. Aufgrund ihrer autistischen Veranlagung treten Fantasie und Spiel – im Sinne von »so tun als ob« – zum einen hinter der Neugier zurück, wissen zu wollen, wie etwas funktioniert, zum anderen hinter dem Reiz der Natur und ihrer Schönheit. Es ist eine wunderbare Gabe, die ich einzusetzen gedachte, um ihr neue Konzepte verstehen zu helfen. Nicht dass Iris ihre Fantasie nicht benutzt hätte, keineswegs, aber sie benutzte sie auf eine Art, die man von einem Kind ihres Alters nicht erwarten würde. Für mich war das schlicht genial. Thula spielte mit dem Schmuck, den sie in dem Säckchen mit den Schätzen gefunden hatte, und Iris ließ eine Halskette in der Sonne baumeln, nach der Thula mit einer Pfote schlug, sodass sie zu pendeln begann. Selig vor sich hin summend bestaunte Iris die Blitze, die das Halsband gegen die Bordwand ihres Ruderboots warf; sie wirkten wie schimmernde Reflexionen der Wellen, was zur Magie der Szene beitrug. Ich las das Gedicht vor, Iris wiederholte Teile davon und kicherte, als wir an die Stelle kamen, wo Eule und Kätzchen im Mondschein tanzen. Ich nahm Puppe und Maske, um sie zum Interagieren anzuregen. Noch am selben Nachmittag schrieb ich die Schlüsselwörter aus dem Gedicht auf Kärtchen, und Iris las sie mir mühelos vor.

Iris' Unterricht nahm unser Leben völlig in Anspruch. Sie ließ sich nicht in festgelegte Stunden oder Tage der Woche zwängen; das Ganze entwickelte sich zu einer eher spontanen und organischen Angelegenheit. Wann immer P-J und ich eine Gelegenheit sahen, packten wir sie beim Schopf. P-J übernahm die Rolle des Geschichtenerzählers; ich sorgte dafür, dass immer genügend Bücher über das jeweils aktuelle Thema herumlagen, und er kannte einige von ihnen so gut, dass er sie ihr vorspielen konnte, wobei er sie ermutigte, die Lücken zu füllen, die er ließ. Es spielte keine Rolle, wie spät es war oder wie früh, ob wir im Bad oder mit dem Rad unterwegs waren: Wenn sie lernen und etwas erforschen wollte, wenn sie irgendetwas interessierte, dann ließen wir uns darauf ein. Es spielte noch nicht einmal eine Rolle, dass ich ein anderes Thema auf dem Programm hatte; ich legte es auf Eis und nahm auf, was sie gerade besonders motivierte. So wirkungsvoll diese Freiheit war, sie war gewöhnungsbedürftig. Vor allem P-J schloss gern an etwas an, was beim letzten Mal funktioniert hatte, aber wir mussten beide lernen, mit dem zu arbeiten, was *im Augenblick* funktionierte. Hatte ich ein Thema vorbereitet und mir viel Mühe damit gemacht, war es natürlich verlockend, das einfach durchziehen zu wollen. Manchmal versuchte ich das auch, aber nach einigen erfolglosen Sitzungen musste ich mich an meinen Grundsatz erinnern, mich nach Iris zu richten. Ohne starken Anreiz war sie nicht zu unterrichten; genau genommen war es manchmal fast unmöglich, weil sie mich einfach nicht um sich haben wollte. Es war frustrierend, sich von ihr in ein anderes Zimmer führen zu lassen, aber wenn ich nicht ging, dann ging eben sie, und wenn ich sie zum Bleiben zwang, dann war sie im Grunde ganz weit weg, und ich konnte sie nicht erreichen. Ich hätte am liebsten losgeheult vor ohnmächtigem Zorn, dass das Leben so schwierig sein musste und dass sie so oft lieber allein war. Nur der Gedanke, dass das für Iris alles noch viel schwieriger war, vermochte die negativen Gedanken wegzuwischen. Ihre Frustration musste ja noch hundertmal größer sein. Wir mussten um ihretwillen stark und positiv bleiben; sie war es, die Hilfe und Verständnis brauchte. Also atmete ich tief durch und dachte scharf nach, wie ich den Kontakt wiederherstellen konnte – welches ihrer Lieblingsbücher oder Lieblingslieder ich zitieren könnte. Oder vielleicht sollte ich ein Spielzeug zum Thema holen, das sie schon mal inspiriert hatte.

Im Gegensatz zu den meisten anderen Kindern hatte Iris weder Ferien noch spezielle Unterrichtspausen. Sie hatte immer Unterricht, und das ist heute noch so. Wir beobachten sie, und wenn wir das Gefühl haben, dass sie eine Pause braucht, müde

oder einfach nicht in Stimmung ist, dann lassen wir sie eine Zeitlang allein mit ihren Büchern, ihrer Musik oder einer ihrer Expeditionen im Garten. Wir lernten einzuschätzen, wann sie Abstand brauchte, wann sich mit ihr arbeiten ließ und wann sich eine Aktivität, die sie entspannte, als Lernmittel einsetzen ließ.

Es war eine magische Zeit. Jeder Tag schien angefüllt mit wunderbaren Augenblicken, die wir alle teilten, und der Unterricht wurde um vieles leichter mit meiner vertrauten kleinen Helferin. Wann immer ich eine neue Aktivität aufs Tapet brachte, war Thula als Erste mit von der Partie. Sie ging voran und zeigte Iris, dass Veränderung etwas Gutes war und dass es

Spaß machen kann, neue Gefühle und Erfahrungen zu erforschen. Iris folgte ihr, und ich beobachtete mit Freude, wie ihr Selbstvertrauen wuchs.

Manchmal bauten wir sogar unsere Radtouren in das gerade angesagte Thema mit ein. Wenn wir bei schlechtem Wetter mal eine Woche nicht rauskamen, freuten wir uns doppelt, wieder am Kanal entlangbrausen zu können, um das schwarzweiße Wollschwein zu besuchen, das die Rolle des Schweins in unserer Version von »Die Eule und das Kätzchen« spielte.

Thula tat ihr Bestes, wenn wir dann im Wald waren, wo das Schweinchen wohnte. Zuerst zitterte sie beim Anblick des Schweins. Iris legte einen Arm um sie und begann auf der Stelle zu hüpfen, während wir lachend das grunzende Schwein begrüßten. Den Arm ihrer besten Freundin um sich, gewann Thula rasch an Selbstvertrauen; Ohren und Schnurrhaare gespitzt, beäugte sie von ihrem Korb am Rad aus das merkwürdige Tier.

Ein letzter Ausflug im Rahmen unserer wunderbaren Expedition in die Katzenwelt stand noch aus, und so fuhren wir denn zur Feier von Iris' fünftem Geburtstag in den Safaripark.

Iris guckte aus dem Fenster. Das Vieh auf der Weide hatte ihr Interesse geweckt, die mächtigen Hörner, das schokoladenbraune seidige Fell. Als wir vorbeifuhren, stupste sie mich an, damit ich ein Foto machte.

Der Safaripark war mit dem Auto zu befahren; ich saß mit Iris auf dem Rücksitz. Neben meinen Kameras hatte ich ihre Bücher und Spielzeugtiere im Schoß. Es war die perfekte Einführung, da Iris noch nicht genug Selbstvertrauen hatte für den Andrang der Menschenmassen im normalen Zoo. Im Schutz unseres Autos jedoch kam sie mit der neuen Erfahrung gut zurecht. Sie lachte, als ich ihr sagte, was wir als Nächstes sehen würden, und nahm ihren Spielzeugtiger von meinem Schoß, drehte ihn in den Händen. Wir sahen Rhinozerosse, Affen, Zebras, Tiger …

Als wir ins Gehege der nordamerikanischen Schwarzbären kamen, biss Iris selig in ihr Sandwich. Wir hielten an, um uns einen ziemlich großen Bären neben uns anzusehen. Iris guckte aus dem Fenster und versteckte dann mit einem wissenden Blick auf mich rasch ihr Sandwich neben mir. Ich musste lachen. Sie stupste mich wieder an, damit ich ein Foto schoss. Meine Funktion war klar; ich hatte die Bilder einzufangen, die sie an unsere Reise erinnern sollten, wenn wir wieder zu Hause wären.

Am Abend dann, als Iris sich in ihrem Spielzimmer einrichtete, umarmte ich sie. »Alles Gute zum Geburtstag, Schatz«, sagte ich. »Das wird ein wunderbares Jahr.«

»Ich bin fünf«, antwortete sie.

Eines Tages bekam ich eine E-Mail einer Frau in Südafrika, die die Geschichte unserer Tochter auf Facebook verfolgt hatte. Sie erzählte mir von einer Firma, die eine ziemlich ungewöhnliche Art von Sprachtherapie bot, die Iris ihrer Ansicht nach möglicherweise helfen könnte. Sie hätten sie an ihrer Schule getestet und seien recht beeindruckt gewesen vom Resultat. Das Programm nennt sich Gemiini. Es handelt sich dabei um eine Online-Videobibliothek eigens für Personen mit Sprachstörungen. Jedes der kurzen Videos konzentriert sich auf ein Wort oder ein kurzes Gespräch, und man hat die Wahl, dazu entweder die Mundbewegungen zu sehen oder die sprechende Person mit einem Bild des Gegenstands. Wir taten uns wirklich leicht damit, und ich fing an, Iris mithilfe der Gemiini-Plattform Wörter zu unserem aktuellen Thema vorzustellen. Sie saß neben mir an meinem Computer und sah sich mehrmals am Tag mit Feuereifer diese Videos an. Die Sitzungen dauerten jeweils zwanzig Minuten.

Iris und P-J saßen hysterisch lachend am Küchentisch. Ich beobachtete sie von der Tür aus, als sie ihn bat, »Affe« zu spielen. Sie wartete und kicherte, sah ihn dabei mit direktem Blickkontakt an. Wieder hörte ich das Wort »Affe«. Sie überlegte einen Augenblick, dann hob sie die Arme und machte »uuh-uuha-a-a«, damit er noch mal einen Affen nachmachte, was er denn auch tat. Iris bekam einen Schluckauf vor Lachen, und das Spiel ging mit anderen Tieren weiter, von denen sie in den Videos erfahren hatte. Ihre Art, mit uns zu interagieren und zu spielen, änderte sich. Sie setzte jetzt ihre Stimme nicht nur ein, sie hatte auch Freude daran; sie sprach nicht mehr ganz so zaghaft und sporadisch oder wiederholte alles, wie sie das früher gemacht hatte, wenn sie die Kontrolle verlor. Bei ihren ersten Sprachversuchen hatte sie sich auf bestimmte Wörter fixiert, aber seit wir Gemiini einsetzten, wiederholte sie Wörter täglich im richtigen Kontext. Ständig bat sie mich, ihr Wörter aus Büchern vorzulesen, und studierte dabei meine Mundbewegungen, wenn ich sie aussprach. Ich war sicher, hier die positive Wirkung der Sprachtherapievideos zu sehen. Jetzt schnappte sie sich meinen Finger und führte ihn an den Text, den sie wiederholt haben wollte; wenn ich dann vorlas, beobachtete sie wie gebannt meinen Mund. Und die Wörter aus den Videos schienen ihr nicht zu genügen, sie waren eher ein Ausgangspunkt für ihr Interesse an weiteren Wörtern. Außerdem schienen sie ihre sozialen Kompetenzen zu fördern und regten sie an, Fragen nach den Dingen zu beantworten, die sie in den Videos gesehen hatte. Für P-J wurde daraus ein richtiger Wendepunkt, weil er sich so lange gewünscht hatte, mit Iris herumalbern zu können, Spaß mit ihr zu haben, mit ihr zu spielen. Großer Junge, der er ist, hatte er Iris immer dazu zu bewegen versucht, aber sie hatte einfach nicht die Fähigkeit gehabt, mit ihm zu spielen. Jetzt änderte sich das.

Diese neuen Kompetenzen erstreckten sich auch auf die übrige Familie, und als P-Js Mutter Helen aus Lincolnshire zu Besuch kam, sah ich von der Terrasse aus zu, wie Iris P-Js und die Hand ihrer Großmutter ineinanderlegte. Nachdem die beiden sich bei der Hand hielten, schob sie die Hände nach oben, sodass sie einen Brückenbogen bildeten, und lief dann unten durch, hin und her, immer wieder, kreischend vor Begeisterung, und ihr blaues Cape flog dabei im Wind.

Bei all den Aktivitäten, mit denen wir ihren Tag vollpackten, malte Iris zwar nicht mehr so viel wie früher, aber Tisch, Papier und Farben standen allzeit bereit; wenn sie wollte, konnte sie also jederzeit loslegen. Auf eines der Gemälde aus dem Stapel unvollendeter Werke im Kartenschrank kam sie immer wieder zurück, ohne es je zu vollenden – bis es eines Tages so stürmte, dass ich Angst hatte, der Wind könnte uns das Dach abdecken. Ich blieb in Iris' Nähe für den Fall, dass sie mich brauchte, aber sie hatte ihre Malerei. Sie stand an ihrem Tisch in der Küche und arbeitete fast fieberhaft, dass die Farben nur so spritzten. Und während das Bild trocknete, sorgte sie mit einigen Werkzeugen wie Spielzeug und Stempel für zusätzliche Textur. Sie begann aufgeregt zu hüpfen, als unter den anderen Farben eine rosa Schicht erschien. Ich taufte das Bild *Octavia*, zur Erinnerung an die achtmonatige Entstehungszeit.

Ich hatte von einer Studie gelesen, die bewies, dass der Verstand eines autistischen Kindes im Ruhezustand zweiundvierzig Prozent mehr Informationen produziert als der eines durchschnittlichen Kindes. Es verfügt über Superkräfte, ein Gedanke, der im ersten Augenblick schwer zu fassen ist, aber damit wird klar, welchen Problemen sich Kinder und Erwachsene aus dem autistischen Spektrum tagtäglich ausgesetzt sehen, ganz zu schweigen davon, wie wichtig es für sie ist, etwas Ruhe zu finden.

In mir entstand damals eine Idee, ein weltweites Projekt auf die Beine zu stellen, mithilfe der sozialen Medien Menschen mit Autismus-Spektrum-Störung zu befragen, wie sie ihre Welt erfahren. Ihre Antworten, so die Idee dahinter, könnten uns wertvolle Einsichten vermitteln, die uns und anderen dabei helfen würden, unsere Kinder zu verstehen. Ich taufte es »Antworten aus dem Spektrum«. Monatelang stellte ich jeden Montag eine neue Frage ins Web und ließ auch andere ihre Fragen stellen. Die Antworten waren aufschlussreich, und die Befragten versuchten so zu antworten, dass es auch für Außenseiter verständlich war.

Eines Sonntags kam am Abend die Bitte einer Mutter herein, eine Frage über Lärm zu posten. Eine der Antworten darauf brachte eine Saite in mir zum Klingen, weil ich sah, dass sie auch für Iris galt: »Stellen Sie sich ein Foto vor. Für die meisten Menschen ist nur der Gegenstand im Vordergrund scharf. Für mich besteht kein Unterschied zwischen dem Gegenstand und dem Hintergrund – es ist alles gleich scharf. Anstatt einer durchkomponierten künstlerischen Aufnahme habe ich ein einziges Chaos vor mir. Ich weiß, ich sollte nur die Person im Vordergrund anschauen, aber meine Aufmerksamkeit konzentriert sich stattdessen auf all die Sachen im Hintergrund.« Diese Antwort half mir zu verstehen, warum Iris sich in lärmigen Umgebungen so schwertat und warum sie dann Hilfe brauchte.

Ein andermal fragten wir nach dem Stimming. Stimming und Stims stehen für »selbststimulierendes Verhalten«. Es scheint uns allen eigen, ob wir nun mit den Füßen tappen, an einem Kugelschreiber herumdrücken oder mit unseren Haaren spielen. Es scheint uns irgendwie zu beruhigen oder bei der Konzentration zu helfen. Menschen aus dem autistischen Spektrum verstehen unter Stimming ein ganz spezifisches Verhalten, wie etwa mit den Händen zu flattern, mit dem Oberkörper zu schaukeln, sich um die eigene Achse zu drehen, Wörter oder Sätze zu wiederholen. Sie können aber auch ungewöhnlicher und überraschender sein. Iris macht das, wenn sie aufgeregt ist oder wenn sie ein Zuviel an sensorischen Informationen zu überlasten droht. Das kann in beide Richtungen gehen, es kann ein Zeichen von Freude sein oder ein Hinweis darauf, dass ihr eine Situation zu viel wird. Heute weiß ich das zu unterscheiden und kann, wenn nötig, beruhigend wirken. Viele sehen im Stimming eine unerwünschte Verhaltensweise, die die Integration in die Gesellschaft erschwert. Sie ermahnen das Kind – »ruhige Hände!« – oder lassen es sich auf die Hände setzen, wenn es nicht aufhören kann. Mir scheint das grausam; der Körper hat einen guten Grund für diese Verhaltensweisen. Sie helfen, überschüssige Energie loszuwerden, um dieser Gefühle Herr zu werden, und für viele Menschen aus dem Spektrum handelt es sich dabei um eine angenehme Erfahrung. Unterbindet man diese Verhaltensweisen, mag man vielleicht den Eindruck haben, dass man einem Problem ein Ende macht, aber man schafft damit vielleicht ein viel größeres – und das alles nur, um »normal« zu erscheinen.

Das einschlägige Feedback von Menschen aus dem autistischen Spektrum war unheimlich aufschlussreich. »Für mich«, schrieb einer der Betroffenen, »dient es dazu, Energie abzulassen, und es geht mir gleich viel besser, wenn ich mit dem Oberkörper schaukle oder ein Bein übers andere lege, um es baumeln zu lassen … ich bin dann zufrieden und völlig entspannt.« Ein anderer schrieb: »Ich mache das, wenn ich aufgeregt und überwältigt bin (im guten wie im schlechten Sinn). Es löst Spannungen, gleicht meinen Energiehaushalt aus, und wenn ich guter Laune bin und Spaß habe, hilft es mir, dass es so bleibt.« Diese Information war sehr nützlich für mich; sie stellte all meine Theorien und Recherchen auf eine feste Basis, und ich hoffe, dass sie auch vielen anderen Familien helfen konnte.

Es war aufregend zu sehen, wie diese wachsende Gemeinde anderen beim Verständnis von Autisten half, und ich war dankbar dafür. Einer der Kommentare blieb mir im Gedächtnis: »Unsere Fantasie ist lebhafter. Wir sehen innere Filme und hören Musik, sodass wir auch schon mal abdriften können, wenn uns was fasziniert.« Das erklärt so viele phänomenale autistische Talente. Derart fesselnde Einblicke in die Welt anderer aus dem Spektrum erlaubten mir, Iris in einem Maß zu verstehen, das ich mir nie hätte träumen lassen.

Ich wollte nun einige Techniken einführen, die Iris mit zunehmendem Alter selbst einsetzen könnte, wenn Selbstregulierung nötig war. So begannen wir neben Iris' anderen Therapien mit wöchentlichen Yoga-Stunden. Wir konnten sie zwar nicht jedes Mal zum Mitmachen bewegen, aber sie guckte immer zu, und wie ich feststellte, nahm sie die Stellungen gelegentlich ganz von sich aus ein, wenn sie allein war. An guten Tagen jedoch machte sie mit, und es war eine bemerkenswert effektive Art, an ihren sozialen Kompetenzen zu arbeiten. Sie korrigierte P-Js Haltung und kletterte dann auf ihm herum, während ich mich auf meine Übung zu konzentrieren versuchte, um nicht laut loszulachen. P-J versuchte sein Bestes, das Gleichgewicht nicht zu verlieren mit Iris an seinem Bein. Yoga tat mir in vielerlei Hinsicht so gut wie meiner Tochter; es half mir, richtig zu atmen und mich neu zu orientieren, wenn etwas nicht nach Plan ging. So viel, wie mir ständig durch den Kopf ging, konnte ich mir beim Yoga die nötige Konzentration zurückholen. Außerdem linderte es die Rückenschmerzen, die mich seit meinem Reitunfall plagten.

Was mich überraschte, das war das Tempo, mit dem Iris eine Verbindung zu unserer Yoga-Lehrerin aufbaute, und die Art, wie sie mit ihr interagierte. Iris war völlig gelöst im Umgang mit Kay; sie lächelte sie an, hielt Blickkontakt und erlaubte ihr, ihr nahe zu kommen und bei der nächsten Stellung zu helfen. Die verschiedenen Positionen waren eine gute Möglichkeit, sich auf den Augenblick zu konzentrieren. Was anfänglich nur als sechswöchiger Kurs geplant war, wurde Teil unseres Wochenprogramms.

Ohne dass wir gleich alles kontrollieren wollten, bildete sich ein Schema heraus. Unsere Wochen füllten sich, und das Leben schien knackvoll mit neuen, aufregenden Aktivitäten. Wir nahmen uns die Freiheit, bei schönem Wetter spontan einen Radausflug zu machen oder im Wald spazieren zu gehen. So hatte ich mir das mit dem Hausunterricht gar nicht vorgestellt. Ich war begeistert gewesen, hatte mir aber auch gleichzeitig Sorgen gemacht – es war eine ernst zu nehmende Verpflichtung und eine große Verantwortung. Jetzt wusste ich die unerwartete Freiheit und das Potenzial unserer besonderen Situation zu schätzen.

Eigentlich eine überraschend ironische Wendung: Autismus geht für gewöhnlich einher mit strikten, visuell einprägsam gestalteten Tagesplänen, Stichwörtern, vorhersehbaren Routinen, überhaupt einer festen Struktur. Der Nährboden für Iris' Entwicklung war ganz anders. Sie entwickelte eine Vorliebe für neue Themen und hatte ihre Freude daran, sie zu erforschen, solange wir auf ihre Empfindlichkeiten Rücksicht nahmen. Diese neuen Erfahrungen förderten dann ihre Sprechfertigkeit und andere Kompetenzen. Wir sahen ihre Miene dabei genauso aufleuchten wie beim Malen.

Thula sitzt neben mir auf dem Badewannenrand, während ich mir den Kopf wasche. Mit einem Mal fahre ich auf und starre auf das Wasser vor mir: Es wird blau! Thula hat ihren buschigen Schwanz eingetunkt, und die blaue Farbe daran färbt mein Wasser ein. Hab ich's doch gewusst – die Versuchung, ihn als Pinsel zu benutzen, ist einfach zu groß. Als ich aus dem Bad trete, kommt Iris gerade mit einem Monster von Pinsel die Treppe herauf. Sie läuft einfach an mir vorbei und springt damit ins Bett. Es ist einer jener Augenblicke, in denen man nicht weiß, was man denken soll: Freut man sich, dass sie glücklich ist? Ist man erleichtert, dass sie ein Ventil für ihre Gefühle gefunden hat? Ist man frustriert, dass die Arbeit der Assistentin der Künstlerin – meine Wenigkeit – nie zu Ende ist und unten in der Küche weiß Gott was alles sauber zu machen ist, einschließlich einem Laken? Aber wenn ich dann ihre Gemälde sehe, stellt sich mir diese Frage nicht mehr. Die Energie ihrer Bilder gibt mir meinen Humor zurück, und der versorgt mich mit dem nötigen Schwung für die Reinigung von Sideboard und Boden. Etwas so Schönes hinterlässt nichts als schiere Freude.

Neun

Ich wusste, wir durften nicht stehenbleiben. Alle unsere Anstrengungen zielten darauf ab, Iris die Grundlagen sozialen Verhaltens zu vermitteln, und sie sollte ihren Spaß dabei haben. Allerdings genügte uns das noch nicht. Wir wollten anderen ihre Welt zugänglich machen und ihr Mut machen, mit ihren Altersgenossen zu interagieren; sie sollte sehen, dass es okay, sogar schön war, mit anderen Kindern zusammen zu sein. Einen für Iris geeigneten Kinderclub zu finden schien ein Problem für sich zu sein. Obwohl Iris sich im Umgang mit Erwachsenen mittlerweile leichter tat und sie mit ihnen interagieren und spielen konnte, machten andere Kinder sie noch immer nervös. Ich befürchtete, dass das bleiben könnte, wenn wir nicht eingriffen. Wie sollte sie die nötigen Kompetenzen erwerben und einüben, wenn man ihr keine Gelegenheit dazu gab? Das Problem dabei war nur, wie wir sie mit anderen Kindern zusammenbringen sollten. Wir hatten es mit Playdates versucht, aber nichts hatte funktioniert: Iris zog sich mit ihren Büchern in ihr Zimmer zurück oder weinte, wenn ich versuchte, sie zum Bleiben zu bewegen. Sie war immer noch sehr nervös in öffentlichen Räumen, wo es vor Kindern wimmelte. Da brauchte nur ein Baby zu quengeln oder ein Kind an ihr vorbeizusausen, schon lag sie mir heulend im Arm, bevor sie mich mit aller Kraft zur Tür zu ziehen begann. Wenn wir in dieser Hinsicht etwas verändern wollten, mussten wir langsam vorgehen.

Uns hatte die Geschichte einer amerikanischen Mutter bewegt, die ihren eigenen Club für Kinder mit Autismus gegründet hatte. P-J war überzeugt, dass das auch bei uns funktionieren könnte – wir mussten unseren eigenen Club aufziehen. »Ist doch ein Kinderspiel«, sagte er in der ihm eigenen Art. Aber so einfach war es natürlich nicht.

In der Theorie war unser Plan ganz einfach: ein autistenfreundlicher Club bei uns zu Hause, der Eltern zusammen mit ihren Kindern Spaß in einem verständnisvollen Umfeld ermöglichte. Natürlich hatten wir Bedenken, unser Zuhause wildfremden Leuten zu öffnen, aber ich hatte durch die Autismus-Kurse, die wir nach Iris' Diagnose besucht hatten, bereits Kontakte zu anderen betroffenen Eltern; sie kamen als Erste auf unsere Liste potenzieller Mitglieder.

Wir fingen klein an, mit nur vier Kindern. Iris hatte großes Interesse an meinen Vorbereitungen für das erste Treffen gezeigt. Getreu unserem Namen für den Club – Little Explorers Activity Club – hatte ich die Absicht, unseren kleinen Forschern jede Woche ein neues Thema zu geben. Für den Anfang hatte ich an ein Meeresthema gedacht. Wir brauchten alle einige Zeit, um uns einzugewöhnen, Iris natürlich ganz besonders. Sie wusste nicht so recht, was sie machen und wie sie sich in Gegenwart der anderen verhalten sollte. Die Sitzungen strengten sie wirklich an. Was sie interessierte, ja begeisterte, das war die Dekoration, aber das schien auch der einzige Grund zu sein, aus dem sie blieb. Sie hatte ihre Schwierigkeiten mit dem Lärm der anderen, ganz zu schweigen von ihrer Unberechenbarkeit, und beobachtete die Aktivitäten aus sicherer Entfernung. Schon nach einer halben Stunde brauchte sie eine Pause und ging nach oben. Ich war enttäuscht; allmählich wusste ich nicht mehr so recht, warum ich mir die Mühe machte. Dann erinnerte ich mich daran, dass Iris' Probleme sich nie würden über Nacht lösen lassen – es würde seine Zeit dauern. Ich brauchte einfach Geduld. Den anderen Kindern ging es genauso; sie durften das Haus erforschen und ihre eigenen kleinen Ruheecken finden, wenn es nötig war, und das funktionierte ausgezeichnet. Ich sah, dass ich einladende Welten schaffen musste, wenn wir sie alle in die Sitzungen mit einbeziehen wollten. Und dann müsste der Club regelmäßig stattfinden, jeden Samstagvormittag, auch während der Ferien, um für Stabilität zu sorgen und die Beziehungen der Kinder untereinander zu festigen.

Woche für Woche konnte Iris etwas länger mit den anderen zusammen sein. Hin und wieder hatte ich das Gefühl, dass sie einen Schritt nach hinten tat, weil sie weinte, bevor die anderen Kinder kamen, und erst gar nicht nach unten kommen wollte. Aber in der Woche darauf war dann wieder alles in Ordnung, und sie hatte ihren Spaß. Nach etwa sechs Wochen konnten wir definitiv eine Veränderung feststellen. Zum ersten Mal erwartete sie die anderen Kinder; sie freute sich auf sie und rieb sich die Hände, als wollte sie sagen: »Die sollen ruhig kommen, ich bin so weit!« Sollte unser Plan tatsächlich aufgehen?

Farbflecken, Sterne, Planeten und eine Rakete leuchteten an den Wänden; wir hatten die Formen in schwarze Kartons geschnitten und an die Scheiben geklebt. Thula war überzeugt, sie könnte die farbigen Lichter an den Wänden im Springen erwischen, jedenfalls versuchte sie es mit Begeisterung von der Kommode aus. So hatte Iris etwas zu lachen, während wir auf die anderen warteten. »Stern« hörten wir sie von der Küche aus sagen. »Gut gemacht, Iris. Schön gesagt!«, rief ich.

Mit afrikanischen Wiegenliedern im Hintergrund buken die

Kinder den Vormittag über Sternplätzchen und andere Weltraumnahrung, sprangen vom Trampolin aus in Bälle, Teddys und Beanbags. Und Thula durfte natürlich bei keiner Aktivität fehlen, vor allem nicht beim Kochen und Backen. Die ganze Küche war voll mit kleinen italienischen Köchen, die begeistert bei der Arbeit waren. Das italienische Thema war ein voller Erfolg. Weinreben hingen von den Balken, am Fenster gab es eine Meeresszene mit Fischen, Seepferdchen und Seegras. Karten von Italien und italienische Flaggen lieferten den Hintergrund zu einem interessanten Spiel für James, der wollte, dass ich in unter zehn Sekunden bestimmte Länder fand. James war sieben, man vermutete Asperger bei ihm; er konnte sich ausdrücken, hatte aber Probleme mit dem Selbstvertrauen und kam schlicht nicht ohne die Mami aus. Im Club war er in der Regel fantastisch, aber wie mir seine Mutter erzählte, wurde er bei sensorischer Überlastung wirklich schwierig. Ich hatte ihn gern; er wich mir beim Kochen nicht von der Seite, und ich konnte sehen, dass er eine regelrechte Leidenschaft dafür entwickelte. Je mehr man ihn in der Küche experimentieren ließ, desto mehr Selbstvertrauen entwickelte er. Er war wissbegierig, kannte aber in sozialen Situationen keine Grenzen: Er ging immer wieder weit über das hinaus, was gemeinhin als schicklich gilt.

Er fragte mich, was ich nach dem Club zu Mittag essen würde.

»Würstchen«, antwortete ich.

»Wie viele?«

»Hmmm, zwei.«

»Und Iris?«

»Wahrscheinlich nur eines.«

Dann fragte er weiter: nach den Kartoffeln, welche Art von Bohnen, was wir nach dem Essen machen würden und ging dann zu den nächsten Mahlzeiten über. Ich denke, er wollte sich ein Bild davon machen, wie es bei uns weitergehen würde, wenn er wieder zu Hause war.

Es gab noch einen weiteren Grund, weshalb mir der Junge so am Herzen lag: seine Verbindung zu Iris. Er ging so freundlich, ja sanft mit ihr um; was immer er machte, er versuchte, sie so weit wie nur möglich einzubeziehen. Und Iris mochte ihn auch. Er war älter als die anderen, ruhiger und sein Verhalten damit kalkulierbarer.

In der Küche Pizza zu machen hatte die allgemeine Stimmung in ungeahnte Höhen gehoben. Die Lachsalven über unsere Kochversuche machten mich glücklich. Unser Club durchbrach damit die Isolation, die der Autismus uns allen beschert hatte, und als ich mir Iris ansah, konnte ich kaum glauben, wie sehr sie sich verändert hatte.

James zog seinen Teig vorsichtig in die Länge. »Wie kriegt man die richtige Form?«, fragte er mit gefurchter Stirn. Ich hörte ihm seine Aufregung an.

Ich brachte ihm mit meinem Klumpen bei, den Teig so lange zu drehen, bis er rund wurde, aber er kam zu dem Schluss, dass ein Rechteck die bessere Lösung war. Sein Bruder Charlie belegte seine Pizza bereits mit Peperoni, während seine Mutter sich kühn daran versuchte, ihren Pizzaboden auf den Fingerspitzen zu wirbeln.

Sie sah mich grinsend an, und als sie den Teig wieder fest in Händen hielt, flüsterte sie: »Ich glaub's einfach nicht, schau dir das an!«

Als ich mich in der Küche umsah, tat mein Herz einen Satz vor Freude. Sie hatte recht; alle Mitglieder unserer Gruppe waren dabei, was selten und damit wirklich eine Leistung war. »Sie sind alle da«, staunte ich.

»Wahnsinn, nicht wahr?« Olivers Mutter strahlte übers ganze Gesicht.

Die Sauerei in der Küche war mir egal, so egal wie es mir war, dass Iris es super fand, ihre Finger an mir abzuwischen, sodass ich mittlerweile voll Mehl war. Wir waren dabei, etwas ganz Großes zu schaffen. Den meisten Familien mag das bedeutungslos erscheinen, aber für uns war es spektakulär.

»Ach, Thula!«, rief Ed, als sie unter Tischen und Stühlen durchwischte, um mit Teigkrümeln Fußball zu spielen. Und dann ersann unsere Katze ein neues Spiel: jeden zu betatschen, der an ihr vorbeikam. Thula war freundlich zu den anderen, wenn auch nicht auf dieselbe Art wie zu Iris. Gelegentlich war sie ausgelassen, und sie kam gut mit den Jungs zurecht, die mit

ihr spielten; die Aufmerksamkeit machte ihr nichts aus. Sie reagierte auf jedes Kind anders: Mit einigen spielte sie Verstecken, mit anderen blieb sie stehen und ließ sich streicheln. Ich fragte mich, ob sie wohl instinktiv wusste, wie sie sich verhalten sollte, und wünschte uns von ganzem Herzen, wir könnten auf diese Instinkte genauso zurückgreifen, wie Tiere das können. Um wie vieles leichter wäre das Leben doch, wüssten wir einfach, was zu tun ist, und würden uns nicht infrage stellen.

Oliver saß ruhig auf dem Knie seiner Mutter; zusammen arbeiteten die beiden an seiner köstlichen Kreation. Ihn so gelassen zu sehen war ein seltener Anblick. Nachdem wir den ersten Schwung Pizzas im Herd hatten, waren nur noch zwei Köche übrig. James schmückte seine Pizza, und Iris war fasziniert vom Teig; sie tätschelte ihn, streichelte ihn, knetete ihn in die eine oder andere Form. Ich hörte sie zufrieden summen. James sprach sie hin und wieder an, war aber auch zufrieden, wenn er keine Antwort bekam.

Unser Plan funktionierte – zugegeben nur vorübergehend, wenn alle Kinder gleichzeitig beschäftigt waren, aber es waren kostbare Augenblicke für alle Beteiligten. Schließlich löste die Gruppe sich wieder auf. Iris hatte sich mit ihrem neuen besten Freund aufs Sofa zurückgezogen – einem nicht mehr ganz taufrischen Klumpen Teig mit Elefantenhaut. Einen Augenblick später rollte sich Thula neben ihr ein, und die beiden teilten sich eine Decke.

Am folgenden Montag jedoch sah ich in Iris' Augen den vertrauten abwesenden Blick, von dem ich so sehr gehofft hatte, ihn nie wieder zu sehen. Sie sah mich weniger an als durch mich hindurch, und es war unmöglich, mit ihr Kontakt aufzunehmen. Sie konnte stundenlang so bleiben, manchmal auch Tage. So ausdruckslos und blass, wie ihr Gesicht plötzlich war, wusste ich auf der Stelle, dass ihr das alles zu viel geworden und sie im Begriff war, sich wieder in ihre einsame Welt zurückzuziehen. Mit Thula im Haus, von der Begeisterung, mit der sie malte, ganz zu schweigen, war es in letzter Zeit leicht gewesen, ihren Autismus zu vergessen. Sie hatte sich gut gemacht, aber es war ihr einfach zu viel geworden: zu viel Aufregung mit dem Club und dem geselligen Sonntag mit der Familie gleich darauf.

Sie wies auf die Lampe auf meinem Schreibtisch. Ich knipste sie aus. Ich sah, wie sie sich auf dem Sofa klein machte, die Beine eingezogen, den Kopf gesenkt. »Iris, halt meine Hand«, sagte ich leise. Sie nahm meine Hand, hielt sich an mir fest, und ich trug sie die Treppe hoch. Unsere Arme ineinander verschränkt lagen wir eine ganze Weile Seite an Seite unter der schweren Decke.

Allmählich entspannte sie sich. Sie wandte sich mir zu und sah mir in die Augen. Sie kam wieder zu sich, und ihre Sinne beruhigten sich wieder. Thula schlüpfte zu uns ins Bett und kuschelte sich an Iris; sie wusste instinktiv, dass sie gebraucht wurde. Als sie eine Pfote streckte, strichen Iris die langen Büschel weichen Fells daran über den Bauch. Ich hörte sie lachen. Thula hatte wieder einmal einen Weg gefunden, Iris ins Licht zu führen.

Auf diesen Rückfall hin stellte ich unser Leben etwas um, damit sie nach dem Club und anderen geselligen Ereignissen zur Ruhe kommen konnte. Ich wollte sichergehen, dass wir sie nicht überforderten, schließlich wollten wir nach und nach auf dem Erreichten aufbauen. Das würde seine Zeit brauchen, aber Zeit hatten wir ja genug; es bestand kein Grund zur Eile. So entwickelte sich ein neues Ritual: Nach jedem Club setzten wir Iris in den Wagen und fuhren mit ihr durch die Gegend, damit sie sich nach all der Aufregung beruhigen, vielleicht sogar ein Nickerchen halten konnte. Mit Thula auf dem Schoß hatte sie Gelegenheit, sich zu entspannen, und wenn wir an den Hügel mit dem Hyazinthenwald kamen, waren die beiden bereits eingeschlafen.

Nachdem wir die finanziellen Mittel für den Club etwas aufgestockt hatten, war es Zeit, uns nach neuen Aktivitäten umzusehen. Ich wollte unseren kleinen Forschern jede nur denkbare Gelegenheit geben, sich inspirieren zu lassen, und aufbauend auf dem, was sie bereits faszinierte. Meine Leidenschaft für unseren Club nahm von Woche zu Woche zu, und obwohl das Projekt anfangs nur als Möglichkeit gedacht war, Iris mit anderen

Kindern zusammenzubringen, wurde daraus viel, viel mehr. Er wurde zu einem sicheren Hafen für die Eltern, die mitkamen, und eine magische Welt für die Kinder. Für mein Leben gern schuf ich themenorientierte kleine Reiche, die sie erforschen konnten, von Regenwäldern mit Blättern aus dem Garten bis hin zu Meeresszenen mit bemalten Kartonbooten und Wellen aus blauen Laken und Handtüchern. Und zu jedem Thema gab es reichlich Requisiten, Spielzeug und Bücher. Die ganze Woche über arbeiteten wir nach Iris' therapeutischen Sitzungen am nächsten Thema für unseren Club. Wir schnitten Silhouetten von Tieren oder Buchstaben aus Pappe und klebten sie an den verglasten Giebel des Anbaus. Iris »half« dabei, natürlich mit Thula an ihrer Seite. Das einzig Enttäuschende daran war, dass ich kaum eine Freundin für Iris finden konnte; die Mehrheit der mit Autismus diagnostizierten Kinder waren Jungen. Ob das daran lag, dass Mädchen sich besser anzupassen verstehen, ich weiß es nicht. Iris' Verhalten unterschied sich definitiv von dem der Jungen; so ging sie sehr achtsam mit ihrem Spielzeug um, und die Großzügigkeit, mit der sie ihre Welt und ihre Sachen mit allen teilte, überraschte mich zuweilen. Sie war sanft und gab gern; es störte sie nicht im Geringsten, wenn andere Kinder mit ihren Sachen spielten. Woche für Woche wurde Iris umgänglicher. Sicher, sie konnte nur in kleinen Schüben mit den anderen zusammen sein, aber diese Phasen wurden länger, und ich beobachtete immer öfter, dass sie in der Nähe der anderen spielte – nicht direkt mit ihnen, aber Seite an Seite mit ihnen. Sie sprach freilich immer noch nicht mit ihnen, verhielt sich still, beobachtete sie und summte anerkennend, wenn sie etwas freute oder erregte.

Eine ganz große Rolle spielten Tiere bei unseren Treffen, und wir hatten das Jahr über regelmäßig Sitzungen unter dem Motto »Begegnung mit Tieren«. Die Kinder lernten allerhand über Reptilien, Falken, Eulen, Riesenschnecken, Igel und Nager aus der ganzen Welt. Sie saßen eng beisammen, um mehr vom Leben dieser Wesen zu hören, Zeit mit ihnen zu verbringen, sie zu berühren.

Da sich auch Iris' Musikinstrumente im Club größter Beliebtheit erfreuten, arrangierte ich eine Reihe musikalischer Workshops mit professionellen Musikern. Die Kinder hatten große Freude am Experimentieren und daran, mehr über die verschiedensten Arten von Musik zu erfahren. Wir hatten bei diesen Workshops E-Gitarren, Keyboards, Schlagzeuge, Mikrofone, Mischpulte, was weiß ich. Nur das Licht war dabei so grell, dass ich als Fotografin meine liebe Mühe hatte, die Szene einzufangen. Die Sessions machten mich ebenso glücklich wie die Kinder. Iris tanzte vor dem Fenster mit ihrer weißen Ukulele, Ed hatte das Mikrofon, James saß am Schlagzeug, Oliver hüpfte auf dem großen roten Therapieball durch den Raum. Obwohl die Musiker ihm auszuweichen versuchten, ließ sich der eine oder andere Zusammenstoß nicht vermeiden. Es herrschte ein ziemlicher Lärm, der aber niemanden zu stören schien, abgesehen von Thula, die auf eine Bettdecke im Obergeschoss floh. Ich fotografierte gerade James, als ich Iris neben mir spürte. Sie reichte mir die weiße Ukulele, auf der sie eben noch wie ein kleiner Rockstar gespielt hatte. Ihre Hand führte die meine in die richtige Position, dann neigte sie ein Ohr an das Instrument und wartete, bis ich es anschlug. Zufrieden ging sie weiter zu P-J, damit der an seiner Gitarre zupfte, und schließlich nahm sie einen der Musiklehrer bei der Hand und führte ihn zum Sofa, wo sie ihm die E-Gitarre anbot. »Ich hab's nicht so sehr mit der Gitarre, ich bin besser auf dem Klavier«, sagte er, aber sie drückte ihm die Gitarre in die Hand, also spielte er. Iris schien zufrieden und ging weiter zum nächsten Bandmitglied, bis jeder ein Instrument hatte – ihre Band war komplett. Uns alle einzuspannen war ein ganz neues Spiel, und ich beobachtete mit Interesse, wie sie der Reihe nach mit jedem Einzelnen interagierte, auch mit den anderen Kindern. Die Musik erweiterte ihren Horizont. Iris war selig und sprühte vor Selbstvertrauen. Sie hatte eine unbändige Freude daran, zu dirigieren und alle zum Lachen zu bringen.

Ach, könnte das Leben nur immer so weitergehen! Aber es sollte nicht sein. Nach so viel intensiver Interaktion brauchte sie dringend eine Pause, also legte sie sich oben auf unser Bett, zusammen mit Thula und einigen Büchern. Ihre Band brachte die Session ohne sie zu Ende.

Unsere besonderen Samstage – von Zirkusbesuchen bis hin zu Wikingern – waren eine Art Katalysator für eine Menge anderer Aktivitäten; so gaben uns meine Fotos von diesen Abenteuern im Lauf der Woche manche Gelegenheit zur gemeinsamen Arbeit. Ich ging sie mit Iris durch, wobei wir neuen Wortschatz einübten, und konnte Iris vor Augen führen, was sie erreicht hatte. Auf diese Weise bauten wir ihr Selbstvertrauten auf. Wir lachten uns scheckig, wenn Iris durch ihr Spielzimmer tanzte, die wehenden Seidenschals gehoben, und dabei die kleinen Sprünge aus der Morris-Dance-Darbietung imitierte, die wir am Wochenende gesehen hatten. Die Vorstellung einer Riege von Tänzern in historischen Kostümen und mit Glocken an den Knien mag sich nach einer problematischen Erfahrung für Kinder aus dem Spektrum anhören. Ehrlich gesagt hatte ich meine Zweifel, und als sich die Zufahrt vor unserem Haus mit Autos und der Garten mit Tänzern zu füllen begann, fragte ich mich, ob ich nicht vielleicht durchgedreht war.

»Ist das hier der Kinderclub?«

»Ja«, sagte ich.

»Na, dann sind wir ja richtig hier.« Der Hüne mit dem Bart winkte drei weitere Autos voll Tänzer durchs Tor. Das Tor öffnete sich und schloss sich wieder und öffnete und schloss sich, bis ich mein Herz rasen hörte. Da konnten ja wohl unmöglich noch mehr kommen, oder? Ich hatte total vergessen zu fragen, wie groß die Truppe eigentlich war.

Iris dagegen faszinierten die farbigen Kostüme. Meine Sorgen legten sich, als ich ihr Interesse sah. Nachdem unsere kleinen Forscher vollzählig waren und die Musik begann, sah ich mich von selig lächelnden Gesichtern umgeben – nur dass deren Blicke auf Iris gerichtet waren. Sie stand an der Terrassenkante und ahmte die Bewegungen der Tänzer nach, ohne die Augen von ihnen und der Violine zu nehmen. Völlig versunken in eine Welt voll Musik und Tanz, schmolzen ihre Probleme im Umgang mit anderen dahin. Ihre Begeisterung war ansteckend. James nahm ganz in ihrer Nähe Platz und sah sich die verschiedenen Formationen an. Oliver und Iris schlossen sich schließlich der Riege im Garten an, nur William, unser neuester Forscher, sah – seinen Dinosaurier in der Hand – von der Terrasse aus zu. Ich war den Tränen nahe, als ich Iris inmitten der Tänzer und ganz offensichtlich selig sah.

Im Lauf der Zeit wurden William und seine Familie unentbehrlich für den Erfolg des Clubs; sie motivierten uns und waren eine treibende Kraft, wenn ich Hilfe brauchte. Williams Interessen konzentrierten sich ganz auf die Natur, auf Tiere und Dinosaurier; er war eine wandelnde kleine naturgeschichtliche Enzyklopädie und unterhielt uns mit seinem Wissen. Mir gefiel die Idee, dass die Kinder in der Gruppe ihre Interessen teilten, und so beschlossen wir, gemeinsam Williams Faszination für Dinosaurier nachzugehen. Ich wusste, Iris würde damit ihre

Probleme haben, und ich musste sie speziell darauf vorbereiten. William war so lieb, uns für die Woche vor dem Treffen einen ganzen Karton voll einschlägiger Spielsachen zur Verfügung zu stellen.

Auf einer Decke neben ihrem Baumstumpf nahm Iris die kleinen Dinosaurier unter die Lupe und sah sich mit großem Interesse die Bücher an. Ich hatte gelernt, ihr Neues im Zusammenhang mit etwas vorzustellen, was sie besonders mochte, und dass ich das am besten dort machte, wo sie sich wohlfühlte. Der Baumstumpf erfüllte beide Bedingungen. Zu sehen, mit welcher Anmut Iris mit diesen doch eigentlich eher beängstigenden Kreaturen spielte, ließ mich sie in einem ganz neuen Licht sehen. Es

war wie ein surreales Ballett mit vorgeschichtlichen Ungeheuern. Sie auf Zehenspitzen durch den Garten tanzen zu sehen, die Füße des Pteranodons zwischen spitzen Fingern, seine Flügel über der gerundeten Hand meiner kleinen Ballerina. Mit dem Triceratops tanzend befühlte sie seine raue Haut, die glatten langen Hörner und die Krause an seinem Kopf. Iris hat eine besondere Gabe, die zarte Schönheit in allem zu sehen; sie lehrt mich, auf Details zu achten, die mir sonst entgehen würden: etwas Unerwartetes, eine feine Textur, eine interessante Gestalt oder Form. Es war köstlich zu sehen, dass die Dinosaurier ihre Aufmerksamkeit erregt hatten. Deshalb freute ich mich auch riesig auf die Ankunft des Travelling Natural History Museum, ein Unternehmen, das auf Workshops für Kinder und Ausstellungen mit Fossilien und allen möglichen Nachbildungen spezialisiert ist.

Es wurde dunkel in unserem Gartenzimmer, als der riesige Laster draußen parkte. Es war früh am Samstagmorgen, und wir hatten die Absicht, unser Haus in ein kleines Museum zu verwandeln: Dinosauriermodelle, Knochen, Zähne und allerhand andere Kuriositäten. Auch in der Küche wurde gearbeitet; hier bereiteten wir einen Gips-Workshop vor, bei dem die Kinder lernen sollten, ihre eigenen Fossilien herzustellen. Der Aufbau brauchte seine Zeit. Mit jedem Karton, den man ins Haus schleppte, wuchsen meine alten Ängste: Was, wenn wir nicht rechtzeitig fertig würden? Sogar P-J wurde nervös. Er machte dem Dinosaurierexperten Tee, damit er einen Zahn zulegte. Iris kletterte kichernd auf den Triceratops, was mich doch sehr beruhigte. Beim Meteoriten-Display auf der Terrasse war selbst Thula mit von der Partie. Sie übernahm die Hauptrolle als Säbelzahntiger, bevor der Meteor unter einer Wolke weißen Staubs in eine mehlgefüllte Schale stürzte. Die Kinder brachen in hysterisches Gelächter aus.

Nachdem alle gegangen waren, verabschiedete Iris sich von den Dinosauriern auf dem Laster. Sie hatte dabei ihr eigenes selbst gemachtes Fossil in der Hand. Ich trug sie wieder ins Haus und schloss die Tür des Gartenzimmers hinter uns. Sie machte es sich in unserem kuscheligen Sessel bequem, schlug ihr neues Dinosaurierbuch auf und begann einige Wörter daraus vorzulesen.

»Gigantosaurus!«, sagte sie laut. »Trampel-trampel, trampel-trampel!«

Wir lebten eine Zeit lang in einer Idylle, aber dann war es wieder mal Zeit für eine Veränderung. Wir wollten die Grenzen unseres kleinen Clubs erweitern. Wir gingen davon aus, dass es die Kinder einen Schritt weiterbringen würde, hätten wir auch eine Familie mit Kindern außerhalb des Spektrums im Club. Die Familie war mit einer der Familien befreundet, die bereits bei uns waren. Ich hatte die Hoffnung, dass sie unsere Kinder in Zeiten bei der Hand nahmen, in denen sie nicht mehr weiterwussten, dass sie ihnen Mut machten, den Kontakt mit den anderen zu suchen und sich an deren Aktivitäten zu beteiligen. Die neuen Kinder waren ausgesprochen sensibel Iris gegenüber und ließen ihr Freiraum, wenn sie ihn brauchte, versuchten sie jedoch immer wieder mit einzubeziehen. Daraus entwickelte sich im Lauf der Zeit ein Buddy-System, bei dem nicht-autistische Kinder zusammen mit Kindern aus dem Spektrum spielten. Nicht allen Eltern war so ganz wohl in ihrer Haut bei diesem Schritt; nach Ansicht einiger ging damit das Selbsthilfe-Element verloren. Wir jedoch hielten es für die richtige Entscheidung. Ich begann damals zu verstehen, wie schwierig es ist, das Beste für alle Beteiligten zu tun, im Interesse aller zu handeln angesichts der Vielschichtigkeit der Probleme, mit denen uns der Autismus konfrontiert. Aber dieser Schritt erwies sich für unsere Kinder als Ausgangspunkt für viele Abenteuer, und ich bin wirklich stolz auf das, was wir damit erreicht haben.

Mit zunehmendem Selbstvertrauen, so stellten wir fest, fiel es Iris leichter, unter Leute zu gehen. So begannen wir mit ihr an Wochentagen ruhigere Örtlichkeiten zu besuchen wie etwa Gartencenter, wo sie sich daran gewöhnen konnte, in ungewohnter Umgebung mit Fremden auf Tuchfühlung zu gehen. Zuerst hielten wir unsere Ausflüge eher kurz, eine halbe Stunde genügte, dehnten sie aber Woche für Woche aus, bis wir schließ-

lich einen halben Tag unterwegs waren. Damit das überhaupt möglich war, übertrieben wir es nicht; wir bereiteten sie vor auf das, was wir sehen würden, und sorgten dafür, dass sie ordentlich aß, bevor es losging und wenn wir wieder nach Hause kamen. Ich wusste schließlich, wie schwer sie sich damit tat, auswärts zu essen. Wir fanden immer etwas, was sie interessierte, und viele unserer Ausflüge drehten sich um Tiere, Wasser, Natur. Sie gewöhnte sich allmählich auch in der Öffentlichkeit an Gegenwart und Bewegungen anderer um sie herum, und ich sah sie immer öfter interagieren – nicht nur mit der neuen Umgebung, sondern auch mit Menschen. Nicht dass das immer geklappt hätte. Manchmal bekamen wir wieder die alte Iris zu sehen:

nervös, verstört durch die Hektik um sie herum, die über sie hinwegzuschwappen drohte. Dazu kam es vor allem, wenn sie müde war. Wir traten dann kürzer und gönnten ihr ein paar Tage Ruhe, ließen sie im Garten spielen oder machten eine Radtour mit ihr. Es war eine ständige Gratwanderung.

Nach dem Erfolg von Iris' erstem Besuch gingen wir im Winter wieder in einen Zoo, nur dass es diesmal kein Safaripark war, wo wir in der Geborgenheit unseres Wagens hätten bleiben können. Entsprechend gestaltete sich der Ausflug gar nicht so einfach für sie. Sie musste sich durch Menschenmassen bewegen, Schlange stehen, mit anderen auf Tuchfühlung gehen, und natürlich kamen wir an Gruppen von Schulkindern vorbei. Völlig fasziniert war sie von den Elefanten; sie stand eine Ewigkeit im warmen Elefantenhaus und sah zu, wie sie ihr Heu fraßen. Auch die Pinguine und einige der anderen Vögel hatten es ihr angetan. Die Erdmännchen sprach sie sogar an: »Miau!« Ich war sehr stolz auf sie. Und es war geradezu eine Erlösung für uns alle, als Familie solche Ausflüge machen zu können. Natürlich konnte man vorher nie so recht sagen, was passieren würde. Die Unwägbarkeit dieser öffentlichen Räume bedeutete, dass ich planen konnte soviel ich wollte, es änderte nichts daran, dass eine ohnehin schon problematische Situation im Handumdrehen zur Katastrophe werden konnte. Ich hatte nicht daran gedacht, aber Parks und Zoos erledigen im Winter ihre Wartungsarbeiten, sodass hier und da ziemlicher Lärm herrschte. Nahm man dazu den kalten Wind und die Regenschauer, war es wirklich nicht leicht für Iris, aber sie hielt sich wacker und hatte trotzdem einen Mordsspaß. Sie so zu sehen war einfach unglaublich; sie hatte viel geschafft, seit wir den Club gegründet hatten. Er hatte ihr das Selbstvertrauen und die Erfahrung mit auf den Weg gegeben, die sie brauchte, um sich in fremder Umgebung bewegen zu können, inmitten von Lärm, Menschen und ständig wechselnden Umständen. Ihr Selbstvertrauen hatte derart zugenommen, dass sie zum Schluss sogar durch den Laden spazierte, um sich ein Andenken auszusuchen. So groß die Versuchung gewesen war, einfach zu Hause vor dem Kamin zu bleiben, freute ich mich doch, dass wir uns die Mühe gemacht hatten. Und der Ausflug bescherte uns obendrein noch ein neues Thema: Elefanten.

Hand in Hand gehen wir drei einen grasbewachsenen Weg entlang, rechts und links befinden sich kleine Koppeln mit einer Reihe einheimischer Hoftiere. Iris zählt die Hühner auf ihrer Wiese, aber leider bewegen sie sich zu schnell. Ich höre, wie sie es versucht, und dann: »Ach nein! Eins, zwei, drei – o-oh!«

Beim Baden dann ist sie fest entschlossen, das Tierthema mit in die Wanne zu nehmen, also kommt ein Sortiment Tiere mit, Thula natürlich auch. Iris wendet sich ihr zu, dann wieder der Menagerie auf dem Wannenrand. Thula sieht in der Badewanne um so vieles kleiner aus. Jetzt erfährt sie alles über den »Schäferhund«, das »rosa Schweinchen«, den »Widder« und das »große Pferd«. Einzeln hält Iris sie ihr zum Beschnüffeln hin, nennt sie beim Namen, macht ihr vor, wie sie sich anhören. Nach der Darbietung landen sie wieder in der Reihe. Sie weiß, dass Thula den Besuch bei den Tieren vom Bauernhof versäumt hat, also möchte sie ihr Wissen und ihre Erfahrung mit ihr teilen.

Zehn

Iris' Version von Beethovens Fünfter tönte durch den Swimmingpool, und abwechselnd mit ihrem freudigen »da-da-da-*dah*« hörten wir sie »Qual-le, Qual-le« skandieren. Offensichtlich selig wie eine Qualle im Wasser, wiederholte sie das Wort unter hysterischem Gekicher. Nachdem wir ihr ohne Problem Badeanzug und Schwimmflügel angezogen hatten, waren auch wir bester Laune; es war immerhin noch gar nicht so lange her, dass es einer medaillenreifen Leistung bedurfte, ihr ein T-Shirt, eine Bluse – *irgendeine Art Oberteil!* – überzuziehen. Dass sich das geändert hatte, verdankten wir Videos und iPad-Apps, und seit sie den Sinn der Schwimmflügel verstand, zog sie auch die gern über. Wir hatten das Schwimmen mit Beethovens berühmter Symphonie kombiniert, was wunderbar funktionierte; die energiegeladene Musik ließ Iris geradezu platzen vor Selbstvertrauen. Griff sie zunächst noch nach P-J, um sich festzuhalten, wagte sie sich schließlich allein hinaus – zappelnd und mit Froschbeinchen ausstoßend kam sie voran.

Schon seit ihrer Zeit als Baby war uns klar: Musik würde immer eine große Rolle in ihrem Leben spielen. In jüngster Zeit faszinierten sie Orchester und – mehr als jedes andere Instrument – die Geige. Was sie für Iris bedeutete, hätten wir nicht sagen können, aber ihre Leidenschaft für sie war immens. Sie schien zu ihr zu sprechen. Es kam vor, dass ich mich zu Hause von Büchern umgeben sah, die alle auf einer Seite mit einer Geige aufgeschlagen waren. Ich hatte ihr die Bücher nach und nach gekauft: *Mein erstes Orchester, Geschichte des Orchesters, Die Instrumente des Orchesters, Das Musikbuch für kleine Kinder* und *Mein erstes Buch der klassischen Musik*. Sie umgab sich mit ihnen, allen auf einmal, und sie glänzten in der Sonne wie Juwelen. Dazu lief auf dem iPad die Philharmonie-App – und Iris ließ sich von einem Musiker die wesentlichen Techniken des Geigenspiels erklären. Je mehr ich ihr Interesse an der Musik unterstützte, desto stärker wurde es.

Eine der fesselnden, aber zuweilen eben auch problematischen Verhaltensweisen von autistischen Kindern ist ihre Fähigkeit, sich in ein Thema zu vertiefen. Es muss nicht sein, aber wenn sie etwas interessiert, nimmt das Maß an Konzentration und Selbstmotivation für ein Thema gern mal bedenkliche Ausmaße an. Ihr Interesse kann durchaus obsessive Züge annehmen, was allerdings auch dazu führen kann, dass sie auf bestimmten Gebieten Überragendes leisten. Ich hatte das zuerst mit Iris' Malerei erlebt, jetzt sah ich es an ihrem Interesse für die Musik. Sie las Wörter aus ihren Musikbüchern vor und hatte nicht nur die Namen aller Instrumente gelernt, sondern auch, wie sie sich anhörten, sodass sie sie am Klang erkannte. Ich dachte mir, solange sie nicht steckenblieb und sich im Kreis drehte, solange sie Fortschritte machte mit anderen Worten, sollten wir diesen Interessen nicht im Wege stehen und sie in ihrem eigenen Tempo forschen und lernen lassen.

Ich sprach mit einem Geigenrestaurator, der zufällig ein passendes Instrument für Iris hatte. Ich erzählte ihm von ihr, und er winkte nicht gleich ab, als ich auf ihr intensives Interesse für Musik zu sprechen kam. Er merkte sichtlich auf, als ich ihm von ihren Gemälden erzählte, und ich hatte das Gefühl, er verstand, was mir für sie vorschwebte. Ich hörte aufmerksam zu, als er mir sagte, ich sollte sie ihre Freude an der Geige haben lassen; sie sollte damit spielen und sie um sich haben, so lange sie nur wollte. Eventuell sollten wir es mit einigen Stunden versuchen, uns aber keine Sorgen machen, wenn das nicht gleich klappte – womöglich sei es dafür noch zu früh. Wir vereinbarten, dass ich in seiner Werkstatt in Stamford vorbeikommen sollte, um mir die Geige anzuschauen. Dabei könnten wir auch gleich über unser weiteres Vorgehen mit Iris reden. Es war eine wunderschöne Strecke, die ich von vielen Hochzeiten her kannte, die ich in der Gegend fotografiert hatte, aber ich war viel zu müde, um mich daran zu freuen. Iris hatte die halbe Nacht kein Auge zugetan, noch nicht einmal Thula hatte sie beruhigen können. Um zwei Uhr morgens war sie aufgestanden, und nichts und niemand hatte sie überzeugen können, dass es noch nicht Zeit zum Aufstehen war. Sie hatte hinunter in ihr Spielzimmer gehen wollen, um sich ihre Bücher anzusehen, also hatte ich mich auf dem Sofa eingerichtet und zugeschaut, wie der Stapel Bücher auf dem Boden vor mir wuchs. Sie holte eines nach dem anderen vom Regal, ging es sorgfältig durch und legte es dann auf den Stapel. Als nähme sie eine Bestandsaufnahme nach qualitativen Kriterien vor, legte sie einige beiseite und schichtete die, die sie besonders mochte, ordentlich neben sich auf.

Etwa auf halbem Weg nach Stamford fuhren wir unter dem Welland Viaduct hindurch. Dieses umwerfende Brückenbauwerk hatte mir immer wieder Mut gemacht, wenn ich vor einem Hochzeitsauftrag kalte Füße bekam. Auch diesmal ergriff mich ehrfürchtiges Staunen, als ich unter einem der zweiundachtzig Bögen hindurchfuhr. Wenn ich müde war und das Gefühl hatte, nicht noch mehr geben zu können, hielt ich mir immer Leistungen wie diese vor Augen; sie sind für mich wahre Wunderwerke an Kraft und Stärke. Das Viadukt, unter dem ich durchfuhr, bestand aus über dreißig Millionen Backsteinen, die alle vor Ort hergestellt wurden. Es wurde in einem Tempo gebaut, an dem selbst eine so ungeduldige Seele wie ich nichts hätte aussetzen können; der erste Backstein wurde im März 1876 gelegt, und bereits zwei Jahre später überspannten die zweiundachtzig Bögen der Eisenbahnbrücke das Tal. Ich stellte das Radio auf Classic FM, um in Stimmung zu kommen, aber als ich den Moderator reden hörte, wurde mir plötzlich klar, dass ich keine Ahnung hatte, was ich da machte. Ich wusste nichts über Geigen und ehrlich gesagt auch nichts über Musik. Iris hätte mehr über Instrumente erzählen können als ich. Ich war wie ein Fisch auf dem Trockenen. Spielte das eine Rolle? Ich dachte daran, wo ich überall gewesen war, an all die Länder und meine Abenteuer mit P-J und dass ich mir das Fotografieren selbst beigebracht hatte, und kam zu dem Schluss, dass es keine Rolle spielte. Autismus hat so eine Art, einen vergessen zu lassen, wie alles war, bevor er in unser Leben trat. Er verschlingt einen mit Haut und Haaren. Uns jedenfalls brachte er immer wieder auf ungeahnte Weise an unsere Grenzen, und manchmal schienen wir nicht nur unser Kind zu verlieren, sondern uns selbst gleich mit.

Die Werkstatt des Restaurators wirkte wie die Kombüse einer Yacht, so klein war sie, aber statt Töpfen und Pfannen waren die Schränke und Regale voller Geigen; ansonsten glich sie einer Tischlerei. Seine eigenen Instrumente hingen an den Wänden, sodass man sie bewundern konnte. Mir gefiel die Idee. Wenn man etwas so liebt, warum sollte man es in einem Kasten wegschließen? Er ging die ausgestellten Geigen durch. Einige waren antike Stücke und ziemlich wertvoll, andere waren neuere eigene Arbeiten von komplexem, originellem Design. Es war eng, und wir standen dicht beieinander, als er mir etwas über all die schönen Instrumente erzählte. Ich kam mir vor wie in Aladdins Höhle.

»Hier, das ist sie.« Er öffnete einen winzigen roten Geigenkasten und holte behutsam das Instrument heraus. Nachdem er es gestimmt hatte, spielte er eine Melodie. »Tut mir leid, dass es nicht besser geht, ich tue mich schwer mit diesen kleinen Geigen. Aber sie hat einen schönen Klang, ich denke, die ist genau richtig für Sie.«

Für mich hatte es sich himmlisch angehört, und als ich nach Hause fuhr, lag die kleine Geige auf dem Beifahrersitz neben mir. Er hatte mir eingeschärft, auf keinen Fall zu sagen, Iris *könne* nicht Geige spielen, sondern dass sie *noch* nicht spielen könne. Was für ein positiver und aufgeschlossener Mensch! Mit dem kleinen Wörtchen hörte sich der Satz gleich ganz anders an, er gab mir Hoffnung. Ich machte mir einen Knoten ins Taschentuch, künftig öfter ein *noch* vor ein *nicht* zu stellen. Wann immer ich mich mit Iris an etwas Neues wagte, begegneten wir Menschen, die eine Rolle in unserem Leben spielen sollten. Und sie alle trugen dazu bei, unserer Einsamkeit ein Ende zu machen.

Iris hatte sich auf dem Sofa an mich gekuschelt; sie war endlich eingeschlafen. Auf ihrem Weg ins Land der Träume hatte sie ihre neue Geige in der Hand, als wollte sie sie nie wieder loslassen. Es war ein langer Tag gewesen. »Precious Place« tönte aus den Lautsprechern unserer Stereoanlage; Patsy Reid ist eine wunderbare schottische Violinistin, die Iris verzaubert hatte. Iris war völlig in ihrem Bann, wenn sie spielte, und konnte sich gar nicht satthören an ihrer Musik. Früher am Abend, als die Sonne unterging, hatte sie ihrer neuen Freundin ihre magischen Orte im Garten gezeigt: den Baumstumpf, die Bank und den von hohen Gräsern gesäumten Weg hinab in den Obstgarten. Kaninchen hoppelten aufgeschreckt in die Hecken, und auf halbem Weg, kurz vor unserem Damaszenerpflaumenbaum, den die Spechte so gern haben, blieb Iris stehen. Sie hielt die Geige hoch in die Luft und bestaunte sie im Licht der Abendsonne, bevor sie sie an die Wange legte. Dort hielt sie sie einen Augenblick. Sie hatte das Instrument bereits ins Herz geschlossen.

Iris spielte gern mit einem aufklappbaren Papierorchester auf dem Baumstumpf, den »Strunk-Philharmonikern«, wie wir sie nannten, was sie zum Schießen fand. Sie wies auf jeden der Musiker, nannte sein Instrument und warf dann einen Blick auf Thula, um sich zu vergewissern, dass sie die Lektion auch verstand. Seit Monaten suchte ich nach einem Konzert mit einem für Iris geeigneten Orchester und war überglücklich, als ich fürs Wochenende den Auftritt eines Orchesters aus unserer Gegend angekündigt sah. Es war wie für uns gemacht: eine legere Angelegenheit, bei der niemand darauf achten würde, dass wir ein Kind mit einem Cape mitbrachten – und es gab jede Menge Geigen. Man begann mit Tschaikowskys *Schwanensee*. Nie werde ich den Ausdruck auf Iris' Gesicht beim Applaus am Ende vergessen: voll Freude und schierem Glück riss sie die Arme hoch und rief: *»Wow! Jiepieee!«* Während der ruhigeren Passagen wollte sie ihr Orchesterbuch auf dem Schoß haben, in dem sie, eines nach dem anderen, die Instrumente durchging, um sie dann auf der Bühne zu suchen. Ihre erste Erfahrung mit einem Orchester live auf der Bühne war so anregend, dass ich mich motiviert sah, nach weiteren Konzerten für sie Ausschau zu halten.

Live gespielte Musik hatte in ihrer packenden Art eine starke Wirkung auf Iris. Sie wurde anderen gegenüber offener und setzte

öfter ihre Stimme ein – wir wurden geradezu süchtig danach, sie so zu sehen. »Wo könnten wir als Nächstes mit ihr hin?«, meinte P-J, kaum dass wir ein Konzert hinter uns hatten, und schon machte ich mich wieder auf die Suche. Wir nahmen sie auf eine ganze Reihe unterschiedlichster Konzerte und Festivals mit. Die Open-Air-Konzerte waren mit die erfolgreichsten, und ich werde nie vergessen, wie frei und glücklich sie beim Auftritt einer lokalen Jazzband im Garten von Kelmarsh Hall war. Als der Himmel seine Schleusen öffnete und es so richtig zu gießen begann, drängte sich die Band mit einigen Leuten aus dem Publikum unter einem kleinen Zeltdach – und zu meiner großen Überraschung regte Iris die erzwungene Nähe nicht etwa auf, sondern an! Die Musiker hatten ihre Instrumente dabei, was Iris das nötige Selbstvertrauen gab. Und wenn sie spielten, hätte man meinen können, sie würde eins mit der Musik, so ging sie in ihr auf: Finger, Geist und Seele – es war, als könnte sie die Musik sehen. Sie empfand Musik anders als wir, sie spürte sie, und hinterher offenbarte sich diese innige Verbindung dadurch, dass sie sich uns öffnete und mit uns sprach, wobei sie uns geradewegs in die Augen sah – sogar eine dicke Umarmung bekamen wir.

Am Abend des folgenden Tages, einem Freitag, kam sie wieder mal nicht in die Federn, aber das war mir egal, solange sie Freude am Leben hatte und derartige Fortschritte machte. Ich sang »Mellow Yellow« mit einem selbst gestrickten Text über eines von Iris' Gemälden, das vor uns auf dem Tisch lag. Sie guckte mich an, während sie lachend um den Tisch herumtanzte, und sorgte dabei mit einem breiten Pinsel noch für den einen oder anderen gelben Klecks.

»Eines Tages nehme ich all deine Songs auf, weißt du das?«, zog mich P-J vom Gartenzimmer her auf.

»Wag es nicht!«, rief ich zurück. Ich hatte allerhand kleine

Liedchen für alle möglichen von Iris' Alltagsaktivitäten und die täglichen kleinen Routinen auf Lager; so hatten wir eines fürs Zähneputzen, ein weiteres für die Toilette, und wenn wir den Garten verließen, sangen wir eines, um uns von den Fahrrädern zu verabschieden, dem iPad, der Musik, ihren Büchern … Ja, wir hatten so ziemlich jede Situation abgedeckt. Diese improvisierten Liedchen halfen Iris, dienten ihr als Anleitung und animierten sie zur Interaktion.

An diesem Abend war Iris bestens aufgelegt, und spätnachts, nach ihrem Bad, hatte ich ein ausgesprochen empfängliches Mädchen vor mir: aufgeschlossen, gesprächig und kreativ, da sie mit einem ihrer Gemälde beschäftigt war. Ich wusste, ich tat Iris nicht wirklich einen Gefallen, wenn ich ihre Routine über den Haufen warf, indem ich sie so lange aufbleiben ließ, aber es war das erste Mal, dass ich ein klares, verständliches »malen«, »Bild«, »Gemälde« im Kontext mit anderen Wörtern zu hören bekam, die sie zuvor gesondert eingesetzt hatte. Meine Begeisterung darüber war so ansteckend, dass sie in der Küche herumsauste und dann den Flur hinauf, die Hände hochgerissen, als hätte sie ein Tor geschossen. Manchmal konnte sie Wörter sagen, aber die Aussprache war nicht so ganz richtig, sodass nur ich wusste, was sie zu sagen versuchte. Sie an diesem Abend sozusagen in brillanter Hi-Fi-Qualität zu hören war einfach umwerfend. Sie kam an den Tisch zurück, strich etwas Farbe auf ihr Bild, dann sauste sie wieder los, den Pinsel in der Hand, natürlich über den Teppichboden, was mein Herz einen Schlag aussetzen ließ, und dann weiter zum Sofa, wo Thula es sich bequem gemacht hatte. Sie warf sich auf das Laken, mit dem ich die Möbel zu schützen versuchte, und spritzte Thula Farbe vor die Pfoten, weil sie sie miteinbeziehen wollte – Thula sollte auch ihre Freude an der Farbe haben. Wir lachten, als Thula mit ihren haarigen Pfoten nach den Farbtupfern tapste, als versuche sie sie zu fangen. Nach dem Spaß mit Thula lief Iris nach oben, kletterte ins Bett und war kurz darauf im Land der Träume, worauf ich dem neuen Bild den Namen *Gemaltes Wiegenlied* gab.

Oft wachte ich morgens auf und hörte Iris bereits durchs Haus tanzen: »Tuba«, sang sie dabei, »Posaune, Flügelhorn, Trommel, Oboe, Fagott, Harfe, Violine …« Dann saßen Iris und Thula zusammen auf dem Sofa, und Iris übte auf der Geige, manchmal in der korrekten Haltung, manchmal hatte sie die Geige auch auf dem Schoß, während sie sachte den Bogen über die Saiten zog. Eines Morgens, ich brachte gerade die Küche in Ordnung, begann Iris allerhand Kram aus dem ganzen Haus anzuschleppen. Als Erstes brachte sie eine ihrer Lieblings-CDs, den *Karneval der Tiere*, die wollte sie hören; dann sauste sie los, um einige Musikbücher zu holen, einen Stuhl und eine ganze Reihe von Instrumenten. Sorgfältig arrangierte sie die Bücher um den Rand eines ihrer Gemälde, sodass sie alle aufrecht standen. Die Instrumente kamen ans Ende des Tisches. Mir war damals bereits aufgefallen, dass die Künste für sie nicht in die ordentlich voneinander getrennten Kategorien aufgeteilt sind, in denen sie Erwachsene gern sehen. Für sie gehört alles zusammen, alles ist eins. An jenem Tag war das deutlich zu sehen. Die Musik imitierte einen Vogel am Himmel, also schlug Iris eine Seite mit einer Flöte auf und versuchte, auf den Fingern zu blasen. Ich pfiff, und sie kicherte. Dann richtete sie die Aufmerksamkeit auf das Gemälde selbst. Eine Stelle war vom Abend zuvor noch nicht völlig trocken, also begann sie mit einem Schnitzmesser daran herumzukratzen, wobei sie sich im Takt der Musik bewegte. Es folgte ein rascher Versuch auf dem Xylophon, dann rührte sie, den Blick wieder auf die Bücher gerichtet, etwas Hellgrün an, und das alles zu der Parade von Camille Saint-Saëns' Tieren.

Ein andermal hatte Iris einen Riesenspaß an einem Konzert eigens für Kinder bei uns in der Stadt. In den Werken von Maurice Ravel und Madeleine Dring hörte sie die Oboe. Es ließ sich gut an. Voller Selbstvertrauen ging sie mit mir Hand in Hand vom Auto die geschäftige Hauptstraße entlang zu dem Gebäude, in dem das Konzert stattfand. Zuerst saß sie auf meinem Schoß und lauschte der Musik. Strahlend beguckte sie sich die Musiker. Dann wagte sie sich einen Schritt weiter. Als die Oboistin fragte, ob jemand seine Tanzschuhe anhabe, hüpfte sie in ihren rosa Schuhen vor ihr herum, und nach dem Konzert hatte sie eine Riesenfreude daran, im Saal herumzutanzen. Selbst als man an die anderen Kinder Trommeln und Rumbakugeln verteilte, wurde sie damit fertig; sie kletterte auf meinen Schoß und stellte sich dann auf meine Schenkel, um den bestmöglichen Überblick zu haben. Sie fühlte sich sicherer, wenn sie alle von oben sehen konnte, aber als sie eine Gelegenheit zum Mitmachen sah, kletterte sie wieder herunter wie eine Katze. Als wir wieder zu Hause waren, flog die Farbe nur so auf ein frisches Blatt Papier. Thula, die natürlich erleichtert war, ihr Mädchen wieder bei sich zu haben, sah sich das neue Gemälde eingehend an; interessiert guckte sie zu, wie die Farben sich auf dem Blatt vermischten: Grüne Schlieren überzogen rote Flächen, während die dunklere Purpurschicht von hellblauen Wurzeln durchzogen war.

Da ihr Selbstvertrauen Rekordhöhen erreicht hatte und sie um so vieles aufgeschlossener im Umgang mit anderen schien, solange Musik mit im Spiel war, hielten wir den richtigen Zeitpunkt für ihre erste Geigenstunde gekommen. Es ging nicht ganz so, wie ich mir das vorgestellt hatte. Es waren keine zehn Minuten vergangen, da schwang Thula sich mit der Behändigkeit eines Piraten hoch oben vom Vorhang, landete auf dem Boden und sauste mit einem Affenzahn los. Sie sprang aufs Sofa, stieß eine Lampe um und zischte hinaus in die Küche, wo Iris saß. Im nächsten Augenblick war sie auch schon hoch oben auf dem Rollo über dem Küchenfenster, ihre Beine baumelten direkt über Iris' Kopf; der böse Blick in ihren Augen wies darauf hin, dass ihr Verhalten Iris' Ängste spiegelte. Wir anderen saßen im Gartenzimmer, als ihr Geschrei zu uns herüberdrang. Ich ging in die Küche und holte Thula vom Rollo, um sie in die Waschküche zu sperren, damit wieder etwas Ruhe einzog.

Dabei hatte sich alles so gut angelassen. Als die Geigenlehrerin kam, war Thula wie immer interessiert an der Ankunft des Neulings und baute sich in majestätischer Pose auf dem Klavier auf, um sich die Musik anzuhören. Iris war zwar am Vormittag etwas durch den Wind gewesen, aber als die Lehrerin kam, war alles wieder im Lot. Ihre Reaktion auf die Einführungslektion jedoch entsprach gar nicht meinen Erwartungen. Kaum hörte sie die Geige der Lehrerin, begann sie zu weinen, rannte hinaus und ward nicht mehr gesehen. Ich war entsetzt; die Lehrerin spielte wirklich schön, und Iris war mit der Musik vertraut, aber ihre Reaktion kam blitzschnell. Sie blieb nicht einmal, um sich die neue größere Geige anzusehen, so wie ich mir das vorgestellt hatte. Sie war furchtbar aufgebracht, und ich hatte keine Ahnung, woran das lag. Immerhin blieb sie eine Weile in der Küche, um von dort aus der Musik zu lauschen.

Ich war nur dankbar, eine so verständnisvolle und nette Lehrerin gefunden zu haben. Der Restaurator hatte sie mir empfohlen, und sie hatte eine weite Fahrt hinter sich. Ich bin sicher, die meisten Menschen hätten mich für total verrückt gehalten und gedacht, dass Iris das Instrument nicht mochte. Iris hatte hinsichtlich ihrer Kommunikationsfähigkeit enorm zugelegt, aber nicht in dem Maße, dass sie mir ihre Reaktion hätte erklären können. Ich konnte nicht anders, der Zwischenfall machte mich furchtbar traurig; die Geige hatte sie immer so glücklich gemacht. Ein Grund könnte die fehlende Stunde mit ihrer üblichen Musiktherapeutin gewesen sein, die gerade im Urlaub war. Vielleicht hatte sie erwartet, sie würde mit dabei sein; vielleicht war die Veränderung einfach ein zu großer Schock gewesen. Ich werde es wahrscheinlich nie mit Sicherheit wissen, aber wir machten noch einen Anlauf, und diesmal begann ich damit, mir die Grundlagen des Geigenspiels zeigen zu lassen in der Hoffnung, dass Iris Lust bekäme, sich uns anzuschließen.

Doch es sollte nicht sein. In den kommenden Wochen stellte Iris unmissverständlich klar, dass auch ich nicht spielen sollte – sie nahm mir die Violine aus der Hand, legte sie sachte irgendwo ab, und niemand durfte sie anrühren. Ich schaffte es immerhin, ein paar Klavierstunden zu nehmen, sodass ich Iris etwas vorspielen konnte. Mir kam der Gedanke, dass ich wieder mal sehr drängte, dass einfach das Timing nicht stimmte wie schon damals, als ich Iris Tiere nahezubringen versuchte. Eine Musikstunde ist vom menschlichen Miteinander her eine recht intensive Angelegenheit, und bei allen Fortschritten, die Iris gemacht hatte, war sie einfach noch nicht weit genug.

Es gab in Leicester ein Kunstzentrum, das seinem Namen – Embrace Arts – in jeder Hinsicht gerecht wurde, weil dort einfach jeder willkommen war. Mittlerweile nach seinem maßgeblichen Gönner Lord Attenborough in Attenborough Arts Centre umbenannt, ist es eine von nur zwei Einrichtungen in den East Midlands, die eigens zum Zweck der Förderung von Kunst und Behinderten entstanden sind. Die vollen, tiefen Töne eines Kontrabasses entspannten Iris auf unserem Weg durch den regen Betrieb des Cafeteria-Bereichs zum Musiksaal, wo wir uns einen Tisch in der ersten Reihe direkt vor dem Flügel aussuchten. Eines nach dem anderen reichte ich ihr die kleinen Spielsachen, von denen ich eine Auswahl mitgebracht hatte, um sie zu beschäftigen. Mit großem Interesse blickte Iris zu den Musikern hinüber, die sich gerade warm spielten. Ich konnte nur staunen, wie ruhig sie war, erst ein Weilchen auf meinem Schoß, später war sie mit einem eigenen Stuhl zufrieden, als sie gebannt der gekonnten Darbietung lauschte. Es war ein Jazztrio aus Saxophon, Kontrabass und besagtem Flügel. Nicht ein einziges Mal während des ganzen Konzerts schien sie verunsichert, weder durch die Lautstärke, noch durch die Komplexität der Stücke. Und als das Publikum zu applaudieren begann, bekam sie keine Angst, sondern drehte sich lächelnd um. Während des Konzerts konnte ich sie mitsummen hören und gelegentlich ein »du-da-dadu-dadadu« – wie man das bei Jazzfans eben so hört. Sie machte das nicht bei jeder Musik; sie mochte weder Kinderlieder noch die meisten modernen Bands, aber sie liebte Klassik, Jazz und einiges aus anderen Teilen der Welt, etwa aus Afrika. Nicht zu vergessen Folksongs. Und sie hatten alle eine unterschiedliche Wirkung; sie empfand sie entweder als anregend, beruhigend, entspannend oder einfach lustig.

Einige Monate später besuchten wir dort wieder ein Konzert, diesmal der Leicester University Musicians; sie hörte einen kleinen Chor, ein Cello und ein Piano. Die Geigerin, die wohl vor unserer Ankunft aufgetreten war, nahm direkt vor uns Platz. Iris konnte ihre Augen nicht von dem Instrument nehmen; leise sagte sie »V, Violine«. Als das Instrument im Geigenkasten verschwand, flüsterte ich ihr zu, die Violine würde beim nächsten Mal wieder herauskommen und spielen, da mir ganz heiß wurde bei dem Gedanken, dass uns ein emotionaler Ausbruch bevorstand, aber sie lächelte mich nur an. Dann sah sie wieder nach vorn zu dem Studenten, der so wunderschön Klavier spielte, und sie war zufrieden.

Ein andermal saßen wir ganz hinten, wo sie beim Zuhören mehr Bewegungsfreiheit hatte, um sich mit ihrem Spielzeug zu beschäftigen. Diese »Soundbites«, wie man die Veranstaltungen nannte, waren genau das Richtige für uns. Man konnte rein und raus gehen, rumlaufen, wenn man wollte, und sich im Café etwas zu knabbern holen. Es ging ziemlich leger zu, die Leute waren tolerant und eins in ihrer Liebe zur Musik. Die Konzerte waren eine Möglichkeit, Iris bei Kompetenzen zu helfen, mit denen sie sich schwertat, die Hektik in Restaurants zum Beispiel, unerwartete soziale Interaktionen und die Bewegungen anderer Leute um sie herum. Ihre Hand in der meinen oder P-Js, bewegte sie sich selbstbewusst durch das Kunstzentrum und spazierte dann lächelnd, von ihrem blauen Cape umtanzt, durch die Pforte wieder hinaus.

Es gab jedoch ein Problem, dem ich mich zu stellen hatte, und das war die Reaktion der Leute, wenn Iris mit zu diesen Konzerten kam. Es war eine herbe Erinnerung an die Probleme, die ich noch vor mir hatte. Die Leute bombardierten mich mit Urteilen, Meinungen und Gedanken, ob ich sie nun hören wollte oder nicht. Bis dahin war mir das alles erspart geblieben, da wir größtenteils zu Hause oder unsere Besuche im familiären Bereich geblieben waren. Einmal saßen wir in einer Kirche, fernab von unserer häuslichen Festung oder vom Frieden unserer Radtouren, und eine Kirche, so möchte man meinen, ist nun wirklich nicht der Ort für Vorurteile, sondern einer, an dem man sich sicher fühlen kann. Wir besuchten ein Nachmittagskonzert, ein Streichquartett von Beethoven, und obwohl Iris müde war, hatte sie ihren Spaß und summte hier und da mit, während sie mit ihren Spielsachen auf der Bank spielte. Schließlich kletterte sie auf meine Knie und wiegte sich selig, den Blick auf die Bewegungen der Musiker gerichtet, zum Klang der Geige. Die Musik war wunderschön, und obwohl ich meine Freude daran hatte, graute mir vor jeder Pause, vor jedem Augenblick der Stille bei all der Ablehnung, die ich um uns herum spürte. Ich war ja bereit, dafür zu sorgen, dass Iris so ruhig wie möglich war, aber sie reagierte nun mal auf die Musik und flüsterte die Namen ihrer Spielsachen und versuchte die Melodie nachzusummen, wenn die Töne verklungen waren.

Ein Paar aus dem Publikum war völlig entrüstet über unsere Anwesenheit – und hatte offensichtlich das dringende Bedürfnis, mich das nach dem Konzert wissen zu lassen. »Es gehört sich einfach nicht, sein Kind mitzubringen. Sie haben uns den ganzen Abend verdorben, uns und allen anderen, und sie haben die Musiker beleidigt!«

»Entschuldigen Sie«, sagte P-J, »aber mein Kind hat genauso viel Recht darauf, hier zu sein, wie Sie. Sie war sehr brav. Sie hätten sich ja woandershin setzen können, wenn sie Sie derart stört.«

Ich wollte, wir wären einfach rausgelaufen. Warum nur musste P-J immer etwas erwidern?

»Sie haben allen den Abend verdorben!«, wiederholte der Mann wütend.

Ich musste mich beherrschen, nicht in Tränen auszubrechen, als ich mit Iris so schnell wie möglich zum Auto zurückging. Ich wollte nur nach Hause, das Tor hinter uns zuwerfen und mich in den Garten setzen. Erst jetzt merkte ich, wie brüchig mein Selbstbewusstsein geworden war nach all den Jahren der Isolation. Wir waren in dem Jahr viel öfter mit Iris ausgegangen, was ich als Befreiung empfand; ich war glücklich, aber das war, bevor ich das Urteil meiner Mitmenschen zu spüren bekam. Dann

wieder wünschte ich mir, ich hätte diesem Paar die Stirn geboten und ihnen gesagt, warum wir dort waren, und P-J zur Seite gestanden. Wie konnten sie derart vorschnell ein Urteil über uns fällen? Es hatte mich so wütend gemacht, aber ich hatte nichts gesagt und mich verdrückt, als wäre ich im Unrecht gewesen.

Natürlich hatten die Leute keine Ahnung von Iris' Geschichte. Sie wussten nicht, wie schwer wir es hatten und wie viel Mut dazugehörte, ein Kind mit einer solchen Behinderung zu einem Konzert mitzunehmen. Wenn sie gewusst hätten, wie oft Iris das Streicherfinale des BBC-Jugendwettbewerbs gesehen hatte, wie viele Aufnahmen von Geigern rund um die Welt sie sich angeguckt hatte, all die Videos auf YouTube, wie viele Bücher über Orchester sie gelesen hatte, wenn sie gewusst hätten, dass Musik

Türen in ihre Welt öffnete, vielleicht hätten sie nicht so schnell den Stab über uns gebrochen. Wenn sie gewusst hätten, dass diese Musiker, die so schön spielten, praktisch meine Helden waren – sie gaben Iris etwas, was ich ihr nicht geben konnte, und ich werde ihnen ewig dankbar dafür sein. Der Gedanke, ihnen mit unserer Anwesenheit zu nahe getreten zu sein, tat mir zutiefst weh.

Der Zwischenfall war ein schwerer Schlag für mein Selbstvertrauen. Ich musste die Zähne zusammenbeißen. Ich wünschte mir, die Leute würden mehr Verständnis zeigen. Am Nachmittag desselben Tages noch schrieb ich den Musikern eine E-Mail, um mich zu entschuldigen, falls wir tatsächlich gestört hatten. Ihre Reaktion stellte mein angeschlagenes Selbstvertrauen wieder her. Sie schrieben mir, wie wunderbar eine so enge Beziehung zur Musik bei einem Kind sei und dass das Konzert ihnen Spaß gemacht hätte – sie seien durchaus nicht beleidigt. Dann luden sie uns sogar zu ihren Proben ein, damit Iris ihrer Musik ohne den Druck der Meinungen anderer lauschen könnte.

Noch im selben Monat nahmen wir eine freundliche Einladung der Musiker an. Der Gedanke, nur mit Iris und den Musikern zu tun zu haben, ohne uns Gedanken um ein Publikum machen zu müssen, hatte etwas Magisches – nur wir und die Musik! Als wir in die Kirche kamen, war gerade ein Familiengottesdienst zu Ende; es herrschte ein derartiges Geschnatter, dass Iris zu weinen begann. Es gelang uns, ein ruhiges Plätzchen auf der Empore zu finden, wo sie sich wieder beruhigte. Dort warteten wir auf die Musiker. Zuerst guckten wir von der Empore aus zu. Iris war so begeistert, dass sie kaum an sich halten konnte. Sie merkte, dass wir die Kirche für uns hatten und sie sich nicht zu beherrschen brauchte. Sie hüpfte, tanzte, sah sich um und fand einen Platz mit einem großartigen Blick auf die Musiker. Dann zogen wir nach unten um, um näher bei den Instrumenten zu sein. Hier war Iris ganz anders. Sie wollte nicht einfach nur still zuhören, sie wollte zum Saxophon tanzen, zum Cello, zu den Geigen. In der Pause blätterte sie sogar die Notenhefte der Musiker um, wobei sie ganz nahe an sie heranmusste. Als sie ein besonderes Interesse für das E-Piano an den Tag legte, erbot sich einer der Geiger, es für sie anzuschalten. Sie spielte darauf, während wir uns über das Konzert unterhielten. Alle Musiker fanden Iris und ihr Interesse spannend und erzählten mir, wie sie selbst angefangen hatten. Es war wunderbar, ihnen zuzuhören. Musik hatte für mich nie die Rolle gespielt wie für sie, und es lag für sie auf der Hand, was sie Iris bedeutete. Es war so, als entwickelte sie sich weit über unser Wissen und unsere Leidenschaften hinaus. Es war inspirierend, und ich bewunderte sie wirklich dafür.

Musik half Iris nicht nur hinsichtlich ihres Selbstvertrauens und ihrer Kommunikationsfähigkeit, wir setzten sie auch bei ihrer Schulbildung ein. Ich schuf eine Unterrichtseinheit mit der Geige als zentrales Zugpferd. Als besonders effektiv erwies sich Sergej Prokofjews *Peter und der Wolf,* ein musikalisches Märchen, in dem die Figuren durch unterschiedliche Instrumente dargestellt sind. Peter wird durch die Streicher dargestellt, die Flöte mimt den Vogel, die Oboe die Ente, die Klarinette die Katze, das Fagott ist der Großvater, das Waldhorn der Wolf, Pauken und Basstrommel stehen für die Jäger und die Schüsse, die sie abgeben. Iris las mittlerweile so gut, dass sie viele der Sätze laut vorlesen konnte; es war der perfekte Ausgangspunkt für uns. Wie seinerzeit bei »Die Eule und das Kätzchen« ging ich bei meinen Projekten immer wieder von einer Geschichte aus. Wir machten weiter mit Vivaldis *Vier Jahreszeiten,* was uns Gelegenheit gab, uns auf das Wetter und die englischen Jahreszeiten zu konzentrieren. Wir zogen los und suchten Abenteuer an unserem Bach. Thula saß geduldig neben Iris, während sie dem Wasser unter der Brücke zusah. Ich sprach mit den beiden über die Geräusche, die wir hörten, und wir machten ein Spiel daraus, die verschiedenen natürlichen Geräusche und Formen mit Instrumenten darzustellen, genau wie bei *Peter und der Wolf*. Der Kontrabass wurde zu einem besonders großen Baum im Wald, die Pikkoloflöte sorgte für das Plätschern des Wassers. Ich hatte Iris eine Kamera gekauft, da sie meine so interessierte, und sie hielt das Leben damit von ihrem Standpunkt aus fest. Sie schoss eine ganze Reihe von Bildern, meist Nahaufnahmen von Moos und Wasser. Als ich am Abend die Fotos auf meinen Computer lud, lernte ich eine Menge über Moose und die Faszination, die sie für Iris haben.

Ende November bekam ich einen aufregenden Anruf von meinem Bruder, der mit seiner Freundin Carolina im Urlaub war.

»Erzähl mir von Irland. Wo wohnt ihr denn? Wie ist es so?«

»Es ist großartig. Absolut klasse! Hör zu, ich muss dir etwas sagen …«

»Schieß los.«

»Ich habe Carolina einen Antrag gemacht, und sie hat ja gesagt.«

»Ach, James, das ist ja wunderbar! Gratuliere! Wir freuen uns total für euch! Die ganze Familie wird aus dem Häuschen sein.«

Ich konnte es kaum erwarten, ihn über Weihnachten zu sehen und mit ihm zu feiern. Seit er mit Carolina zusammen war, hatte er sich irgendwie verändert, er war viel lockerer, er war glücklich.

Wir feierten im Rahmen der Weihnachtsparty meiner Eltern und dann im Januar in London mit einer schönen Verlobungsfeier im Garden Museum. Man hatte die aufgelassene alte Kirche in den 1970ern vor dem Abriss gerettet und ein Museum daraus gemacht. Heute dient es als Galerie und prachtvoller Veranstaltungsort für besondere Anlässe. Die schönen Blumenarrangements meiner Mutter und die dramatische Ausleuchtung von Gewölbe und Fenster verliehen der Vorfreude auf die Hochzeit ein besonderes Flair. Die Pläne nahmen bereits Gestalt an: eine Hochzeit in Schweden, Carolinas Eltern leben ja in Stockholm. Ich konnte nicht anders, ich ließ mich mitreißen von allem, was die Brautjungfern über dieses unglaubliche Land im Norden zu erzählen hatten. Und Stockholm hörte sich traumhaft an: großartige Architektur, Parks, Paläste, mittelalterliches Kopfsteinpflaster – und das Ganze von Wasser umgeben.

Dann jedoch war ich hin- und hergerissen. Ich würde wahrscheinlich allein hinreisen müssen, eine solche Reise wäre für Iris einfach zu viel. James und Carolina sprachen mit mir darüber, sie wollten Iris so gern bei sich haben, die ganze Familie sollte dabei sein. Carolinas Familie war bereits bei meinen Eltern in England gewesen, und sie hatten nicht mit der Wimper gezuckt, als sie Iris oben ohne und ohne Schuhe herumlaufen sahen – oder wenn sie vor Aufregung mit den Händen zu flattern oder zu summen begann. Sie urteilten nicht; sie nahmen sie, wie sie war, was ich als große Erleichterung empfand. Trotzdem, es gab noch so viele Hürden zu überwinden.

James und Carolina legten die Hochzeit auf Ende August, was bedeutete, ich hätte etwa sechs Monate, um mit Iris an gewissen Problemen zu arbeiten. Als ich die Reise zu analysieren begann, wollte ich schier verzagen. Iris war noch nie mit einem öffentlichen Transportmittel gereist, weder in einem Bus noch in einem Zug, schon gar nicht in einem Flieger. Wann immer wir in der Vergangenheit Urlaub zu machen versuchten, waren wir immer wieder vorzeitig nach Hause gefahren. Unsere Reise nach Cornwall mit der anderthalb Jahre alten Iris war alles andere als ein Erfolg gewesen, ebenso wenig wie ein zweiter Versuch im Jahr darauf, als wir in Wales hatten ausspannen wollen. Zwei, drei Tage, dann waren wir wieder auf der Heimreise gewesen. Iris begann gerade zaghaft an Selbstvertrauen zuzulegen, wenn wir in der Öffentlichkeit waren, und der Gedanke an den riesigen Heathrow Airport in London und dann zweieinhalb Stunden in einem Flugzeug voller Menschen, merkwürdiger Geräusche, Empfindungen und schließlich die Ankunft in einem anderen Land: Das alles machte mich wirklich nervös. Und dann wäre da noch die Hochzeit selbst, bei der Iris während der ganzen Zeremonie stillzusitzen hätte, die Fahrt mit Bus und Boot, ganz zu schweigen von der Hektik des Hochzeitsempfangs.

Vor lauter Feiern und Aufregung hatte ich verdrängt, was auf uns zukommen würde und was ich alles tun müsste, um Iris vorzubereiten. Als mir das klar wurde, wollte mich die Aussicht schier erdrücken. Wie in aller Welt sollte ich das alles bewerkstelligen? Dann fiel mir ein, dass ich den Kinderclub für unsere kleinen Forscher gegründet hatte, weil Iris sich so schwer mit anderen tat. Und das hatte sich doch im Lauf der Zeit geändert. Könnte mir so etwas auch hinsichtlich der Reise nach Schweden gelingen? Waren wir verrückt, diese Möglichkeit auch nur ins Auge zu fassen – ganz zu schweigen von der verwegenen Hoffnung, uns dabei auch noch zu amüsieren?

Ich möchte den Zauber des Augenblicks nicht stören. Iris sitzt im Schneidersitz zwischen P-J und Thula auf dem Sofa. Sie liest die letzte Zeile des Buches so schön, dass ich mich beherrschen muss, nicht einfach hinüberzuspringen, um sie zu umarmen. In der Geschichte Zin! Zin! Zin!
A Violin bilden die neun musikalischen Freunde mit der einsamen Posaune ein Kammerorchester. »Zugabe! Zugabe!«, ruft Iris, um sie dazu zu bewegen, noch einmal hervorzukommen und etwas zu spielen.
Iris und P-J arbeiten so gut zusammen, dass mir eine Glücksträne über die Wange rollt. Dann stellen sich sofort die Sorgen wegen der bevorstehenden Reise und all der Vorbereitungen wieder ein. Aber wie die Posaune ist Iris wenigstens nicht mehr allein – und ich auch nicht.

Elf

Thula machte sich so lang, wie sie nur konnte, um die Türklinke zu erreichen.

»Okay, ich hab ja verstanden«, sagte ich, »du willst raus.«

Als ich zu ihr ging, empfing sie mich gurrend, und als ich die Tür öffnete, sprang sie hinaus in den Schnee. Ende Januar 2015 war das, wir hatten den ersten Schnee, und Thula konnte es gar nicht erwarten hinauszukommen. Sie ist ja geradezu für so ein Wetter gebaut: Ihr Fell, manchmal seidig und flach, war zu einer majestätischen Mähne aufgeplustert wie ein Pelzkragen. Ihre fast schon überdimensionalen Pfoten mit den langen Quasten sind wie geschaffen, um sie über den Schnee im Garten zu tragen. Als Iris gefrühstückt hatte und zum Fenster ging, sah sie Thula draußen auf etwas herumspringen – offensichtlich hatte sie unter der gefrorenen Schicht etwas gehört. Beim Anblick ihres schwarzweiß gestreiften buschigen Fuchsschwanzes musste Iris lachen. Schließlich sah sie zu, wie Thula seelenruhig auf der Eisdecke in der Sonne lag. Laub, Hecken, Zweige, alles war mit weißem Zuckerguss überzogen, der im goldenen Morgenlicht glänzte.

»Wollen wir rausgehen, mit Thula spielen?«, fragte ich.

»Schnee, mehr Schnee«, sagte Iris und absolvierte ihr kleines Tänzchen, was ich als »Ja« deutete. Als sie endlich in Schneeanzug und Stiefeln eingemummelt war, hatte es zu schneien aufgehört, und obwohl bald unsere Musiktherapie anfing, wusste ich, das war unsere Chance. Ich konnte den Schnee praktisch schmelzen hören; wenn wir jetzt nicht rausgingen, wäre es zu spät.

Ich erwartete, dass Iris reagierte wie früher auch, dass sie das Knirschen unter ihren Füßen nervös machen würde. Ich dachte, ich hätte sie jeden Augenblick wieder in den Armen, aber diesmal hatte sie ihre treue Freundin an ihrer Seite, und das machte viel aus. Sie brauchte ein Weilchen, um sich an den Anblick ihres Gartens ganz in Weiß zu gewöhnen; reglos stand sie auf der Terrasse, Thula neben ihr, lauschte, beobachtete, was sich tat. Die Geräusche interessierten sie, und ihre Finger bewegten sich, als spielten sie ein Instrument, aber vor allem war sie eins mit dem Schmelzwasser, das von den Zweigen tropfte. Ich konnte richtig sehen, wie sie sich beruhigte und langsamer atmete; ihr warmer Atem war in der kalten Luft zu sehen, während sie eingehend jede Einzelheit der Landschaft vor ihr in Augenschein nahm. Thula tat schließlich den ersten Schritt, indem sie in den Garten und auf den Baumstumpf sprang. Iris folgte ihr, und kurz darauf forschten die beiden selig vor sich hin. Ich öffnete das Tor, und schon liefen sie zusammen den Hang hinunter in den Obstgarten.

Irgendetwas hatte Thulas Aufmerksamkeit erregt, und dann schien es auch Iris zu sehen. Ich folgte dem Blick der beiden und sah ein Paar Muntjaks aus dem Wald kommen und die verschneite Wiese hinaufgehen. Ich bin immer wieder hingerissen von all den Tierarten, die unser Garten selbst im Winter anzieht. Wir sind aber auch sehr laxe Gärtner; keiner von uns ist auf einen ultragepflegten Garten aus. Was wir an Obst nicht essen, lassen wir für die Tiere liegen. Unsere Blumenbeete und Hecken lassen wir wild wachsen, damit sie absamen können, sodass

ein natürlicher Lebensraum für viele Tiere entsteht. Nach dem Winter dann machen wir einen Frühjahrsputz, damit alles frisch gedeihen und der ganze Kreis von Neuem beginnen kann.

Iris drehte sich auf der Stelle um, als ich »Musik« sagte, um sie an ihre Therapiestunde zu erinnern, und sie stapfte zurück zum Haus. Thula trottete hinter ihr drein. Bis zum Mittag war der Schnee größtenteils geschmolzen. Es war eine schöne, wenn auch kurze Begegnung gewesen.

»Kein Schnee mehr!«, hörte ich Iris sagen.

»Da kommt schon noch was nach. Und bald wachsen die Schneeglöckchen.«

Es war der Schnee, der meine Sorgen hinsichtlich Iris' Verhaltens im Ausland beschwichtigte. Wie weit hatte sie es doch gebracht seit ihrer ersten Begegnung mit dem Schnee, wie großartig hatte sie sich akklimatisiert. Ich war es ihr schlicht schuldig, auf ihre Widerstandskraft zu vertrauen.

»Also, wie sieht denn dein neuer Plan nun aus?«, fragte mich P-J. Ich begann mich langsam zu fragen, wann sich unsere Unterhaltungen mal nicht um Probleme und Lösungen drehen würden. Manchmal hatte ich das alles so satt, ich wollte nur, dass das Leben wieder »normal« würde, aber ich kam immer wieder zu demselben Schluss: Das hier war nun einmal für uns »normal«.

»Ich habe mir gedacht, wir sollten am ersten Teil der Reise arbeiten, und ich meine damit den Flughafen. Iris war noch nie in so großen Gebäuden mit so viel Lärm. Also habe ich mir gedacht, wir arbeiten langsam darauf hin, indem wir mit ihr – in Verbindung mit Dingen, die sie mag – in immer größere Gebäude gehen.«

»Zum Beispiel?«

»Das Theater wäre ein guter Anfang. Vielleicht finden wir ein Konzert, zu dem wir sie mitnehmen können.«

»Ich war schon mal dort. Es ist wirklich groß im Eingangsbereich, mit vielen Etagen, Restaurants, Bars und vielen Leuten. Das ist ein Riesenschritt. Ich weiß wirklich nicht, ob sie schon so weit ist.«

Ich gab ihm recht; so weit war sie einfach noch nicht. Wir würden auf diese Art von Ausflug hinarbeiten müssen.

»Was hältst du von Touristenattraktionen?«

»Ja, Hauptsache, wir können sie an Menschenmengen gewöhnen, nicht zu vergessen ans Schlangestehen. Auch solche Aktionen müssen wir berücksichtigen und üben.«

»Die Liste! Wo ist deine Liste!«, rief P-J lachend, als ich weitere Probleme anzusprechen begann.

Zu seinem Amüsement lief ich tatsächlich los, um Stift und Zettel zu holen. Die nächsten Tage über recherchierte ich, buchte diverse Vorstellungen, fand Örtlichkeiten, die wir mit Iris besuchen, Ausflüge und Abenteuer, die wir mit ihr unternehmen könnten. Und da wir ihren Unterricht nicht vergessen durften, kam ich auf etwas, womit wir gleich zwei Posten abhaken könnten: ein Besuch in einer Buchhandlung. Es würde dort mehr Publikumsverkehr herrschen als in den anderen Geschäften, in die wir sonst gingen, aber der Laden wäre bis obenhin voll von Büchern, und die liebte sie. Vielleicht stießen wir sogar auf ein neues Thema für ihren Unterricht. Ich konnte nur hoffen, sie würde sich so über den Anblick eines Raums voller Bücher freuen, dass sie die vielen Leute und die Kinder vergaß.

Iris hielt uns an den Händen auf unserem Weg die Hauptstraße entlang. Sie hatte Probleme mit einem lauten Lastwagen, der durch das Zentrum rumpelte, aber abgesehen davon schafften wir es ohne weitere Zwischenfälle in die Buchhandlung. Ich hatte das Gefühl, mit ihr in einen Süßwarenladen zu gehen; kaum war sie drin, trat ein Leuchten in ihre Augen. Wir gingen in die hell erleuchtete Kinderabteilung. Sie nahm ein Buch über eine Prinzessin aus dem Regal und wollte es nicht mehr loslassen. Sie mochte die Farben und die funkelnden Details, und überall dort, wo Flitter aufgeklebt war, befühlte sie die Oberfläche bedächtig mit der Spitze ihres Zeigefingers. Sie setzte sich an den Tisch in der Mitte des Raums und ging das Buch von vorn bis hinten durch, immer wieder. Die anderen Leute und der Lärm schienen sie nicht zu stören; sie war ganz bei der Sache – nichts konnte sie von der Prinzessin ablenken. Wir kauften das Buch, und mit ihm bekamen wir ein neues Thema für Iris' Unterricht: Burgen und Schlösser.

In der folgenden Woche rief mein Bruder an. Er arbeitete im Rahmen eines Projekts an einer Reihe von Filmen mit der neuen Sony-Action-Kamera. Er meinte, er würde gern mit einer dieser Kameras Iris' Geschichte erzählen; er hielt es für eine tolle Möglichkeit, in positiver Weise auf das Problem des Autismus hinzuweisen. Wir hielten anfangs überhaupt nichts davon; wir hatten Iris immer vor der Außenwelt und den Medien schützen wollen. Der Gedanke einer Filmcrew bei uns zu Hause war beunruhigend, aber je mehr James von seinem Projekt erzählte, desto mehr sah ich den potenziellen Nutzen. Es wäre eine weitere Möglichkeit, den Leuten zu sagen, dass »anders« tatsächlich »großartig« sein kann – es könnte ihre Auffassung darüber ändern, wie ein Leben mit Autismus aussah. Damals machten gerade Fälle von Mobbing und Autismus an unseren Schulen Schlagzeilen, und mir lag daran, den Leuten das Potenzial eines Kindes mit Autismus verständlich zu machen. Für Iris würde das Projekt möglicherweise zu einem Problem. Sie hätte mit einer ganzen Filmcrew zu tun: Drei, vier Tage lang hätte sie engsten Kontakt mit einem Regisseur, Kameramann, Tontechniker und ihrem Onkel. Es würde für uns alle eine Herausforderung, da man die Schlüsselelemente ihrer Geschichte einzufangen gedachte. Ich hatte nicht den geringsten Zweifel daran, dass Thula ihre Freude an der Erfahrung haben würde, aber für Iris wäre es womöglich doch ein Schritt zu weit. Ich überlegte nächtelang, einmal überwog das Pro, dann wieder das Kontra, aber im Hinblick auf unser Ziel für den Sommer entschlossen wir uns dann doch dazu.

Wir einigten uns darauf, Iris sorgfältig im Auge zu behalten, und ich machte dem Regisseur klar, dass wir ihr, wann immer sie das brauchte, die nötige Auszeit geben würden. Der Dreh sollte Ende März beginnen. Das Team schaute vorher bei uns vorbei, um Iris und den Drehort kennenzulernen. Dann schickte man uns die winzige Videokamera schon einige Wochen vorher, damit Iris sich daran gewöhnen konnte – sie sollte sogar versuchen, ihr Leben aus ihrer eigenen Perspektive einzufangen. Eines von Iris' liebsten Motiven schien Thula in der Badewanne zu sein. Ich musste laut losprusten bei ihren Filmen: Thulas dünne Beinchen unter Wasser, die herrlichen Nahaufnahmen von ihr beim Trinken und ihrem flauschigen Fell, nicht zu vergessen ihre langen Schnurrhaare.

Ich konnte von Anfang bis Ende nur staunen über Iris' Fortschritte. Sie gestattete mir sogar, ihr eine Art Geschirr umzulegen, mit dem sich die Kamera am Körper befestigen ließ. Während das Filmteam den Dreh vorbereitete, wartete sie geduldig im Auto oder auf dem Rad. Da sie sich mit dem Befolgen von Anweisungen schwertat, kamen wir überein, uns eher nach ihr zu richten. Und Thula erfüllte uns auch mit Stolz, wann immer sie ein Bad nahm, auf dem Rad mitfuhr, mit Seifenblasen spielte oder mit in den Swimmingpool sprang. Wir hatten das Haus voller Leute, und bis zur Mittagszeit war die Küche knallvoll mit Ausrüstung: Laptops, Bildschirme, Kameras, Objektive, Tonangel und Akkupacks. Es war aufregend, aber auch anstrengend – doch Iris ging völlig darin auf. Wir packten praktisch die Aktivitäten für eine ganze Woche in einen einzigen Tag, und so geschafft sie am Abend war, sie war glücklich.

Wenn ich Hilfe mit Iris brauchte, sprang mir James bei. Er trug sie auf den Schultern hinauf zum Haus, wenn sie eine Pause brauchte, oder gab ihr einen Snack, worauf sie mit einem »Danke« reagierte. Er ging sogar mit der Unterwasserkamera mit ihr in den Pool. Obwohl er sein Programm durchzog, setzte

er sie nie unter Druck. Nur zu gern beobachtete ich Iris' Interaktion mit ihm und den anderen beim Mittagessen, zu dem wir alle am Picknicktisch saßen. Sie wollte mit dabei sein und einbezogen werden, was eine ganz unglaubliche Veränderung darstellte, gerade weil die Mahlzeiten früher immer so problematisch gewesen waren.

Hatte das Projekt in erster Linie unter dem Vorzeichen begonnen, anderen helfen zu wollen, erwies es sich als fabelhafte Gelegenheit für Iris, ihre sozialen Kompetenzen mit Menschen einzuüben, die sie verstanden. Ich kann gar nicht sagen, wie viel Hoffnung mir das für den Sommer gab. Wir waren entschlossener denn je, unseren Plan durchzuziehen. Das Projekt hatte seine Nachteile, aber nicht in der Art, wie ich sie vorausgesehen hatte: Die Probleme hatten nichts mit Iris zu tun, sondern ganz allein mit mir. Ich tat mich schwer damit, einen Film zu machen, der alles durch die Perspektive eines anderen Menschen zeigte. Ich hatte das Leben meiner Tochter bis dahin nur durch meine eigene Linse gesehen, und meine Fotos hatten eine weichgezeichnete Zärtlichkeit; der Film dagegen war modern und für ein weit jüngeres Publikum gedacht.

Er war nur knapp über zwei Minuten lang und erzählte Iris' Geschichte aus einer einzigartigen Perspektive. Altes Material aus Iris' Zeit als Baby rief zahlreiche Erinnerungen in mir wach. Iris spielte mit ihren Spielsachen, völlig in sich gekehrt, ohne auch nur aufzusehen, wenn wir ins Zimmer kamen oder sie beim Namen riefen. Sie stand im Garten, gerade dass sie laufen gelernt hatte, die Finger gehoben, um den Wind zu spüren. Unser Kind so auf dem Bildschirm vor mir zu sehen, so weit weg von uns und doch mit einer so starken Beziehung zur Natur … Als ich während des Drehs einen Off-Kommentar aufnahm, bat mich der Regisseur, mir diese Zeit vor Augen zu führen, mich an Iris' Verhalten uns gegenüber und unsere Beziehung zu erinnern. Das wühlte viele Gefühle aus Iris' ersten Jahren in mir auf – und das dann in einem Film zu erleben legte einen Nerv in mir bloß. Es war wirklich schmerzlich, diesen Abschnitt unseres Lebens noch einmal zu sehen. Auf der anderen Seite hatten wir uns weiterentwickelt, und Iris hatte so viel überwunden, dass die Episode, so erschütternd ich sie im ersten Augenblick empfand, mir auch Kraft zum Weitermachen gab.

Die Vorbereitungen für unser Burgen- und Schlösser-Thema waren in vollem Gange, und im Frühjahr erarbeiteten wir alle zusammen ein neues Projekt: den Bau unserer eigenen Burg im Gartenzimmer – aus rosa Karton. Thula und ich hatten Turmdienst, während P-J und Iris an den Mauern arbeiteten. Während sie ihn auf der einen Seite stützte und P-J dem Karton die richtige Form gab, sagte Iris hin und wieder ein Wort: »Prinzessin, Prinz, König, Königin …« Wir brauchten den ganzen Vormittag, aber als wir fertig waren, sahen wir unsere Mühe reichlich belohnt. Thula streunte durch die Korridore der Burg, dann saß sie in typisch majestätischer Pose auf einer der Mauern. Iris inspizierte im Burggarten ihre Kronjuwelen und begann dann mit den Figuren – Ritter, Drachen, Prinzessin – zu spielen. Sie kam auf die glänzende Idee, ihr Trampolin in die Mitte zu stellen, und hüpfte dann stundenlang innerhalb der Burgmau-

ern auf und ab. Im Verlauf der nächsten Tage schmückten wir die Burg mit allerlei Aufklebern und Gemälden. Nach all diesen Vorbereitungen schien die Zeit reif für einen Ausflug nach Warwick Castle.

Der Stauraum unseres Wagens war vollgestopft mit Büchern und Iris' Radsitz; die Figuren hatten in Thulas Korb Platz gefunden; darüber hinaus war ein ganzes Heer von Spielzeugrittern, Königen, Königinnen und Pferden mit von der Partie.

»Bist du sicher, dass das reicht?«, sagte P-J. Müde wie ich war, entging mir sein sarkastischer Unterton; ich war viel zu beschäftigt damit, die Spielsachen durchzugehen, die Iris meiner Ansicht nach dabeihaben sollte.

»Ach ja, der Bogenschütze fehlt noch. Wart mal, ich geh ihn schnell holen.«

»Sie ist zufrieden, schau doch.«

Ich guckte durch den Stauraum nach vorn. »Rock und Rolle!«, rief Iris.

Mein Wagen wurde bei diesen Ausflügen zum mobilen Klassenzimmer. Die lange Anfahrt hatte durchaus ihre Vorteile, weil sie uns Zeit gab, Iris gründlich auf das vorzubereiten, was sie sehen würde. Doch nichts hätte sie darauf vorbereiten können, was wir dann wirklich sahen. Der Prunk und die Schönheit von Warwick Castle inmitten der Blütenpracht am Avon waren schlicht berauschend, zuweilen schier überwältigend, aber vor allem bot die Burg Iris eine wunderbare Gelegenheit, ihren Forscherdrang auszuleben. Meine Bedenken der langen Schlangen vor dem Kartenschalter wegen erwiesen sich als unbegründet; da wir früh genug dort eintrafen, hatten wir nur ein anderes Paar vor uns. Wir gingen durch das Tor ins Innere der Burg. Iris bestaunte die Rüstungen in der Great Hall und die Ritter auf ihren Pferden – und schon ging's weiter. Berstend vor Selbstbewusstsein schob sie sich an den anderen Besuchern vorbei, P-J und ich folgten ihr von Saal zu Saal, hielten vor Ausstellungsstücken, die ihr Interesse weckten, dann ging es auch schon zum nächsten Raum: Korridore entlang, treppauf, treppab, eine Verschnaufpause auf einer Fensterbank und wieder weiter … Während wir hinter ihr hereilten, hörte ich sie eine ganze Menge von Wörtern aufsagen. Schließlich fand sie das Porträt eines Löwenpaars im State Dining Room. Als sie so davorstand, hörte ich sie sagen: »Löwe. Löwe sagt *brüll!*« Schließlich erspähte sie über einem Kamin einen Adler. »Adler, wow!« Sie beschrieb alles, was sie entdeckte, und versah es mit einem Etikett. Als sie Van Dycks berühmtes Porträt von König Charles I. zu Pferd sah, sagte sie: »Großer Ritter, weißes Pferd.« Etwas verwirrt war sie von den lebensgroßen Wachsmodellen; sie hätte zu gern verstanden, was es mit ihnen auf sich hatte, vor allem die langen Kleider faszinierten sie. Ich konnte sie geradezu denken hören, als sie sich bückte, um ihnen unter die Röcke zu sehen: »Mami trägt so was nicht.« In diesem Augenblick wies ich auf etwas im nächsten Raum, und schon sauste sie los, bevor wir Ärger bekamen, weil sie die Stoffe anfasste.

Nachdem sie das Schloss erforscht hatte, wurde es Zeit, auf die alte Turmhügelburg hinaufzulaufen. Sie baute sich vor P-J auf und hob die Arme: bitte tragen.

»Okay, Beanie, auf meine Schultern: hopp, hopp!«, sagte er, worauf sie die Knie anzog, als er sie hochhob, und als sie sich zurechtsetzte, begann sie aufgeregt mit den Händen zu fuchteln. Wir machten uns an den Aufstieg.

Kurz darauf hörte ich an den Lauten, die sie von sich gab, dass ihr irgendetwas zu schaffen machte. Mit wachsender Frustration nahm die Intensität ihres Summens zu. Vielleicht hatten wir es übertrieben, und es war Zeit, wieder nach Hause zu fahren.

Mir taten selbst schon die Beine weh. Ich war müde, und der zusätzliche Druck, Iris reisefertig zu machen, hatte seinen Tribut gefordert. Mir wurde klar, dass ich nicht nur Iris schonen, sondern auch selbst kürzertreten musste. Ich war die letzte Woche über so beschäftigt gewesen, dass ich kaum zum Verschnaufen gekommen war.

Sich um ein Kind aus dem autistischen Spektrum zu kümmern ist selbst unter den günstigsten Umständen mit einer Extraschicht Probleme verbunden: überlegen, vorbereiten, zuhören, beobachten, recherchieren, Zeichensprache lesen, um zu verstehen, wie es die Welt sieht. Es geht nicht anders, will man dem Kind Krisen ersparen. Iris hatte schon eine Ewigkeit keine mehr gehabt, aber wir mussten sie im Auge behalten, um rechtzeitig eingreifen zu können.

Als wir wieder am Auto waren, drückte P-J Iris ein Bussi auf. »Das war ganz toll, Beanie, gut gemacht!« Er wandte sich mir zu;

er war überglücklich, und bei all meiner Müdigkeit steckte mich seine Begeisterung an.

Ein paar Wochen später stand unser nächster Ausflug auf dem Programm, der mich etwas nervöser machte als die anderen – ein Orchesterkonzert im Northampton Theatre. Ich wollte, ich könnte mir in solchen Situationen etwas von P-J abschneiden; manchmal käme mir seine selbstsichere Fassade wirklich zupass. Was mir Sorgen machte, war die Reaktion des Publikums auf Iris. Ich gab mir alle Mühe, den Gedanken zu verdrängen und positiv zu bleiben. Ihre Hände in den unseren schritt Iris voller Selbstvertrauen in das gewaltige Atrium, die Treppe hinauf, vorbei an den Bars und Cafés. Das Geplapper rund um sie störte sie nicht. Sie war absolut konzentriert; sie war auf dem Weg, das Orchester zu hören, und für sie war das das Einzige, was zählte.

Bei jedem stillen Augenblick während des Konzerts hatte ich einen Schweißausbruch, und als sie dann zu den Opernsängern »*Bye, Bye!*« sagte, stiegen meine Befürchtungen. Sie wurde ziemlich gesprächig. Sie hatte eine starke Beziehung zur Musik, und auch der Letzte im Publikum konnte es sehen. Ich musste sie auf meinem Schoß festhalten. Iris und die Musik waren eins, sie war im siebten Himmel. Ihr Herz war bei den donnernden Kesselpauken, schwebte über den Flöten, tanzte mit dem Xylophon; sie sauste durch die Messingspiralen des Waldhorns und flog durch den Schalltrichter hinaus in den Saal; sie sang mit den Geigen und summte mit den Kontrabässen. Sie betete jedes der Instrumente an, mitsamt dem Musiker, der es spielte. Selbst die bescheidene Triangel entzückte ihre Sinne. Wir gingen wie auf Wolken – wir wussten damit, dass Iris auch große Gebäude nichts anhaben konnten, solange sie etwas interessierte. Ich arbeitete bereits an einem Plan, den Flughafen zu einem Ort zu machen, der Iris etwas sagte. Ich würde einige Apps für ihr iPad auftreiben, Spiele, Bücher zum Thema Flughafen, und wir könnten dort als Erstes in die Buchhandlung gehen.

Obwohl für uns die Reise nach Stockholm an sich die wesentliche Hürde war, gab es auch noch andere Dinge, die der Vorbereitung bedurften. Mein Bruder hatte angekündigt, dass nach der Hochzeit eine Bootsrundfahrt durch den Schärengarten angesagt war, also würden wir uns auch mit Schiffen befassen müssen. Wir beschlossen, für den nächsten Monat einen Flusskahn zu mieten und damit den Kanal hinaufzufahren. Wir vergaßen den Entschluss aber dann wieder, bis ich eines Tages die Garage öffnete und P-Js Rad mit einem Platten vorfand. Es war ein schöner Tag, und da es eine Schande schien, ihn nicht zu nutzen, planten wir einen spontanen Trip den Kanal hinauf. Kaum eine Stunde später waren wir unterwegs zur Anlegestelle. Thula war mit von der Partie. Sie war als Erste ins Auto gesprungen und hatte dort geduldig gewartet, und sie ließ keinen Zweifel daran, dass es nicht noch einmal einen Ausflug ohne sie geben würde. Ich hatte eine kindliche Freude daran, unseren kleinen blinden Passagier zu verstauen, und Iris war ganz aus dem Häuschen, dass Thula mitkam. Damit der Umzug vom Auto auf den Kahn keine Probleme machte, lockte ich Thula in eine Transportbox, die auch als Rucksack diente und perfekt für unseren Zweck war.

Unser Boot war nicht das übliche lange Kanalboot, sondern ein kürzerer motorisierter Flusskahn von achteinhalb Metern, dafür hatte er ein wunderschönes Aussichtsdeck mit Bänken und einem Tisch. Es war überdacht, aber auf beiden Seiten offen, hell und luftig. Ich verstaute Iris mit ihren Büchern und einer Bettdecke am Tisch, dann ließ ich Thula aus ihrer Box. Sie sprang sofort auf die Bank und rollte sich neben Iris auf einem Kissen ein. Plötzlich waren ihre Rollen vertauscht – diesmal tröstete nicht Thula Iris, sondern Iris kümmerte sich um ihre nervöse Katze. Nach und nach erkannte Iris den Treidelpfad, den wir sonst mit den Rädern nahmen. Einige Augenblicke später waren sie beide selig, als wir unseren üblichen Weg den Kanal hinauf nahmen, das Spalier der Bäume entlang, hinter dem die Wiesen und Felder begannen. Wir kamen nur langsam voran; so ein Bootsausflug hat sein eigenes Tempo. Man kann nicht einfach irgendwohin flitzen, und das tat mir gut. Wir kamen an Enten mit ihren Jungen vorbei, an Schwänen und Teichhühnern, und wir sahen das türkisfarbene Schimmern von Eisvögeln, die über die Wasseroberfläche hinwegschossen, um dann im Schilf zu verschwinden. Iris kommentierte plappernd, was sie sah. P-J stand am Heck des Kahns und steuerte; wir gingen alle nach hinten, und Iris versuchte sich am Ruder.

Thula saß auf der Bank an den Instrumenten, und schließlich stellte sie sich auf die Hinterbeine und legte die Pfoten auf das Armaturenbrett, was die Spaziergänger auf dem Treidelpfad zum Lächeln brachte. Ich hatte mich daran gewöhnt, dass Thula nichts aus dem Tritt brachte und dass sie überall mit dabei sein wollte: Radlerkatze, Kindermädchen, Badekatze, Künstlerassistentin, Hilfslehrerin und jetzt auch noch Bootskatze. Es war nicht einfach so, dass wir unser Haustier mitschleppten: Thula hatte wirklich Freude an diesen Ausflügen. Wann immer wir von einem unserer Trips mit ihr nach Hause kamen, war sie sehr lieb zu uns, und die Bande zwischen uns waren stärker denn je, wenn sie etwas Neues erlebt hatte. Mit Iris verhielt es sich genauso.

Nach einem Mittagessen an der Schleuse von Foxton machten wir kehrt und fuhren zurück. Eine Meile vor der Anlegestelle jedoch hörten wir einen schrecklichen Lärm, und die Maschine setzte aus. Wir trieben ins dichte Gebüsch auf der anderen Seite des Kanals. P-J versuchte die Maschine zum Laufen zu bekommen.

Piep, piep, piep … Das unerträglich laute Gepiepse bohrte sich in Iris Gehörgang. Es war einfach zu viel für sie; sie kletterte auf meinen Schoß und begann an meinen Kleidern zu zerren.

»Stopp, P-J! Hör auf damit!«

Er kam zu uns herüber. Der Lärm war unerträglich für Iris. »Kannst du nicht den Bootsverleih anrufen? Vielleicht weiß man da, was zu tun ist.«

P-J ging wieder zurück zum Ruderstand und bekam schließlich den Geschäftsführer ans Telefon, der ihm die nötigen An-

weisungen gab. Aber als er die Maschine wieder anzulassen versuchte und das Gepiepse von Neuem begann, war klar, dass Iris damit nicht fertigwurde. Sie griff nach meinem Gesicht, packte meine Lippen und quetschte sie aufeinander, so fest sie nur konnte. Es war die einzige Möglichkeit, mir klarzumachen, dass wir »still sein« sollten. Sie schien furchtbare Schmerzen zu haben, die sich auf mich übertrugen. Ich nahm sie eine Weile fest in die Arme, während sie weinte, und wiegte sie sachte. Bis sie sich wieder beruhigt hatte, sagte niemand ein Wort. Sie war normalerweise ein so sanftes Mädchen, aber dieser Druck war einfach zu viel. Der Lärm tat ihr ganz offensichtlich weh, und sie hätte alles getan, damit er aufhörte.

Schließlich saßen wir alle vier auf der Bank und überlegten, was wir tun sollten. Wir müssten ans andere Ufer, um zu Fuß zum Wagen zurückzugehen. Aber wie sollten wir da rüberkommen? Wir durchstöberten den Kahn, fanden aber weder eine Stake noch ein Tau, das lang genug gewesen wäre, um es einem Passanten zuzuwerfen. Also würde einer von uns ins Wasser müssen, um den Kahn dann hinüberzuziehen. Allein der Gedanke, tropfnass, das schmuddelige Kanalwasser in den Sachen, nach Hause zu marschieren! Und ich wollte mir noch nicht mal vorstellen, was da alles auf dem Grund lag.

Zu unserem Glück kamen zwei Polizisten vorbei, die uns ihre Hilfe anboten. P-J holte die Seile der Bojen ein, die zum Schutz des Kahns an der Bordwand hingen. Er verknotete sie, und nach einigen vergeblichen Versuchen landete das Tau endlich in den Händen der Polizisten am anderen Ufer, die uns hinüberzogen.

Nachdem wir den Kahn sicher vertäut hatten, kam der peinliche Augenblick, in dem es ans Ausladen ging. Was hatten wir nicht alles dabei: Proviant, Getränke, Spielsachen, taschenweise Bücher, die Bettdecke, meine Kamera, nicht zu vergessen Thula.

Bepackt wie zwei Mulis machten wir uns – Hand in Hand mit Iris – auf den Weg. Immerhin bekam Thula von meinem Rucksack aus etwas von der Landschaft zu sehen. Bevor wir losgegangen waren, hatte ich Iris noch zu verstehen gegeben, sie müsste jetzt ganz tapfer sein, und dass es zu unserem Abenteuer gehöre, zu Fuß zum Auto zurückzugehen. Sie war sich erst nicht ganz sicher, aber nach einem Blick auf Thula, der es auf meinem Rücken offensichtlich gut ging, schien sie sich zu überlegen: »Na ja, wenn sie mitkommt …« Und so ließen wir denn unseren Kahn stehen und traten den langen Heimweg an.

Unser Missgeschick mit dem Kahn hatte, wie sich herausstellte, auch etwas Gutes. Nicht nur hatten wir uns im Bootfah-

ren geübt, wir hatten auch die Fassung wiedergefunden, als etwas nicht nach Plan ging. Wir waren am Rande eines Supergaus gewesen, und es war alles gut ausgegangen. Und das Beste war, dass Iris mit einer unvorhergesehenen Veränderung der Umstände umzugehen gelernt hatte. Wieder ein Pluspunkt für unsere Auslandsreise.

Was das Thema Transport anbelangte, machte mir noch ein anderer Abschnitt unserer Reise Sorgen. Es bestand die Möglichkeit, dass wir vom Flughafen in die Stockholmer Innenstadt den Zug nehmen müssten. In mir bildete sich der Plan für einen Kurztrip heraus, ein Abenteuer in der Hauptstadt sozusagen, eine Zugfahrt nach London. Mit Übernachtung bei einer Freundin! Wenn alles gut ging, könnten wir so gleich mehrere Probleme bewältigen und vielleicht sogar in ein Museum gehen. Ich hatte die besten Erinnerungen an das Museum für Naturkunde, und da die Dinosaurier im Club solchen Anklang gefunden hatten, war ich zuversichtlich, dass es Iris dort gefallen würde.

Wenn auch nur ein Jahr zuvor jemand vorgeschlagen hätte, mit Iris nach London zu fahren, ich hätte ihm ins Gesicht gelacht – und nicht nur ich. Allein der Gedanke, mich mit Iris in einer Stadt zu bewegen, wäre unvorstellbar gewesen. Aber seither hatte sich viel geändert. Es würde natürlich eine Reise ohne Thula werden, aber wir mussten eben auch das einüben. Thula würde ja auch zu Hause bleiben, wenn wir nach Schweden reisten; wir mussten ohnehin feststellen, ob Iris überhaupt ohne ihre Katze auskam.

Wir waren früh dran. Ich wollte natürlich wie immer auf

alles vorbereitet sein, und Iris trat da ganz in meine Fußstapfen. Sie wollte viel zu früh los, aber was hätte ich machen sollen bei so viel Eifer, zum Bahnhof zu gelangen: »Zug, Rock und Rolle!«, sagte sie immer wieder. Also saßen wir auf dem Parkplatz im Wagen, bis es Zeit war, auf den Bahnsteig zu gehen. Ich war wie immer die wandelnde Bibliothek, meine Reisetasche voller Bücher. Iris war hellauf begeistert und selig. Als der Zug einfuhr, hielt ich ihr die Hände über die Ohren. Iris' Freude über die neue Erfahrung brachte neue Kompetenzen mit sich: Sie sprach mehr und benutzte Ausdrücke, die wir aus ihrem Mund nie gehört hatten. Als wir durch einen Tunnel fuhren, sagte sie: »Ins Dunkel rein« – und brach in hysterisches Gelächter aus, was uns natürlich auch losprusten ließ.

Von den Büchern, die ich für die Reise eingepackt hatte, interessierte sie vor allem eines: *The Water Hole* von Graeme Base, eine ganz außerordentliche Kombination von Tierdokumentation, Zählen, Erzählung und Puzzle. In allen Bildern sind, clever getarnt, Tiere versteckt. Die wunderschön illustrierten Seiten sind Amüsement, Bildung und schiere Freude zugleich. Die ganze Stunde wollte Iris zwischen Blicken aus dem Fenster immer wieder die Namen aller Details in ihrem Buch hören. Sie übte die Wörter und Wendungen, las die Sätze laut mit vor: Ich konnte kaum glauben, dass wir eine produktive Unterrichtsstunde hatten bei allem, was im Zug vor sich ging. Die neuen Reize, die neue Umgebung schienen sie anzuspornen. Das Buch war der Anker, und mit uns an ihrer Seite war sie selbstbewusster, als ich sie je gesehen hatte.

Beim Anblick von St. Pancras blieb ihr vor Entzücken die Spucke weg; die schiere Größe des Bahnhofs in all seiner ehrfurchtgebietenden viktorianisch-gotischen Pracht ist aber auch ein wunderbarer Anblick. Auf dem Weg zum Taxistand hielt Iris mich fest an der Hand. Ihre Hand in der meinen zu spüren, als wir durch den belebten Bahnhof gingen, war einfach unglaublich. Sie schritt forsch neben mir aus, den Kopf erhoben, einen verzauberten Ausdruck im Blick. Dann lernte sie ihre neue große Liebe kennen: Taxis – man sieht mehr als von anderen Autos aus und hat mehr Platz. Kerzengerade saß sie da, im Schneidersitz wie ein kleiner Buddha. Wir hatten das Apartment unserer Bekannten für uns; Iris entdeckte dort ein Klavier, auf dem sie sofort zu spielen begann. Ich hatte das Klavier ganz vergessen, aber ich war dankbar dafür, da Iris damit sofort etwas Vertrautes fand. Sie hatte sich im Nu eingewöhnt, selbst mit der Toilette hatte sie kein Problem – womit gleich der nächste Punkt auf meiner Liste abgehakt war.

Am Abend lief P-J los, um uns etwas zu essen zu holen. Gleich gegenüber gab es ein Restaurant, und als er den Leuten das mit Iris erklärte und dass es ihre erste Reise nach London sei, gaben sie uns unsere Mahlzeiten ausnahmsweise mit, sodass Iris sich entspannen konnte.

Am folgenden Morgen machten wir uns bester Laune auf den Weg. Unser Plan schien aufzugehen. Wir fuhren zum Naturkundlichen Museum und baten den Taxifahrer, das Radio auf Classic FM zu stellen, worauf John Williams' Titelmusik von *Jurassic Park* aus den Lautsprechern kam. Es war fast wie ein Zeichen, alles schien plötzlich einen Sinn zu ergeben. Die Musik wirkte so inspirierend, dass meine Nervosität wie weggewischt war. Dann jedoch standen wir in der Schlange, obwohl das Museum gerade erst aufgemacht hatte, und während wir warteten, begann einer der Museumsführer die Besucher anzuheizen.

»Sie wir aufgeregt?«

»Ja!«, rief die Menge.

Entsetzt klammerte Iris sich an mich; der plötzliche Lärm war einfach zu viel für sie.

Als wir zum Eingang kamen, kontrollierte man unsere Taschen. Man grub alles aus, von dem Kinderklositz, den Iris am liebsten hatte, bis zum letzten Buch, und P-J hatte alle Mühe, den ganzen Kram wieder in den Rucksack zu bekommen. Rund um uns drängten sich die Touristen mit ihren Kameras, und als sie den gigantischen Dinosaurier in der Mittelhalle sahen, ging ein Blitzlichtgewitter los. Iris begann zu weinen, und wir setzten uns rasch von der Menge ab und gingen die Treppe hinauf in dem Versuch, dem Chaos zu entfliehen. Das Problem war nur, dass die Geräusche umso intensiver zu werden schienen, je höher wir kamen. Iris hing untröstlich in P-Js Armen. Nachdem wir uns einige Male verlaufen hatten, fanden wir schließlich den Blauwal, den ich mir als Highlight für sie vorgestellt hatte – ich hätte darauf geschworen, er würde Iris gefallen. Aber für unsere Kleine galt längst *Game Over*. Einige weitere Blitze einer Touristenkamera gaben ihr den Rest.

Ich sah, dass sie ihre Umwelt nicht mehr wahrnahm, schlicht nicht mehr aufnahmefähig war. Hier half nur noch Stille; sie musste weg von all den ausgestopften Tieren, die uns mit einem Mal zu umzingeln schienen. Rasch gingen wir los, um einen Ausgang zu finden, aber überall erreichten uns die Stimmen aus dem Off. Sie schienen von den Wänden zu hallen, bis wir schließlich einen Ausgang fanden, der in den Garten führte.

Über ihr Geheul hinweg schlug ich P-J vor, sie doch etwas Musik über das iPhone hören zu lassen, aber er konnte mich kaum verstehen. Schließlich schafften wir es, und nach einer Weile in der natürlichen Umgebung des Gartens beruhigte sie sich.

Ich wollte nicht, dass unser Ausflug so endete; ich wollte für gute Erinnerungen sorgen. Wir konnten also aus London nicht wieder einfach so abreisen. Ich spürte, wie mir das Ziel »Schwe-

den« zwischen den Fingern zerrann, und schließlich drängte sich wieder die alte Frage auf, ob wir von Iris nicht wieder einmal zu viel verlangten. Für den Fall, dass sie sich wieder beruhigte, so kamen wir überein, würden wir es mit dem Londoner Zoo versuchen. In den Tierpark in unserer Nähe ging sie inzwischen besonders gern. Sie war damit vertraut, warum sollte das nicht auch in London ein perfekter Tag sein. Ich verstand plötzlich nicht mehr, warum ich tote Tiere hinter Glas für so toll gehalten hatte.

Wie sich jedoch herausstellte, ging es im Zoo nicht besser. Überall waren Wartungsarbeiten im Gange, und wir kamen ständig an ganzen Schulklassen vorbei. Kaum hatten wir eine überholt, hatten wir schon die nächste vor uns. Ich fühlte mich wie in einer Szene aus *Tom und Jerry:* Ständig war jemand hinter uns her, während ein Hindernis nach dem anderen auftauchte. Winkelschleifer und Zementmischer wichen Rasenmähern in Traktorengröße, und vor der Pinguinshow drängten sich die Kinder in Massen, es herrschte ein unvorstellbares Gekreische und Geschrei. Schließlich ergriffen wir die Flucht; wir sprangen ins nächste Taxi und fuhren zur Wohnung zurück.

P-J und ich sahen uns an. Es war Zeit, ins traute Heim zurückzukehren. Iris spürte, dass es nach Hause ging; sie war auf der Rückfahrt bemerkenswert zufrieden und ruhig. Von der Sicherheit des großen kühlen schwarzen Taxis aus sah sie sich die Stadt an, und nach einer Pizza saßen wir wieder im Zug und sausten durch grüne Wiesen, Wälder und sanfte Hügel nach Hause.

Ich machte mir die ganze Fahrt über Vorwürfe und stellte einmal mehr unsere Motive infrage. Ich hatte versprochen, mich nach Iris zu richten. Warf ich das für meine Mission über Bord, eine Auszeit in Stockholm vorzubereiten? Dann dachte ich an all unsere Erfolge und kam zu dem Schluss, dass wir doch eigentlich wunderbare Fortschritte machten. Ich verstand, was wir falsch gemacht hatten – sie in ein volles Museum zu schleppen! Wenn Stockholm ein Erfolg werden sollte, dann mussten wir mehr auf Iris achten; wir mussten aufhören, sie zu überfordern, und uns auf einfache Dinge konzentrieren. Wenn Iris lieber Radtouren machte, Parks erforschte und Brunnen bestaunte, dann sollten wir uns danach richten. Also Schluss mit Museen, her mit Wasser, Booten und Bäumen. Wir verlangten wirklich viel von Iris, also sollten wir ihr auch Gelegenheit geben, unsere Ausflüge auf ihre Weise zu genießen.

So weit sie es auch gebracht hatte, nichts würde je etwas an der Tatsache ändern, dass Iris die Welt anders erfährt als wir. Ihre Gefühlswelt ist nun mal eine andere, und sie wird immer autistisch bleiben. Was wir an der Oberfläche zu sehen bekommen, ist nur ein Bruchteil dessen, was in ihr vorgeht, was sie erlebt und fühlt. Ihre Kommunikationsfähigkeit hat sich immens verbessert, aber unter Druck sind all die Fortschritte schnell wieder dahin.

Einige Wochen später wurden wir einmal mehr an den schmalen Grat erinnert, auf dem wir uns bewegen. James und Carolina feierten das schwedische Mittsommerfest mit einem traditionellen Essen bei meinen Eltern. Als wir ankamen, ging mein Vater mit Indy Gassi, und meine Mutter legte irgendwo letzte Hand an ein Blumengesteck. Sosehr ihr Haus für Iris zum Zuhause geworden war, an diesem Tag war irgendwie alles anders. Freunde aus Schweden waren in der Küche, Fremde für Iris, und sie kam mit dem Geschnatter und dem Lärm nicht zurecht. Sie versuchte sich zu beruhigen, aber es wollte einfach nicht gelingen. Wir gingen hinauf in mein altes Zimmer, das uns als zweites Spielzimmer diente, wann immer es unten zu laut wurde, aber bei all den Gästen im Haus waren die Zimmer nicht mehr die alten – fremde Sachen und andere Details schienen sie zu irritieren. Sie begann zu weinen. »Mami heim, Mami heim«, sagte sie. Ich konnte nicht glauben, dass wir wieder an den Punkt zurückgerutscht waren, an dem wir nach Hause liefen, weil sie unsere Lunchpartys nicht vertrug. Ich war enttäuscht. Wir hatten einfach zu viel erreicht, um jetzt einfach davonzulaufen, und ich wollte wirklich bleiben. Es war das letzte Mal, dass ich meinen Bruder vor der Hochzeit sehen würde. Ich versuchte alles: Bücher, iPad, Spaziergang im Garten. Es goss in Strömen, und das brachte dann auch das Fass zum Überlaufen. Iris regte sich furchtbar auf; hilflos zitternd griff sie nach meinem Gesicht, worauf ich sie ins Auto setzte und mit ihr durch die Gegend fuhr, ein alter Trick, der schon lange nicht mehr nötig gewesen war.

Er funktionierte, und auf dem Rückweg fielen mir einige Musikvideos ein, die ich ihr auf dem Computer meiner Mutter vorspielen konnte. Es wirkte Wunder, und als dann auch noch meine Mutter ihre Arbeiten erledigt hatte und mein Vater vom Gassigehen zurück war, fühlte Iris sich wieder heimisch. Nur zum Essen wollte sie sich nicht zu uns setzen; sie blieb mit ihren Büchern auf dem Sofa. Immerhin konnten wir bleiben. Aber ich machte mir Sorgen – sie schien in alte Gewohnheiten zurückzufallen.

Wir feierten Mittsommer mit schwedischen Volksliedern, Schnaps und allerhand köstlichen Häppchen. Nachdem es zu regnen aufgehört hatte, setzten wir uns zum Hauptgericht – Köttbullar – hinaus in den Garten, und James brachte Iris sogar dazu, sich zu uns zu setzen. Er sauste mit ihr auf den Schultern durch den Garten, sie lachte und fuchtelte vor Begeisterung mit den Händen. Dann bekamen wir ihr kleines Tänzchen zu sehen. Ich war erleichtert, dass sie es geschafft hatte und auch etwas Spaß haben konnte. Es rührte mich, James so mit ihr zu sehen.

Sie hatte ihre Familie um sich, und sie akzeptierte Hilfe – was noch wichtiger war.

Später am Nachmittag verschwand sie dann wieder im Spielzimmer, um mit ihren Büchern allein zu sein. Zwischendurch bat ich meinen Vater, nach ihr zu sehen. Als er wieder an den Tisch kam, grinste er wie ein Honigkuchenpferd.

»Sie kann ›Fliege‹ sagen. Hast du das gewusst?«

»Nein, ich hatte keine Ahnung.«

»Ich saß neben ihr auf dem Sofa, und sie nahm meine Fliege an beiden Enden und befühlte sie mit den Fingern. So.« Er zeigte mir, was sie mit seiner Lieblingsfliege gemacht hatte. »Und dann sagte sie ganz wunderschön: ›Fliege.‹ Perfekt.«

So nahm der Tag noch ein gutes Ende. Mir wurde einmal mehr klar, wie streng gegliedert für Iris das Leben war. Die kleine Feier bei ihren Großeltern war für sie schwierig gewesen, weil sie überhaupt nicht dem entsprach, was sie bei ihnen erwartet hatte. Sie verkraftete Veränderungen ganz gut, solange sie auf Neuland stattfanden, sie genoss sie sogar – aber eben nicht an einem vertrauten Ort wie dem Haus ihrer Großeltern.

Aber manchmal haben wir eben keine Möglichkeit, sie auf alles vorzubereiten. Das Leben passiert einfach, und wir können nur für sie da sein, um sie zu unterstützen, wenn es nötig ist. Ich unterhielt mich mit meinem Bruder darüber.

»Ich finde das nicht so schlimm, weißt du«, sagte er. »Sie braucht diese Erfahrungen – die guten wie die schlechten.«

Ich sah, dass er recht hatte. Aber mein Herz hätte sie doch gern eine Weile in Ruhe gelassen. Als ich noch mit Pferden arbeitete, konnte ich sehen, wenn sie eine Pause brauchten; es war ein ständiges Geben und Nehmen, und das Gefühl hatte ich auch bei Iris.

Ich hoffe, wir treffen die richtigen Entscheidungen, aber wie kann ich mir da jemals sicher sein? Sind wir mit allem zu früh dran? Dränge ich dich? Sehe ich Zeichen dafür, dass du dich doch schwerer tust mit all den Herausforderungen und dass wir zu viel verlangen? Nach allem, was wir zusammen durchgemacht haben, stelle ich mich noch immer infrage. Ich frage mich, ob ich genug für dich tue oder zu viel. In letzter Zeit kann ich mich des Gefühls nicht erwehren, wir verlieren uns in unseren Bemühungen, dich auf diese Reise vorzubereiten. Vielleicht sollten wir uns Zeit nehmen, einfach nur zusammen zu sein. Nur du und ich. Bussis

Zwölf

Iris und ich saßen nebeneinander auf dem Sofa, eine dicke Schwarte voller Fotos auf dem Schoß: Radtouren, gemeinsame Ausflüge, Iris und Thula im Schnee, in der Badewanne – all die Geschichten unserer Abenteuer. Vorsichtig blätterte sie um, jede Seite enthüllte einen weiteren Tag mit einer Erinnerung daran, wie viel sie erreicht und welche Freude sie dabei gehabt hatte. Ich hatte den Eindruck, dass sie vieles noch einmal erlebte – ihre Hände zuckten vor Begeisterung, und sie summte dabei. Fließend kamen die Wörter – »Ritter, Burg, Wasser« – bei den Schnappschüssen von Warwick Castle. Thula sprang auf die Armlehne des Sofas und begann zu schnurren. Wir hatten noch eine Viertelstunde vor unserer Abreise nach Schweden, und ich wollte, dass Iris diese Erinnerungen frisch im Gedächtnis hatte, um sich voller Selbstvertrauen auf den Weg zu machen. Als sie das Fotoalbum schloss, fuhr sie mit dem Finger über die Instrumente, die den Umschlag schmückten, und sprach dabei ihre Namen aus. Ich stand auf, Thula nahm meinen Platz ein, und ich ließ die beiden allein, damit sie Abschied nehmen konnten, während ich für die Fahrt zum Flughafen noch das eine oder andere im Wagen verstaute.

»Auf geht's! Rock und Rolle«, sagte Iris an der Tür. Sie war bereit.

Ich hatte mir die Reise immer als die größte Hürde vorgestellt, aber dank eines ausgesprochen hilfsbereiten Betreuers kam Iris außergewöhnlich gut zurecht. Der Betreuer hatte für uns am Flughafen eine spezielle Ecke, wo wir warten konnten, und im Flieger setzten wir Iris schalldichte Kopfhörer auf. Sie überstand das Auf und Ab der Reise besser, als ich mir das je hätte träumen lassen, was unserer Zuversicht einen unglaublichen Schub gab. Als wir jedoch in unserer Wohnung in der kopfsteingepflasterten Altstadt eintrafen, herrschte dort nicht nur eine unerträgliche Hitze, sie war auch viel kleiner als erwartet, lag im obersten Stock und war nur über eine Wendeltreppe zu erreichen. Wir konnten die Fenster nicht öffnen aus Angst, Iris könnte hinausfallen, und bei aller Sorgfalt hatte ich bei meiner Planung übersehen, dass gleich um die Ecke an diesem Wochenende die Strecke eines internationalen Triathlons vorbeiführte. Es klapperte die ganze Nacht über, weil man die Absperrungen aufbaute. Iris tat kein Auge zu und hielt es bereits um halb fünf im Bett nicht mehr aus, sodass wir gegen sechs schon loszogen, um uns zu Fuß in Stockholm nach einer Bäckerei umzusehen. Wir kamen am Palast vorbei, der golden in der Morgensonne erstrahlte, überquerten eine Brücke und gelangten in den Kungsträdgården, den Königsgarten, einem wunderschönen von japanischen Kirschbäumen gesäumten Park mit Wasserspielen.

Meine Absicht, Stockholm mit Iris' Augen zu sehen, erfüllte sich in dem Augenblick, als sie selig mit dem Brunnenwasser zu spielen begann. Sie genoss das Gefühl zwischen ihren Fingern und befühlte ebenso begeistert die anmutigen Bronzeskulpturen. Ich sah sie auf einen der Löwen klettern, die die Statue von Karl XIII. flankieren. Sie saß dort so voller Selbstvertrauen im goldenen Morgenlicht, dass ich an Lucy und Aslan aus Narnia denken musste. Noch nicht einmal der Lärm der Straßenreinigung konnte den Bann brechen, als sie die Locken der Löwenmähne in Augenschein nahm; die kühle Bronze unter den Fingern erforschte sie die Unterschiede zwischen den Stellen, wo sie nach vielen Jahren menschlicher Berührungen einen goldbraunen Glanz angenommen hatte, und den unberührten Stellen, die ganz grün waren.

Mittags fuhren wir mit den Rädern los, um Stockholm zu erforschen. Die majestätische Schönheit der Stadt und ihr unglaubliches Licht wischten alle negativen Gefühle beiseite, die unsere »Dachkammer« in mir geweckt hatte. Von Wind und Sonne erfrischt flogen wir auf dem alten Kopfsteinpflaster nur so dahin. Über eine Brücke verließen wir unsere Insel auf unserem Weg nach Skeppsholmen, von wo aus man einen großartigen Blick auf die Ostsee hat. Iris brach in hysterisches Gelächter aus, als sie drei Schweden von einem Pier aus ins Wasser springen sah. »Platsch!«, sagte sie, als die drei im kalten Wasser landeten. Als sie wieder herauskletterten, um gleich noch einmal zu springen, kicherte sie.

Die Radausflüge waren ein wichtiger Teil unserer Reise; für Iris bedeuteten sie Freiheit und Sicherheit zugleich. Auf dem Rücksitz eines Rads schien ihr nichts Angst zu machen. Ich staunte, als ich sah, wie sie das Chaos der Ampeln und das Gewusel der Touristen wegsteckte. Wir kamen an Baustellen, Werften und Straßenbahnen vorbei. Auf dem Radweg, im Windschatten ihres Vaters, konnte ihr nichts passieren. Die lauten Straßen und die neuen Umgebungen wirkten anregend, solange man nur daran vorbeiwischte.

Am nächsten Tag waren wir rechtzeitig für die Hochzeit zurechtgemacht; Iris sah hinreißend aus in dem weißen Kleid mit blauen Häschen und Schmetterlingen und der weißen Strickweste. Die Zeremonie fand in der Gustaf-Vasa-Kirche statt, die für die Familie der Braut eine ganz besondere Bedeutung hat: Carolinas Urgroßvater war dort dreißig Jahre Pastor. Es ist eine wirklich spektakuläre Kirche mit einem atemberaubenden Gemälde in der sechzig Meter hohen Kuppel, einem Barockaltar aus grünem und weißem Marmor mit Goldauflagen und blitzenden Lüstern.

Kaum hatten wir die Kirche betreten, war Iris in einer anderen Welt, einer Welt voll Kunst und Musik. Sie saß still auf einer Bank für sich allein und sah winzig aus vor den hohen Säulen und den Bogenfenstern hinter ihr. Sie saß eine Weile da, ließ alles auf sich wirken, bestaunte die in Stein gehauenen Fi-

guren und die Engel in einem blauen Himmel voll perfekter Symmetrie. Pfeiler und Fenster sorgten für einen Rhythmus, den sie aufregend fand, und nach einigen Minuten ging sie auf Zehenspitzen auf Erkundungstour. Während die anderen Gäste eintrafen, spielte sie kurz auf dem Klavier. Mit P-Js Hilfe befreite sie ein schönes handbemaltes Cembalo von der Schutzhaube, und dann entdeckten sie die Orgel. Als alle ihre Plätze einnahmen, kam sie zu mir und setzte sich still auf meinen Schoß. Eine Weile beschäftigte sie das Kleid meiner Großmutter, dessen dunkelblaue Pailletten im Licht schimmerten, als sie sachte mit den Fingern darüberstrich. Dann begann der Gottesdienst.

Als ich Carolina in ihrem elfenbeinfarbenen Seidenkleid den Mittelgang heraufkommen sah, stellte sich eine gewisse Gelassenheit bei mir ein. Sie sah sehr elegant aus am Arm ihres Vaters – und unglaublich glücklich. Und auch mein Bruder war so glücklich! Wir waren zusammengekommen, um gemeinsam ihre Hochzeit zu feiern; ich war unter Angehörigen und Freunden – aber vor allem hatte ich Iris bei mir. Wir sangen Kirchenlieder auf Schwedisch und Englisch. Iris war die ganze Zeremonie über wunderbar: Schweigend und seelenruhig lauschte sie der Musik und genoss die glückliche Atmosphäre. Als Tara, eine Studienfreundin meines Bruders, »At Last« sang, einen Song aus den Vierzigerjahren von Mack Gordon und Harry Warren, sah ich Iris' Gesicht aufleuchten. Ich weinte aus vielen Gründen, aber es waren alles Glückstränen – für meinen Bruder wie für uns. Als Iris mich offen anlächelte, fiel eine Last von mir ab. Dieser Augenblick war das pure Glück.

Draußen warfen wir Konfetti, Iris glücklich in meinen Armen, und dann nahm sie den Hochzeitswagen in Augenschein und sagte: »Piep-piep«, als sie am Steuer zu drehen versuchte. Natürlich hatte sie dabei ein Buch auf dem Schoß; sie war

schließlich immer noch Iris. Sie setzte sich zurecht und blätterte darin, das Buch gegen das Lenkrad gelehnt. Während der Gruppenfotos las sie, auf P-Js Schultern sitzend, in ihrem Buch. Glücklicherweise wollte mein Bruder, dass sie ganz sie selbst sein konnte – und außerdem passte das Buch prima ins Farbschema.

Die nächste Herausforderung war eine Busfahrt zur Anlegestelle des Schiffs, auf dem der Empfang stattfinden sollte. Die Fahrt im Bus war unproblematisch; sie hörte aufmerksam zu, als Carolinas Bruder den Stadtführer spielte. Sie sah sehr erwachsen aus, wie sie auf ihrem Platz saß, ganz ruhig, die Hände im Schoß. Sie zappelte nicht, sondern saß einfach da und sog selig Atmosphäre und Informationen in sich auf. Auf dem Schiff dann war sie in ihrem Element. Von Wasser umgeben, das unter der Sonne schimmerte, begann für sie das Abenteuer. Als die Wellen gegen

den Schiffsrumpf krachten, lächelte und kicherte sie, das Haar im Wind. Natürlich konnte mein Vater nicht widerstehen, sie hin und wieder zu knuddeln, und wir waren ganz aus dem Häuschen, sie lächeln zu sehen. Nicht dass Iris' Autismus plötzlich verschwunden gewesen wäre, sie war nicht etwa durch Zauberhand geheilt, aber sie war jetzt in der Lage, mit neuen Umgebungen und Menschen auf eine Art umzugehen, die ihr zuvor verschlossen gewesen war.

»Eure Iris hat es mit Schiffen, was?«, sagte meine Tante Celeste. »Schau sich einer an, wie sie strahlt.«

»Wasser ist was Besonderes für sie«, erklärte meine Mutter.

Sie hatten recht. Iris' Miene war Ausdruck reiner Freude, als sie über die Wellen zur Küste hinübersah.

Jeden Tag unseres Urlaubs über fragte Iris nach Thula. »Wo ist Katze?«, sagte sie, und einige Male überkam sie ein furchtbares Heimweh, weil ihr ihre beste Freundin fehlte. Wir zeigten ihr dann Fotos und Videos, aber danach wurde sie wieder traurig. So begann ich mit ihr die Tage zu zählen, was ein ganz neues Interesse an den Wochentagen in ihr weckte. Und schließlich kam der Montag: »Thula-Tag!«

Als wir die Tür der Wohnung hinter uns schlossen und die vielen Stufen hinabstiegen, sagte Iris: »Gehen wir heim!« Und damit ging's auch schon zurück ins heimatliche Leicestershire, vorbei am Palast, wo Iris »Soldat« sagte und dann »Tschüs, Schiffe« zu all den Booten im Hafen. Als unsere Maschine abhob, meinte Iris »Ende« – was es ja auch war: ein wunderbares Ende für Iris' erste Auslandsreise.

Dann waren wir auch schon wieder zu Hause. Thula und Iris standen nebeneinander vor dem Sofa im Gartenzimmer und sahen hinaus auf die Terrasse, auf die prasselnd der Regen fiel. Auf Zehenspitzen legte Iris sorgfältig Schmuck auf dem Sofa aus, und Thula stellte sich auf die Hinterbeine, um die schimmernden Halsketten und Armreifen zu sehen. Ich sah zu, wie Thula mit den Perlen spielte, indem sie sie mit der Pfote berührte, dann schob sie Iris wieder einige zu. Iris hob den Kopf, und als ihr Haar das Gesicht freigab, konnte ich sie lächeln sehen. Beide waren sie gebannt von den Farben und Mustern, die sich zwischen Fingern und Pfoten bildeten: zwei verwandte Seelen, die nach einer Trennung wieder zusammen waren. Thulas quastengeschmückte Ohren waren ebenso konzentriert nach vorn gerichtet wie ihre langen weißen Schnurrhaare, und ihr prächtiger gestreifter, buschiger Schwanz stand vollkommen reglos nach oben. Es war noch nicht einmal zu einer großen Begrüßung gekommen, die beiden hatten sich in aller Stille wiedergefunden, fast so wie bei ihrer ersten Begegnung. Es war ein schöner Anblick, hinter dessen Oberfläche sich eine immens komplexe Beziehung verbarg.

Es war ein unglaublicher Sommer gewesen, in dem Iris mehr erreicht hatte, als ich je zu hoffen gewagt hätte; wie viele stereotype Vorstellungen und Vorurteile über ihr Leiden hatte sie doch zerschlagen. Meine Gedanken waren noch ganz bei den Höhepunkten unserer Reise: die Schönheit der Kirche, unser Radausflug durch die Stadt, Iris' Gesicht, als sie sich die Wellen ansah.

Schiffe, dachte ich bei mir, *Schiffe* … Ein Raum der Entspannung auf dem Wasser, eine Möglichkeit, Iris zum Sprechen zu bringen. Ein schlichtes Ruderboot wäre wahrscheinlich das Beste. Ich würde mich damit befassen und einen geeigneten Kahn auftreiben – und einen Anhänger, mit dem er sich überallhin transportieren ließe, wo wir nur wollten. Wir würden schon sehen, wo es ihr am besten gefiel. Und Schwimmwesten … Ich konnte uns schon sehen, zu viert auf dem Wasser, Iris und Thula im Bug, den Blick auf die Wellen gerichtet, den Wind im Gesicht. Es gab noch so viel zu entdecken.

Was für ein tolles Abenteuer stand uns bevor …

Dank

Ich möchte meiner Familie danken, dass sie immer so eine zuverlässige Unterstützung nicht nur für Iris, sondern auch für mich war und ist. Ihre Liebe und Großzügigkeit gaben mir die Kraft, die ich in den schwierigen Zeiten dringend brauchte. P-Js Gabe, immer das Licht am Ende des Tunnels zu sehen, sein Glaube, dass alles machbar ist, und seine Abenteuerlust trugen mich, wenn ich müde war. Meine Hebamme und Iris' Therapeutinnen haben mit ihrem Wissen und ihren Kenntnissen Iris durch viele Schwierigkeiten geholfen. Unsere Freunde haben mich ermutigt, Iris' Talent mit der Welt zu teilen, und viele Menschen begleiten sie auf ihrer Reise – danke dafür. Ihre freundlichen Worte und Gedanken bedeuten mir sehr viel. Rund um unser geliebtes Kind ist eine Gemeinschaft entstanden, und wir sind nicht mehr allein. Ich bin den vielen Musikern so dankbar, die uns in ihr Leben eingeladen haben und ihre wundervolle Musik mit uns teilen. Und all denen, die uns mit den »Little Explorern« geholfen haben – was hatten wir für Spaß! Und dann ist da natürlich noch Thula. Es fällt mir schwer in Worten auszudrücken, wie viel diese Katze unserer Familie bedeutet. Eine ganz besondere Katze, Kindermädchen, Badewannen-Kumpel, Fahrradkatze, Bootskatze, Assistentin der Künstlerin und Iris' beste Freundin. Sie geht uns über alles und darüber hinaus, sie ist eine Inspiration für uns alle.

Danke an alle in der HHB Agency, Celia und meine Lektorin Fenella Bates für eure Unterstützung und kenntnisreiche Hilfe.

Dank an die Buchdesignerin Alison O'Toole, die Illustratorin Alice Tait, Clare Parker, Hattie Adam-Smith, Aimie Price, Zoe Berville, Fiona Crosby, Bea McIntyre, Jennie Roman und Carol Anderson. Es war mir wirklich eine Ehre, mit einem so unglaublichen Team bei Penguin Random House zusammenzuarbeiten.